元華文創
頂尖文庫 EA027

臺灣國民小學
多元文化教育理念與分析

蔡金田　著
許瑞芳

序言

    國民教育是一切教育的基礎，國民小學教育更是學生追求知識的過程中奠基植根的重要角色。教師必須有足夠的專業能力以因應，才能真正貫徹國家的教育政策；教師之專業素養直接影響到基礎教育的品質，所以國民小學師資的良莠，特別值的重視。教師教學效能的展現是學校經營追求的理想目標之一，其最終的目的是要增進學生的學習成效。因此，如何提升教學效能，以達成教育目標，是值得研究的重要課題。

    作者深知教師影響學生學習甚巨，有優質專業的教師，才能讓學生有良好的學習效果。小學時期正是人們接受正規教育的第一步，影響尤其深遠，因為這個時期正值可塑性大，同時是理性思考的發展期和兒童社會化最重要的階段，是以國小教師對於學生的影響不容忽視；國小教師面對班級中與日俱增的多族群背景的學生與家長，教師自是比一般人更需具備多元文化素養，以便提供多元文化教學回應及進行跨文化溝通進而提升教學效能。

    本書共分為三個部分，第一部分為「理論脈絡」，共分二章，包括背景脈絡與理論研究。內容主要藉由國內外相關文獻的整理歸納，探究國民小學教師多元文化素養、跨文化溝通意涵，並針對國民小學教師教學效能現況做一整理探討。第二部分為「實證分析」，計二章，包括實證研究設計與實施、實證研究分析結果與討論。主要內容係依據國民小學教師多元文化素養內涵，如何透跨文化溝通進而影響教學效能，透過問卷向國民小學教師施測，藉以瞭解當前國民小學教師多元文化素養、跨文化溝通與教學效能之現況。第三部分為「發展趨勢」，共二章，包括第五章 國民小學教師多元文

I

化素養、跨文化溝通與教學效能實證分析結論，與國民小學教師多元文化素養、跨文化溝通與教學效能改進之建議。

　　本書順利出版，承蒙元華文創股份有限公司的鼎力支持，謹致上最誠摯的敬意與謝意。雖然本書撰寫過程力求嚴謹，但疏漏之處在所難免，尚祈各方先進指正是幸。

葉金田　許瑞芳　謹識

2019 年 3 月 16 日

目次

表目次

圖目次

理論脈絡

第一章　背景脈絡

　　教育培育人才，人才決定國家的未來。教育是國家百年樹人大計，更是立國的根本，國家想要富庶強盛，需要有優秀的人才；人才則有賴教育的培育，而要辦好教育則需有良好的師資，所以教師為影響教育成敗的關鍵。

　　國民教育是一切教育的基礎，國民小學教育更是學生追求知識的過程中奠基植根的重要角色。目前國內教育環境的開放與多元，教師必須有足夠的專業能力以因應，才能真正貫徹國家的教育政策；教師之專業素養直接影響到基礎教育的品質，所以國民小學師資的良莠，特別值的重視。

　　近年來由於新住民的大量移入以及台商的移出與交流，多元種族文化交匯融合，讓臺灣社會具備了多元文化特色。尤其是新臺灣之子的加入，讓除了原有的閩南、客家、原住民與大陸各地的文化外，更增添了臺灣豐富且多元的文化色彩，因此多元族群社會儼然已成為臺灣社會型態的主要模式（陳淑玲，2009）。發展多元文化教育將有利於促進臺灣文化與教育的傳承，有利於促進臺灣教育的公平、正義。教師需具備一定的多元文化認知、情意及技能，才能勝任其所面對的具有多元文化特徵的教學工作。

　　臺灣已經邁入多元文化社會以及面對新住民及其子女急遽增加的現況，根據教育部統計處在 2018 年的數據顯示，106 學年度國民小學學生數共有 1,142,586 人，而新住民子女就讀國民小學學生數計有 107,407 人，占全體國民小學學生數的 9.40%，對於台灣新住民子女的學習適應問題值得探究。為因應新住民子女的學校教育問題，教育部已開始規劃相關的措施，包括舉辦新住民「母語傳承課程」，增加新住民子女對母國的文化認同。教育部更於 2014 年公佈「12 年國民基本教育課程綱要」，將東南亞新住民

語文列入本國語文課程，作為國小必修課程；各縣市政府教育局都已逐步建置新住民教育資源網站、邀請專家學者編撰東南亞新住民母語國民小學教材，在在皆顯示政府對多元文化的重視，此舉皆有助於改善新住民子女教育問題，落實多元文化的教育推展。為了適應多元文化社會的需求，促進多元文化教育的發展，國民小學教師具備的多元文化素養為何？其在與學生、家長跨文化溝通互動時之情形、教學效能又為何？一直是研究者想要探索的議題。

　　本研究旨在探討國小教師多元文化素養、跨文化溝通與教學效能之間的關係，基於此，本章主要分為以下四節：第一節研究背景與動機；第二節研究目的與待答問題；第三節名詞釋義；第四節研究範圍與限制。

第一節　研究背景與動機

　　隨著臺灣社會環境的變遷，面對多元文化社會以及新住民及其子女遽增，學校教師具備多元文化素養、推展多元文化教育理念，對於少數、弱勢的族群來說，具有一種實踐民主、正義的象徵意義。學校除了關注於少數族群本身之外，也該讓他們的教育和需求受到重視。如此才能真正落實尊重文化差異與實踐公平正義的核心價值。為了實踐教育公平正義的理念，教師具備多元文化素養與跨文化溝通能力是提升教學效能的關鍵要素之一，本節針對研究背景以及研究動機加以說明。

壹、研究背景

　　Freire（1985）強調文化是個人認知世界的方式，是一種知識展現的形式，不同文化間只有差異，而無所謂的強弱優劣之別，沒有任何人有權利對另一個文化做價值評斷，故應該將文化差異視為各地區人們所持有的文化異同而產生的差異，是個人理性

發展的媒介。Banks（2010）研究指出全球化移民現象的呈現，使各國面臨學生族群日趨多元化的挑戰，雖然擴展了不同文化視野與世界觀，但也衍生出族群間優劣強弱的爭議。

由於移民的全球化，使得跨國人口遷移成為普遍現象，多元文化素養逐漸成為一種生活必備的能力，所以多元文化素養的研究在二十一世紀的今天顯得特別重要。台灣已成為多元族群社會學生日漸異質化的時代，國民小學教師面對來自四大族群的家庭背景，以及為數不少的東南亞家長，具備多元文化素養的重要性可想而知（王雅玄，2008）。

我國憲法本即具備教育自由權利及教育機會均等之內涵。依據中華民國憲法增修條文(2005)，人權清單之教育範疇，實已包括教育自由權利（第 10 條、第 21 條、第 22 條）及教育機會均等的人權內涵；換言之，我國相關教育制度與政策，本可依據此等自由、平等之憲法誡命為建構基礎。惟隨著社會態樣之愈趨開放，他、我間之個別差異不但愈難避免與忽視，在價值上更應藉由尊重多元價值的理念予以正面肯認。此外，原住民族基本法（2005）第 7 條指出「應依原住民族意願，本多元、平等、尊重之精神，保障原住民族教育之權利；其相關事項，另以法律定之。」；原住民族教育法（2013）第 5 條宣示「各級政府應採積極扶助之措施，確保原住民接受各級各類教育之機會均等，並建立符合原住民族需求之教育體系。」。在法令方面，不僅將「多元文化」明確揭示於我國憲法增修文第 10 條，並將多元文化教育的精神納入被喻為「教育憲法」的教育基本法第 2 條條文外，其它如通過「原住民族教育法」、「原住民族教育法施行細則」、「原住民族基本法」、「特殊教育法」等相關法規，皆顯示國家以法律捍

3

衛並維護多元文化的決心。

行政院 103 年國家發展計畫中對於族群和諧的政策方針中揭櫫：為促進族群和諧，政府將致力於保障新住民族基本權利，促進族群文化發展，落實對多元文化之尊重；持續扶植族群特色產業，提升族群產業競爭力，厚植族群經濟力量；賡續強化對各族群弱勢人口相關照顧與權益保障措施，以創造多元族群和諧共榮社會（教育部，2015）。為積極落實對新住民子女、原住民、特殊兒童之協助，政府訂定了各項政策，如新住民子女教育發展五年中程計畫、發展原住民族教育五年中程計畫、原住民族教育政策白皮書、教育改革總諮議報告書等，以促進多元文化之理解與尊重。並針對不同族群與社會實際需要，透過教育過程與教師的協助，使學生及早獲得多元文化相關之基本態度與素養，同時協助學生人格自由開展，並進而成為得以自在徜徉於多元文化與自由民主社會中的優質公民。

新住民家庭及其子女的快速增加正衝擊著國內的教育體系及社會體系，以台灣目前的發展狀況來看，外籍來台聯姻的比率持續攀升，而國人的生育率卻逐年下降，相對地，外籍配偶子女的出生數遽增，成為影響出生人口結構的主要因素之一（張鈿富，2006）。在多元文化社會的今日，台灣的中小學教師在班級中已得面對原住民、閩南、客家、外省、跨國婚姻移民與外籍配偶子女等多樣文化背景的學生與家長，因此，教師本身需要多元文化素養以便提供文化回應教學與進行跨文化溝通（王雅玄，2007）。教師必須跳脫傳統歷史文化對教師角色定位的框架，透過批判教育學，重新定義多元社會中的教師角色責任，因此，教師應具備理解文化多樣性的知識基礎與態度，設計能反映學生文化經驗的課程，營造具文化關懷的校園學習社群，提升學生跨文化溝通

能力（王千倖，2013）。

　　現代社會是一個由多元族群、多元文化和多元價值等不同面向之成分所組成的，社會的多元化顯示出多元文化的必要性；而教育是教導學生課業上的知識，也是學生學習人際關係、發展健全人格的重要管道。因此，為因應變遷的多元化社會，教育本身應具備包容的概念，學校內應當尋求各種文化的並存，打破個體內外在差異的藩籬（洪巧珣，2010）。學校教師具備多元文化素養，推展多元文化教育對於少數、弱勢的族群學生而言，具有一種民主實踐的象徵意義。因多元文化教育納入對性別、社會階級、特殊教育等值得探究的不同項目，使得多元文化教育成為現今教育重要的議題與趨勢。

　　近幾十年來由於資訊通訊科技的進步、交通運輸的便利，時空的距離大幅縮減，彼此之間有著海內存知己，天涯若比鄰的情誼，也造就全球化時代的來臨。在全球化的背景下，透過跨文化的理解與溝通，尊重多元文化的差異，跨文化溝通已經成為了一種不可逆轉的趨勢。在未來我們將有越來越多的機會與有著不同文化背景的人進行溝通，因此成功的跨文化溝通有著顯著的意義。Inkeri、Elina 與 Arniika（2016）指出透過學習跨文化溝通的技巧，可以培養自身對異文化保持積極的態度，提高自身的包容能力，改善以我族主義文化意識和霸權文化意識；另外還可以提高進行跨文化接觸的時候的適應能力，避免有情緒化障礙的出現，阻礙了進一步溝通的可能性；最重要的是提高自身跨文化的溝通能力，透過跨文化溝通能為我們的生活、學習創造一個新的局面，所以在當今社會上，跨文化溝通的能力已經作為一種新型綜合能力的表現。

　　學校是社會的縮影，學校教育是培養多元文化素養公民有效的途徑，根據教育部

統計處在 2018 年的數據顯示，106 學年度國民小學學生總人數共有 1,142,586 人，新住民子女國民小學學生數計有 107,407 人，原住民學生人數計有 42,811 人，特殊兒童計有 44,437 人（教育部，2018）。由此看來，不同族群正衝擊著校園環境，並使得學校學生組成日趨多元，如何培養學生具備多元文化觀點，對不同族群文化去除偏見並真誠予以欣賞與尊重，對教師實是一大考驗。

研究者服務的學校早期是清泉岡空軍子弟學校，學生來源主要來自眷區，因軍眷第二代陸續搬離，眷舍以較便宜的租金出租，吸引不少來自臺灣各地到臺中工作的原住民，社區亦有不少居民娶外籍配偶，因而形成非常典型的多元文化社區。目前全校學生人數共計 87 人，其中原住民學生有 39 人、新住民子女有 14 人、特殊兒童 1 人，面對這些不同族群文化學生，教師若能苦學生之苦，課後關懷追蹤，課堂上多方引導，教師的關懷與文化回應，可以彌補家庭的不足，消除學生學習上的許多困境。

多元文化除了反應在不同族群外，也反應在不同宗教、性別、語言及身心特殊條件上。社會的多元文化現象日益繽紛，形成文化的相互融合或衝擊，勢必無法避免。教師如何面對多元學生族群與文化等的差異，進一步去瞭解及認知，並且相互的欣賞與尊重，有賴於教師運用多元文化素養，透過跨文化溝通協助不同性別與不同族群的學生，進而提升教學效能，讓學生能夠很快的適應台灣的社會，並且可以成為社會的有用人才，這些問題是值得正視與研究的重要教育議題。

貳、研究動機

依據上述研究背景說明，本研究的動機如下述：

一、多元文化素養是教師必備的專業素養

　　臺灣人口主要由閩南族群、客家族群、原住民族群以及外省族群所組成，近幾十年來，隨著政府經濟改革與南向開放政策，促成新住民與外籍配偶引進的潮流，改變了臺灣傳統的社會結構。而在這一、二十年來少子化的現象中，新住民子女的人口卻快速增加，使東南亞等外籍族群逐漸成為台灣之主要族群之一。臺灣人口已經逐漸產生異質化的改變，人口多元程度越來越深，不僅將衝擊未來人口素質，也影響未來教育發展。因人口的少子化與多元化現象日益加劇趨勢，教師勢必面對多元族群現象所帶來的各項衝擊。

　　教育部 108 新課綱總綱以「自主行動」、「溝通互動」、「社會參與」三大學習面向為理念，以培育未來所需人才為目的。在三大面向下，歸納出培養學生「系統思考與解決問題」、「規劃執行與創新應變」、「科技資訊與媒體素養」、「道德實踐與公民意識」、「人際關係與團隊合作」、「多元文化與國際理解」等九大核心素養項目，建立各學習領域的核心素養。 其中「多元文化與國際理解」核心素養，旨在培養學生具備自我文化認同的信念，並尊重與欣賞多元文化，積極關心全球議題及國際情勢，且能順應時代脈動與社會需要，發展國際理解、多元文化價值觀與世界和平的胸懷（教育部，2014）。

　　多元文化素養是當前教師必備的基本素養，Gursoy (2016 a)研究發現教師具備優質多元文化素養對學生的態度會更積極，提高學生的自尊和學生的學業成就之間有顯著的正相關關係，尤其教師的多元文化素養在教學效能提升上具有舉足輕重之關鍵。身為教育第一現場的教師，面對多元文化的學生族群，感受到教師多元文化素養對於教師教學效能影響之鉅。教師在多元文化的教學情境之中，必須具備豐富的多元文化知

識、尊重多元文化情意觀點，以及多元文化的教學技巧等素養，才能經由適當的教學設計將多元文化理念融入平日的教學之中，幫助學生學習欣賞與尊重他人的生活方式及文化價值，以增進多元文化族群間的和諧共處。依據上述，要培養學生的多元文化價值觀，教師必先具備多元文化素養，是以教師多元文化素養是非常重要的議題，此為本研究動機之一。

二、跨文化溝通是教師進行文化回應教學的能力

　　探究多元文化的相關議題主要目的在於瞭解多元文化教育的理論基礎，在多元文化教育實踐中，有賴教師有技巧的運用跨文化溝通，所以教師是扮演著最重要也最關鍵之角色。

　　Fall (2013)指出教師本身的價值觀和態度將決定跨文化溝通的結果，教師必須消除任何負面偏見與態度，對任何文化、語言或種族的感情應給予平等的文化回應，只有這樣教師才能幫助學生建立信任及接納的氣氛。林明地曾於 2002 研究指出：學校與家庭及社區之間的良好溝通，是家長參與學校教育活動、彼此互享資源、合作，以及相互提供服務的根本基礎。以臺灣目前的社會情境來看，由於大眾媒體常具有凸顯社會異例的特質，因此我們從大眾媒體上所獲得與新住民及其子女相關的資訊大多是負面的報導（何祥如、謝國斌、歐淑宜，2006）。夏曉鵑（2005）曾經整理了媒體對新住民及其家庭的種種污名與其負面之影響，包括：「社會問題的製造者」、「使台灣人口素質降低」、「佔用社會資源」等，若國小教師缺乏與新移民及其家庭的直接接觸與了解，很可能就因誤解而影響了其與新移民家長及其子女的互動。而若是教師有誤解，或是認為家長沒興趣或具備參與子女教育的能力，這樣的負面態度將會影響家長參與子女

教育，進而削弱學校與家庭的聯結。因此，教師與兒童及其家長進行跨文化溝通與對話是一個不可缺少的要項，如此方能了解兒童家庭的文化期待、認為適當的行為、以及價值觀等。

面對不同文化的學生，教師處於多元文化教學環境中也要能回歸到多元的教育思維，適當調整運用跨文化溝通的教學方式，協助學生積極的參與學習活動，並滿足個人及社會的需求與目標。為了讓學生擁有豐富的多元文化知識與理念，應從不同的文化議題及教材中，養成多元思考的習慣；當面對各種不同文化時能先學習認識自己，並進一步了解他人，以建立多元價值觀念與視野，故專業優良的師資必不可少，而教師本身的多元文化素養及跨文化溝通能力則在教學過程中影響甚鉅。兩種能力是否各自獨立？抑或是藉由其中一種能力的養成，可使另一種能力獲致提升？本研究亦將探究教師多元文化素養與跨文化溝通的關係，探討兩種能力是否具相輔相成之效，此為研究動機之二。

三、教學效能影響學校辦學品質

吳清山（1998）教學效能是指一位教師能使學生在學習上或行為上具有優良的表現，以達到教育的目標，其中包括班級經營、教學型態、教學策略和教師期望四個層面。從學校效能的相關研究中發現，教學效能影響學生學習成就甚鉅，蔡金田（2014）研究發現，教師效能對學生學習成就有正向、直接及間接的顯著影響效果，而學生學習成效是學校效能的重要指標，所以教學效能是提升學校辦學品質的重要因素。Karimvand（2011）研究指出教學效能是教學者評價自己能夠正面影響學習成效的一種認知、判斷、知覺或信念，並預期學習者可以達到哪些特定目標或進步表現的結果。

教師是教學的主體，也是影響學生最重要的因素，在多元文化的學校環境中，教師應以多元文化教育的觀點進行有效的教學，進而提升教育的品質，達成教育的目標為目的。

在師生互動的學習歷程中，學生是學習的主體，但教師確是整個教學過程的主導者，因此教師若能夠實施有效能的教學，學生的學習成就與行為表現將會受到關鍵性的影響。簡玉琴（2002）在其研究指出，在 1990 年，美國有 41 州要求評鑑教師教學效能；其中 34 州是由州立法，30 州是教育廳擬定評鑑政策，5 州是因訴訟而起，可見教育品質的成敗，主要決定於教師素質的優劣。蔡家廷（2004）提到學校的教學本質在於有效能教學的實踐，現今教育改革的二大績效指標即為教師教學效能與學生學習成效，而教師教學效能的高低又影響學生學習至深且鉅。謝百亮（2006）指出空有良好的教學信念如不化為有效教學行為，則一切教學淪為空談。因此教學效能應該包含自我效能與有效教學歷程。

面對整個學校環境的族群結構，真正落實多元理念則應該是建立在實際的瞭解與尊重上，提升整個校園環境的氛圍層次，這樣才是一個真正的多元、包容與尊重的學校。第一線的國民小學教師在進行教學時，常常將自己定位於知識傳遞的角色，因此在教與學的過程中，教師會無意間變成權威的代表，進而所傳遞的知識也就容易成為主流社會的文化觀點。國民小學教師更應察覺、理解不同學生背後文化多樣性與學習活動的關聯性，進一步發展運用文化回應在學生文化差異的課程與教學，以提升教育的品質，達成教育目標。因此，在多元文化的教學環境中，瞭解國民小學教師多元文化素養與有效教學能力的關係為提昇學校辦學品質的重要課題，為本研究的動機之三。

四、教師多元文化素養、跨文化溝通與教學效能關係之探討有待開發

　　研究者擔任國民小學校長已二十餘年，深知教師影響學生學習甚巨，有優質專業的教師，才能讓學生有良好的學習效果。小學時期正是人們接受正規教育的第一步，影響尤其深遠，因為這個時期正值可塑性大，同時是理性思考的發展期和兒童社會化最重要的階段，是以國小教師對於學生的影響不容忽視；國小教師不但是推動基礎教育的掌舵者，更對多元文化的推動具有一定的影響力，扮演著在多元文化課程成功與否上舉足輕重的角色。面對班級中與日俱增的多族群背景的學生與家長，教師自是比一般人更需具備多元文化素養，以便提供多元文化教學回應及進行跨文化溝通進而提升教學效能。

　　所以國民小學教師多元文化素養與跨文化溝通如何影響教學效能面向的探討，理應成為被重視的議題，雖然國外有已有相關的研究，但研究篇數不多，經查詢全國博碩士論文近十年內有關多元文化素養與跨文化溝通的研究，發現僅有四篇相關的碩士論文；多元文化素養與教學效能相關研究則有博士論文兩篇、碩士論文十三篇;跨文化溝通與教學效能相關研究僅有碩士論文一篇；至於多元文化素養、跨文化溝通與教學效能關係之研究，則付之闕如，本研究之探討將有助於擴展此領域之本土應用研究，此為研究動機之四。

第二節　研究目的與待答問題

　　基於前述的研究背景與動機，本節旨在探討研究目的與待答問題，以瞭解國民小學教師多元文化素養、跨文化溝通與教學效能之關係，讓研究能更聚焦及正確導引、檢核研究方向。茲分述如下：

壹、研究目的

基於上述的研究動機，提出本研究之研究目的如下：

一、探討國民小學教師多元文化素養、跨文化溝通與教學效能之現況。

二、分析不同個人背景變項之國民小學教師多元文化素養、跨文化溝通與教學效能之差異。

三、分析不同學校背景變項的國民小學教師在多元文化素養、跨文化溝通與教學效能之差異。

四、探究國民小學教師多元文化素養、跨文化溝通對教學效能之關係。

五、探究國民小學教師多元文化素養、跨文化溝通對教學效能之影響效果。

綜述研究結果與建議提供教育行政、學校行政及未來研究之參考。

貳、待答問題

基於上述研究動機與目的，提出本研究待答問題如下：

一、國民小學教師多元文化素養、跨文化溝通與教學效能各構面及內涵的現況如 何？

二、不同個人背景變項的國民小學教師在多元文化素養、跨文化溝通與教學效能各構面的表現上是否有顯著差異？

三、不同學校背景變項的國民小學教師在多元文化素養、跨文化溝通與教學效能各構面的表現上是否有顯著差異？

四、國民小學教師多元文化素養、跨文化溝通對教學效能之關係為何？

五、國民小學教師多元文化素養、跨文化溝通對教學效能之影響效果為何?

第三節　名詞釋義

為使研究主題易於了解，本節針對國民小學教師、多元文化素養、跨文化溝通與教學效能做概念界定與說明，茲將本研究所探討的研究之名詞解釋說明如下：

壹、國民小學教師

國民小學教師意指修畢師資職前教育，依規定通過教師資格考試合格，並修習教育實習成績及格，取得合格教師資格且任教於國民小學者（師資培育法，2017）。

本研究所稱之國民小學教師係以 106 學年度任教於台灣地區公立國民小學之現職教師，包括科任教師、級任教師及教師兼行政工作，不包含實習教師、代理代課教師。

貳、多元文化素養

多元文化素養意指教師處在多元文化校園環境中，因應多元文化社會的需求，在多文化、多族群與多語言方面具有認知、情意與技能之素養，主要包含以下幾個方面：1.多元文化素養認知：教師應知曉不同群體、學生的文化背景；理解多元文化教育的理論知識。2.多元文化素養情意：教師應堅持多元文化教育理念；持著多元文化態度即公平公正的態度；具有文化敏感性，培養學生對不同文化產生積極地態度。3.多元文化素養技能：教師應消除偏見；具備處理多元文化問題的技能；反思自己的行為態度等。

本研究所稱的多元文化素養的內涵包括「多元文化認知」、「多元文化情意」及「多元文化技能」等三個構面，受試者在本研究自編之「教師多元文化素養」問卷的上的得分表現情形，教師在多元文化素養問卷上得分越高，即表示教師的多元文化素養越好，反之則越低。

參、跨文化溝通

跨文化溝通是一種建立在不同文化的個體之間的溝通方式，有一方待在自己原來文化環境中使用語言、非語言肢體動作和空間關係來交換、協商和另一個來自不同文化國家的人做溝通，而雙方溝通的問題在於雙方文化差異性的大小來決定。其與一般溝通的相異處在於溝通對象擁有不一樣的文化背景，而此相異處即導致不同的溝通方式、過程與結果。

本研究所稱的跨文化溝通包括「接收訊息」、「理解意義」及「溝通技能」等三個構面，受試者在本研究自編之「跨文化溝通問卷」的上的得分表現情形，教師在跨文化溝通問卷上得分越高，即表示教師的跨文化溝通越好，反之則效果越低。

肆、教學效能

教學效能係指教師對自己本身的多元文化教學專業能力表現之肯定以及預期自身能影響學生學習信念的程度，並能於實際進行有效的教學活動中，擬定適當教學計畫、建立師生良好的互動、運用多元的教學策略、營造溫馨的學習氣氛，促使學生達成多元文化學習的目標，增進學生學習的成效。

本研究所稱的教師教學效能包括教學計畫、教學策略、師生互動與學習氣氛等四個構面，係以受試者在本研究自編之「教師教學效能問卷」的上的得分表現情形為依據，教師在教學效能問卷上得分越高，即表示教師的教學效能越高，反之則越低。

第四節　研究範圍與限制

　　本研究旨在探討國民小學教師多元文化素養、跨文化溝通與教學效能，為了使研究之論述與架構更為嚴謹，將研究之研究範圍與研究限制說明如下：

壹、研究範圍

　　本研究為達成上述研究目的，以問卷調查法進行實證資料之搜集與分析，研究之範圍分別從研究對象、研究內容兩方面加以說明：

一、研究對象

　　本研究之對象係以 106 學年度任教於台灣地區公立國民小學之現職教師，包括科任教師、級任教師及教師兼行政工作，不包含實習教師、代理代課教師。

二、研究內容

　　本研究在探討國民小學教師元文化素養、跨文化溝通與教學效能之情況，以性別、年齡、學歷、教學年資、在校擔任職務、學校位置、學校的規模、學校區域為背景變項。以多元文化認知、多元文化情意、多元文化技能為國民小學教師多元文化素養之三個構面；其次以接收訊息、理解意義、溝通技能等為跨文化溝通的三個構面；以及教學效能，包含教學計畫、教學策略、師生互動與學習氣氛等四個構面進行分析研究。

貳、研究限制

　　本研究雖然已在研究設計上力求嚴謹，在資料蒐集上力求兼容與廣博，在分析與解讀上力求精準與正確，但礙於客觀因素，難免有一些研究上的限制，茲依次敘述於後：

一、研究內容方面

　　本研究係就國小教師多元文化素養、跨文化溝通與教學效能就彼此關係做推論與描述，但其中牽涉了教師個人價值觀、自我評價及教學信念的差異，同時，也受到實際教學工作情境的影響，彼此間的個別差異頗大，且對於教師個人心理深層的心向反應與心理素質的個別差異，或仍有所疏漏，無法徹底掌控，因此本研究問卷編製題目時，著重於教師自我的陳述及對自身多元文化素養、跨文化溝通方式的自我知覺的瞭解與教學實踐。

二、研究變項與研究方法之限制

　　本研究以臺灣地區的公立國民小學之正式教師為研究對象，因教師個人與所處的學校環境、教學情境等因素關係相當複雜，本研究僅採重點式的部分代表之，或可能無法完全涵蓋所有的因素；且教師人數眾多、教師工作相當忙碌，調查問卷的回收率意可能偏低。為克服上述情形於寄發問卷時，特別電話商請各學校校長將問卷交給之符合資格之教師填寫，以避免產生研究樣本之偏誤及影響問卷回收率。

三、研究結果推論之限制

　　本研究乃針對公立國民小學之正式教師，探討其多元文化素養、跨文化溝通與教學效能之關係，並未包括私立小學，故研究結果在推論上僅止於臺灣地區之公立國民小學，並不適用其它階段之教育機構或類型之學校。

第二章　理論研究

本章主要在整理國內外有關多元文化素養、跨文化溝通、教學效能之相關論述與研究，以做為本研究調查研究論述之基礎。主要分成四節，第一節為多元文化素養的理論與研究，第二節為跨文化溝通的理論與研究，第三節為教學效能的理論與研究，第四節為多元文化素養、跨文化溝通與教學效能之相關研究。

第一節　多元文化素養的理論與研究

在全球多元文化背景下，學校教育的環境中亦存在著文化的多樣性，促使不同文化背景的學生在學校有公平、正義的學習機會。因此本節將藉由這方面有關文獻，進一步探討多元文化的相關內容。

壹、多元文化教育

多元文化教育是多元文化社會的產物，是一種為促進社會公平正義所形成的教育改革理念與行動，是社會理想、思考方式、研究領域和改革運動；強調人權、人性尊嚴及自由平等的思維，期望藉由學校教育的力量，肯定多樣性文化的價值，進而促使社會公平與正義機會的實現。

一、多元文化教育的意涵

多元文化教育（multicultural education）的觀念起始於歐洲，它是歐洲民主社會於1960~1970 年代「民族復甦運動」（ethnic revivalmovement）下產物，經由遊行、示威、抗議與暴力行動等手段及途徑，才使政府改變法令及措施，要求對自己種族的認同，並與其他種族、群體獲得平等地位。企圖經由「學校教育革新」，使不同種族、民族及

社會階級團體都能享有均等的教育機會（楊瑩，1993）。就多元文化教育的意義而言，不同的學者由於關注議題的不同，所提出的定義也各有差異。

多元文化即是文化的多元性，所指的是一個非單一面向的文化層面概念，是由不同信念、行為、膚色、語言的文化組成，彼此關係是相互支持且均等存在。根據 Banks 與 Banks（1993）的說法，多元文化涵蓋了宗教界別、種族群體、語言能力、政治立場、社會階級、性別、民族主義及特殊性等文化層面，它使得社會面貌變得更多樣化，但文化的差異卻也常帶來衝突和矛盾，因此在多元文化的社會中常會因不同文化間的差異而產生衝突及誤解，成了重要社會議題的肇因。而 Sleeter 與 Grant（1996）認為廣義的多元文化教育為期望透過學校教育的改革，促進社會公平與正義的一種教育模式；而狹義的多元文化教育即是尊重個別差異的一種跨文化學習之教育活動。多元文化教育為多元文化社會之產物，希望透過教育的力量，肯定文化多樣性的價值，尊重文化多樣性下的人權，尊重人民選擇生活方式的多種可能性，進而促使社會公平與正義機會的實現。

Grant 與 Ladson-Billings（1997）認為多元文化教育起源於 1960 年代的族群研究運動，它是一普世種哲學理念和教育過程，概念肇基於美國憲法和獨立宣言中自由、正義、平等、公平和人性尊嚴的哲學理念上，一方面透過學校和其他教育機構的運作，提供學生不同群體的歷史、文化和其貢獻，在體認社會的豐富性及多樣性的同時，更使學生瞭解並認同自身文化，進而欣賞及尊重他人文化。另一方面則提供適性教育及個別化教學等措施，協助文化不利的學生發展積極的自我概念。它所面對的社會議題包括了種族、族群、社會階級、性別、宗教、語言及特殊教育等層面。

Banks 於 1997 年研究指出多元文化教育代表一種觀念以及一種方法論，它既不是同化論者（assimilationist），也不同於多元論者（pluralist）。強調多元文化教育並非以獨斷的方法來強調個人間的共同性或差異性，相反的，是致力於尊重珍視人類共同社會中的獨特性。它表達了平等的、異中求同的、社會正義的、使任何種族、性別或社會階級遭受歧視的民主理想。其對多元文化教育的看法，可以歸納為以下五點：

1.多元文化教育是一種「理想」或是「概念」。應讓所有學生在學校中享有同等的學習機會，遑論他們的性別、社會階級、族群、種族以及文化特性。

2.多元文化教育是一種「教育改革運動」：其目標在於改變學校的整體環境，尤其是潛在課程。

3.多元文化教育是一個「持續不斷的歷程」：一些努力目標如教育機會的公平以及完全消除歧視等，在目前的人類社會中無法完全達成的，所以需要不斷的目標努力。

4.多元文化教育是一種「課程設計途徑」：期能使學生認識與瞭解現今各民族與國家之間的文化差異、歷史與貢獻；並致力於將多元民族及全球性的觀點，融入過去專為單一民族所設計的統一課程中。

5.多元文化教育是一種「承諾」：期能透過適當的理解、態度和社會行動技能的培養，進而對抗種族、性別及其他各種形式的偏見和歧視（陳伶艷，2000）。

Nieto（2000）多元文化教育是針對學校所有學生的基本教育所進行學校整體改革的歷程，它堅決反對所有種族主義及各種形式的不當歧視，並肯定學生文化背景的多樣性與價質性。它以批判教育為理論基礎，強調知識、反省與行動的社會改革，並積極落實於學校所有的課程教學、師生互動、同儕關係及學校的教育理念等方面。

　　Bennett（2001）也指出多元文化教育植基於下列四個原則：1.文化多元論；2.社會正義與消除各種不同形式的偏見及隔離；3.在教與學的過程中肯定不同文化的價值；4.教育機會力求均等並提高所有學生的學業成就。

　　國內亦有相當豐富的多元文化教育相關研究，對於多元文化教育涵義也有諸多見解。黃政傑（1995）指出，多元文化教育為一教育改革策略與運動，透過持續不斷地改革課程及教育方案，使學生認識自己的文化，教導學生能以積極的態度看待異文化，藉由肯定文化多元性，使族群關係和諧圓滿，達成促進人類和平共存的願景。江雪齡（1997）則認為多元文化教育應包含保存文化的多元性，尊重個人和使個人有參與社會上各種活動的權利。陳美如（2000）從兩部分來說明定義，狹義的觀點認為多元文化教育是尊重差異的一種泛文化學習的教育；廣義的觀點則認為多元文化教育是希望透過學校的改革，促進社會正義與公平的一種教育方式。

　　吳清山與林天祐（2005）在「教育小辭書」中將多元文化教育定義為學校提供學生各種瞭解不同族群文化內涵的機會，以培養學生欣賞不同族群文化之良善且積極的態度，避免種族的相互對立及衝突的發生，是一種以善意為出發點的教育觀。因而，多元文化教育一開始的立意是平等，期待促進能跨越文化差異與相互學習的教育；但其積極面更是希望透過改革，使教育更具公平與正義，讓學生不僅能有理解各族群文化內涵的機會，更可以彼此欣賞、包容與尊重。

　　朱嬿蓉（2007）則認為多元文化教育是一種增權賦能力量的展現，此力量的獲得是一段發展個人多元文化觀念的歷程，從意識知覺、形成信念到具體實踐，除了為自己發聲同時也給予別人力量，共同建立一個同中存異，異中求同的學習社會。李雅妮

（2008）指出多元文化教育是讓學生在一個自主、中立的教育環境中學習，使每個學生都能具有同等的學習機會。經由教育的學習可以了解自身的文化，也能理解並欣賞其他文化，學會尊重文化的差異，以期社會能更加多元、公平、正義與尊重。

除上述國內外多元文化教育的相關文獻外，研究者亦歸納國內研究者對於多元文化教育的定義如 2-1 表中：

表 2-1　多元文化教育的定義

研 究 者 （年代）	多元文化教育的定義
游美惠 （2001）	多元文化教育是一種因應差異，並肯定承認多元的主體與社會認同的教育實踐。
官孟璋 （2003）	多元文化教育是一種追求卓越的運動，旨在促進教育機會均等和公平性，使不同族群團體的子女，都能公平的接受教育。
吳淑慧 （2006）	多元文化教育是藉著教育的力量，來肯定及尊重文化多樣性的價值。
徐玉浩 （2007）	多元文化教育是基於民主價值理念，透過教育的安排，使學生在瞭解本身文化後能自尊自信，並進而認識與欣賞不同的文化。
張麗質 （2008）	多元文化教育是將多元文化的概念，經由教育讓人們體認身處的社會是充滿文化差異，並促使學生肯定文化的多元性，尊重文化差異，彼此包容與關懷，重建社會使其多元、公平、正義。
李美鶴 （2009）	多元文化教育是教導學生熟悉自己的文化，能夠自尊自信，並去理解與欣賞其他文化，養成積極對待其他文化，消除各種偏見和歧視。
張美瑤 （2009）	多元文化教育透過真實、多元的觀點，使各族群的學生獲得平等的學習機會，並引領學生察覺族群的差異，建立正向態度，導向社會的公平與正義。
李美子	多元文化教育認為學校必須幫助學生消除對其他文化的誤解和歧視以及對文

21

（續下頁）

研究者 （年代）	多元文化教育的定義
（2010）	化沖突的恐懼，學會瞭解、尊重和欣賞其他文化。
楊玉珠 （2010）	多元文化教育是讓每個個體接觸瞭解不同的階級、宗教、性別、種族、語言及身心障礙者的教育觀點與內容，藉以培養學生尊重與欣賞不同文化，促進各個族群間能夠和睦相處、彼此尊重與包容。
周明潔 （2014）	多元文化教育是一種教育方式、持續性的課程與計畫，更是教育改革理念，必須真正實踐，進而促進不同種族、社經背景、文化背景的學生都有機會能獲得均等的教育機會，使學生熟悉自己的族群及文化，進而欣賞與了解其他異文化、族群文化及世界文化，使族群關係和諧圓滿，促進群體社會的公平正義。

綜合以上國內外之研究，研究者將多元文化教育定義為：多元文化教育是一種教學與學習的歷程取向，透過課程改革或其他教育改革策略，促進不同種族、文化群體、社會階級的學生能在校園內接受均等的教育。教師在教學的過程中，提供學生不同文化族群的文化、語言、宗教信仰及貢獻等方面的知識，使學生了解與認同自己的文化，並能欣賞及尊重他人的文化；在平等、瞭解、尊重與互惠原則之下，建立起自我文化和他者不同文化之間的交流溝通平台，讓多元文化在同中求異、異中求同，避免造成社會不平等現象，實現真正具有文化對等的平等學習環境。

二、多元文化教育的目標

多元文化教育是多元文化社會環境下的產物，期望藉由教育的力量，透過認知、情意、技能策略的養成，使所有人能正視與尊重不同族群文化間的殊異，達到肯定多元文化價值、尊重多元人權的教育目的。故多元文化教育目標提供了一個具體而明確的方向，給予教師在教導學生學習、本身專業素養等部分，有更明確的指引。

Tiedt 與 Tiedt（1990）認為多元文化教育的整體目標在促進族群之間的和諧與尊重，使人們能與各種不同背景的人共存於世界中。並將多元文化教育的目標分為以下四大面向進行探討：

1.瞭解概念：瞭解自我與其他族群之不同文化背景、生活方式、差異性、多樣性、刻板印象等概念。

2.建立價值：培養自尊及自信，進而接納、欣賞與尊重不同文化間的差異性、多樣性，除了消除刻板印象外，更應建立積極進取的生活態度。

3.發展技能：發展學習能分析、區辨、解釋及認同對文化異同、刻板印象、偏見行為及個人價值的各項技能。

4.個人與社會：善用人際交流與溝通技巧，除排除課程中的偏見外，更積極融入人際關係的相關活動或內容，藉以促進族群之間彼此尊重與關懷。

Gollnick 與 Chinn（1990）認為多元文化教育所包括的教育層面的議題非常廣泛，包括種族、族群、性別、社會階級、宗教、特殊教育與各種不同語教育等，並從社會公平、人權、尊重、自由、均等的角度提出多元文化教育的四項目標：

1.提昇文化多樣性的價值與尊重。

2.落實人權觀念和尊重個體間之差異。

3.增進個體對不同生活方式抉擇的機會。

4.增進全人類的社會公平正義與機會均等。

Diamond 與 Moore（1995）則提出多元文化教育的目標應包括增進學生的學習成就以及提升所有學生的文化覺知能力。Banks（1997）認為多元文化教育主要目的在於

改變教師教學，使所有不同文化、不同族群都能公平學習，同時培養學生的認知、技能與情意來認識個人及其他人的文化以及社會生活的議題。Manning 與 Baruth（2004）認為多元文化教育的目標為改變我族文化教育環境，使其能提供更多教育均等的機會，並鼓勵社會關係更開放，以接納不同的族群。

莊明貞（1997）綜合文獻分析後認為基於多元文化社會中文化互容的需要，未來多元文化教育，宜朝下列四項發展：

1.重新界定多元文化教育的範圍及目標

多元文化教育概念的提出，雖受到教育學者的支持，但因定義過於廣泛，且研究族群範圍太大，常導致教育工作者莫衷一是。然而教育工作者無法掌握學校以外的情境，因此多元文化教育的目標宜有範圍的修正。學校雖無法消除現存社會結構的不公和制度化的種族主義，但可藉多元文化課程的設計，協助學生敏銳洞察其身處週遭社會的不公平，並協助其發展改善此社會不公的信念與行動。

2.加強對各族群教育的包容與尊重

多元文化教育若是過分強調各文化的殊異性，並試圖以母語教學來復甦該文化的內涵，此時須審慎考量是否因此與主流文化產生隔離，更加深了各族群的隔離與衝突。因此，多元文化教育應融入公民教育的目標，加強兒童民主的態度與價值的培養，以避免因強調一族群文化教育，而造成與其他族群的隔閡與分化。

3.充實基本技能學習的內涵

從文化統一的立場，保守派論者堅持學校應協助所有學生發展國家公民所必備的態度、技能與知識。因此在多元文化教育的課程設計上，除繼續加強課程內容與各種

族母語文化的互容性外，也強調小學低、中年級先以雙語教導各族群兒童讀、寫、算的基本技能，俟學生基本技能學習逐漸適應後，再完全以英語進行教學，以免因過分強調母語文化學習，而忽視基本能力的培養。

4.提昇多元文化課程方案的品質與課程統整性

多元文化教育的課程方案，提供文化、經濟不利學生補償性教育方案，或為少數種族學生所設的各種族研究課程，若無法維持高品質的教育內容，可能有淪為次級教育之嫌。此外，為拓廣多元文化教育課程達成教育機會均等的目標或結合各種的廣域課程設計，有系統的結合課程領域的學者及教科書編輯，有效地評估如何維持多元文化課程結構的完整性，卻同時兼顧各族群學生特殊的學習需求，實為多元文化課程發展的重要課題。

林清江（1997）認為多元文化教育應以充分平等為考量達到下列三點任務：

1.讓各民族、種族、或社會團體成員，在文化適應（acculturation）、調適（accommodation）與同化（assimilation）的過程中均能獲得充分且平等的教育學習機會。

2.在各民族、種族、或社會團體成員獲得充分且平等的教育學習機會並完成學習後，能融入主文化（dominant culture）之中，且提昇自己的社會地位。

3.培養全民的多元文化能力（muticulture competence），以形成平等、和諧的動態社會。

江雪齡（1997）將教育環境、制度、課程與教學及教育人員的改進視為達到多元文化教育的目標：

1.改變學校環境，創造一個尊重各個對社會進步有貢獻的不同族群的環境。

2.改變教材教法，使課程具有包容性與真實性。

25

3.運用不同教學方法,幫助各種學習型態之學生學習。

4.提昇並教導世界其他族群的價值觀。

5.延聘不同族群的教師及行政人員。

　　譚光鼎、劉美慧與游美惠(2001)等研究指出:多元文化教育的目標在促進教育機會均等、提昇弱勢族群的學業成就、瞭解與支持文化的多樣性、促進族群關係、及培養增能與社會行動能力。而劉美慧與洪佳慧(2009)則認為多元文化教育假定每個學生都有相同的學習潛能,而且具備捍衛社會正義的勇氣與能力,不因文化背景而有差異,增能是多元文化教育的重要目標,讓不同文化背景的學生都能體認自我的價值、肯定自我文化、經驗學習成功的機會及改造社會的能力,提供學生機會,幫助他們瞭解自己的潛能,肯定自我的價值,鼓勵學生參與,並培養作決定與行動的能力,面對各種形式的偏見與歧視時,能夠有對抗的勇氣與解決之道。

　　國內外研究者對多元文化教育的目標各有不同見解,但有共同的方向就是尊重、包容、平等、接納等。除上述國內外多元文化教育的相關文獻,研究者將多元文化教育的目標歸納如 2-2 表中:

表 2-2　多元文化教育的目標

研究者 (年代)	多元文化教育目標
Tiedt 與 Tiedt (1990)	1.包含認知、技能、情意之目標,偏向學科的學習目標。如:瞭解自我、培養自尊、尊重差異、個人價值澄清等。 2.個人與社會行為方面,具備實踐的能力。如:致力於消除不平等現象、解決衝突、參與學校生活等。

(續下頁)

研究者 （年代）	多元文化教育目標
Banks （1993）	1.改變學校結構與教學，使來自不同文化背景的學生有均等的學習機會。 2.幫助所有學生對不同文化、種族、宗教團體等發展出正向的態度。 3.幫助弱勢學生建立自信。 4.協助學生發展角色取替的能力，並能考慮不同族群的觀點。
Bennet （1995）	1.接受與欣賞文化多樣性。 2.尊敬人類尊嚴與人權。 3.保護地球環境。 4.擔負世界社群的責任。
Gay （1995）	1.使不同種族、性別、族群及社會階級背景的學生，均有機會發展出基本的學業能力。 2.屏除種族中心主義及偏見的態度。 3.教導學生尊重並欣賞自身和他人之各種文化。 4.覺察現今族群疏離與不平等的社會歷史、經濟及心理因素。 5.提供批判分析及正確決定的能力，以面對多元文化社會下之各項問題。 6.協助學生建立可從人性、正義、自由及平等的觀點看待事情的知識與技能。
Grant 與 Sleeter （1996）	1.培養批判思考的能力，質疑社會上的不正義。 2.瞭解造成不同族群地位的原因。 3.公民責任感的培養。
黃政傑 （1993）	1.提供均等的教育機會，提高各族群學生學業成就。 2.消除偏見、歧視，培養積極的族群態度，使族群關係和諧，人類共存共榮。 3.促進不同族群文化和觀點的瞭解，肯定文化多元的價值，提高反省自己文化的能力。

（續下頁）

研究者 （年代）	多元文化教育目標
官孟璋 （2003）	1.為文化差異的學生爭取教育平等的機會。 2.建構多元觀點的知識本質，協助學生具有適當的態度、技能、知識。 3.發展跨文化能力及擁有世界觀的胸懷。
張秀雄 （2004）	1.教導學生學會族群與文化的相關知識。 2.使學生發展出適切的族群、人際和參與異文化的技能。 3.養成適當的多元文化態度、情感與價值觀念。
朱嬿蓉 （2007）	1.促進教育機會均等的實現。 2.增進學生對自身與其他文化的瞭解與認同。 3.幫助學生發展對不同族群文化的積極態度。 4.培養學生多元文化意識與行動。
李雅妮 （2008）	1.提供一個均等的受教機會。 2.致力培養積極的態度，能瞭解、尊重、包容與欣賞不同文化的差異。 3.肯定文化的多元性，促使養成跨文化的能力。 4.透過課程、教學及政策的改革，讓每個人都能體會、欣賞與接納社會的多元和差異。
張美瑤 （2009）	1.提供均等的教育機會與更適合所有學生的課程，以提高各族群的學業成就。 2.消除偏見與歧視，培養積極的態度，使族群關係和諧。 3.促進學生對不同族群文化和觀點的瞭解，肯定文化多元的價值。 4.提高反省自身文化能力，培養學生在多元文化社會生存的能力。
楊玉珠 （2010）	1.實現教育機會均等與落實社會公平正義。 2.讓每個人除了認識自己的文化外，也學習尊重不同的族群、文化，並接納與認同文化差異。

（續下頁）

研究者 （年代）	多元文化教育目標
陳薇如 （2011）	1.促進教育機會均等的實現。 2.追求卓越的學業成就。 3.情意重於認知與技能的目標。 4.培養適應現代社會的能力。 5.增進人類對生活的選擇。
余明仁 （2012）	1.理解文化的多樣性、培養多元觀點。 2.培養自尊及自信，進而接納、欣賞與尊重文化。 3.發展能分析、區辨文化異同、偏見行為及個人價值，提升弱勢族群學業成就。 4.促進社會公平與機會均等，促使各族群間權力分配的均等。
周明潔 （2014）	1.建構自我認同概念，提升文化知覺。 2.尊重多樣性文化，培養批判性思考。 3.增進弱勢族群自我概念與學業成就。 4.建立群際間關係，促進族群和諧。 5.實現教育機會均等理念。

綜合以上之研究所述，研究者認為多元文化教育的目標為：是提供一個公平、正義的學校教育環境給弱勢族群學生，並建立平等、和諧的多元文化學校環境，讓每個學生皆能體會並欣賞學校環境中的多元性和差異性。並以更多元的、尊重的觀點，教導所有學生學習自己和他人文化、肯定自己的文化、並能接納和尊重不同文化的價值性；其最終的目標是要促進所有學生提升學習成效，強化少數族群學生的自信心、協助所有學生發展具備各種多元的能力，使其具有同理心能設身處地在其他族群的立場思考，期望能落實於現實的生活之中。

貳、多元文化素養

探討多元文化素養應從素養之意涵出發，以下先就素養意涵敘述，而後再帶出多元文化素養的定義以及教師應具備的多元文化素養。

一、素養之意涵

素養（literacy）一辭，原本的意思就是平時的修養，且是「好」的修養。張一蕃（1998）素養是個人與外界作合理而有效的溝通或互動所須具備的條件。教育部將素養定義為「蘊涵於內即為知識、見解與觀念，表現於外即為能力、技術與態度。」(教育部，2000)。賴苑玲（2000）對素養的定義為不僅代表一種狀況，也是一種技能，不但具有認知及技能的成份，同時也含有情意的成份。吳清山、林天祐（2005）指出素養原指識字率，與文盲或不識字是相對的名詞。素養的現代意義已經超越傳統的讀、寫、算基本能力的概念，擴大到一切知識的認識、理解與運用能力，因此，一個人可能具備某種素養，但缺乏其他素養；故以教育的觀點而言，素養包括是指每一個國民所必須具備的所有基本能力。

國內已經有不少探討素養的文獻，素養一辭在某種程度上也形成標準的詮釋。陳聖謨（2013）認為素養是現代公民在生活處事中應該具備的一般涵養與能力。個體為適應複雜社會環境，在群體生活進行合宜的社會互動，有效地解決問題，滿足自我尊嚴與效能，就必須能夠展現這種多元交融、隨機調節的各項能力。李坤崇（2013）將素養定義為在培養個人成為獨立個體的過程中，為成功與內在、外在環境互動溝通所需具備的能力，包括認知（知識與理解）、情意（態度、價值與欲望）、技能三方面。蔡清田（2014）「素養」是個體為了發展成為一個健全個體，因應生活情境所不可欠缺的知識、能力與態度。單維彰（2016）素養一詞，望文生義還有「素質」和「修養」

的含意。進一步說，我國社會期望受教育者能擁有知識與技能上的素質，再加上道德與智慧上的修養。更淺白地講，我國社會期待受教育者「知道」一些「該知道的事」，在待人接物之際表現出某種道德水準，而面對問題的時候，具有通盤而和諧考量的智慧。本研究關注的焦點在領域、範疇與脈絡之研究，因此將「素養」概念理解為「literacy」，同時也有利於後續進一步的探討。

國外研究者 Giroux（1992）則提出素養的定義如下述：1.素養不僅是文字、藝術、技能，素養還涉入意識型態與思想的澄清。2.素養為組織意義、建構意義、維持意義的工具。3.素養是一種現有的文化、知識論與意識型態系統的再現之實踐。4.素養是要了解個體差異，強調重視他人的認同。5.素養存在著差異與權力的語言。Well（1998）將素養分成四個層次：1.執行（Performance）層次：能閱讀並理解文件的意義。2.功能（Functional）層次：即是能讀、能寫工作與生活上的文字。3.資訊（Informational）層次：除了能讀，並能理解以學科為主的知識體系。4.認識（Epistemic）層次：能運作與改變知識與經驗，並能使用語言、具創造力、探險與批判鑑賞的能力。Kingc 與 Howard（2003）研究指出素養應包含三種意義：1.從一個符號系統編譯至另一個符號系統。2.在特定的符號系統中，能理解其獨特的精神、物質及意義形式的呈現與紀錄系統。3.意義理解與再造的可能性，由此可能性的產生是媒介特質與符號的效果；Holcomb（2004）認為素養是一種運用日常生活中實際事物的能力。

綜合以上之研究，研究者認為素養是指個體在其所處環境中終身學習的要項，是個人所具備重要的能力與態度，也是個人與外界能有效的互動與溝通所需具備的能力。當面對問題時能夠靈活運用所學，以更積極主動的態度，整合各種相關資訊，發

揮思辨、統整、溝通能力以解決所面臨的問題。素養不僅是用來表現個人與外界溝通的能力而已，且是涵蓋了知識、技能、情意的元素，亦即個人對特定領域的了解程度、技能的熟練程度及心態。進一步的它應該是有意義的意識型態與思想的澄清，不但使人瞭解差異更認同他人，是一種具有和廣大社會息息相關及實踐行動的能力，亦即在真實的生活情境下，可以用出來的能力。

二、多元文化素養的意涵

　　由於全球化時代的來臨，國民小學教師必須面對多樣性背景的學生，教師應具備多元文化素養，提供適切的教學服務。分析目前十二年國民基本教育之核心素養，強調培養以人為本的「終身學習者」，新課綱中的多元文化教育內涵其中一項為「多元文化與國際理解」，相當程度凸顯多元文化教育在本次課綱改革中的重要性。此一核心素養的內涵係指「具備自我文化認同的信念，並尊重與欣賞多元文化，積極關心全球議題及國際情勢，且能順應時代脈動與社會需要，發展國際理解、多元文化價值觀與世界和平的胸懷」。在國小教育階段核心素養的具體內涵為：「具備理解與關心本土與國際事務的素養，並認識與包容文化的多元性」；國民小學教師除了教導基本的知識與技能外，更進一步的需對體制下的知識課程提出質疑，並運用本身的素養學能付諸實踐以追求公平正義，所以教師的多元文化素養在二十一世紀的今天顯得特別重要。

　　Diamond 與 Moore（1995）將多元文化素養（multicultural literacy）定義為將所有學生引導到學校的文化經驗、歷史、語言與在學校環境中的語言及學業學習作連結的歷程。Banks 與 Banks（1995）則認為善於運用多元文化教學的教師能列舉出多樣的教學技巧，具備對自身文化經驗及價值的深刻理解，並且對來自不同文化、宗教、性

別、社會階層、種族、族群的人以尊重的態度對待。Courts（1997）研究指出教師若能具備多元文化素養即能提供學生各種知識與學習機會，使學生可以選擇並運用自己的言行，並能使學生意識到自己因使用非主流論述而受到歧視。Well（1998）指出教師應具備批判多元文化素養（critical multicultural literacy），亦即是堅決信守教學理論與實踐之間的關係，並且導向建構性地創造出提昇對話、分析、評鑑與統合歷史與當代多元文化的旨趣，此種批判性之多元文化素養就是希望教師在教學歷程中，對於社會結構中的各種問題不但應予以檢視且積極投入，更加以激發學生與教師間進行建構性的多元文化實踐。

Brock（2004）曾說：「多元文化素養是投入複雜社會文化的熱忱、以有效方式來使用語言的讀寫能力。具有更複雜的語言、素養、文化理解能力，可以幫助教師在壓抑性的社會政策主導下從事豐富的教學實踐。」。Angelina (2017)認為教師的多元文化素養反應在文化回應教育理論上，教師應具有 1.文化素養 2.自我反省的態度和信念分析 3.關懷、信任和包容的教室 4.尊重多樣性，確保課堂所有學生的自我價值。

近年來，國內也陸續引進多元文化素養的概念，莊采珂（1999）則指出教師所應具備的多元文化素養包括：對多元文化社會的體認、多元文化知能的提升、多元文化技巧的培養、反省性的多元文化態度、多樣的角色扮演、民主且熱誠的教學態度；表現於多元文化教育方面。楊傳蓮（2000）認為多元文化素養即是在多元文化社會中具備和不同文化背景的人適切溝通的能力。陳麗華（2000）則主張多元文化素養應有四要件：1.強化文化意識；2.加強文化溝通能力；3.發展多元歷史文化觀；4.滅除種族主義、族群偏見與歧視。劉見至（2002）對社會中不同文化的瞭解、欣賞與尊重，肯定

多元文化價值，具備多重要歷史觀點及對話溝通能力，以消除種族中心主義族群偏見和歧視，增進族群關係和諧之能力，文化的瞭解、欣賞與尊重，肯定多元文化價值。王雅玄（2007）則將多元文化素養定義為在多元文化社會中具備能夠欣賞、悅納不同文化、族群以及語言等方面的認知、情意與技能。湯心怡（2010）認為教師除應具備對於多元文化的了解及同理的情感外，還要擁有將其從自身轉化並運用到課堂之中的多元文化素養。

　　除上述多元文化素養的相關文獻，研究者亦歸納國內外研究者對於多元文化素養的定義如表 2-3：

表 2-3　多元文化素養的定義

研究者 （年代）	多元文化素養的定義
Pope 與 Reynolds （1997）	1.多元文化覺察：能察覺到與自己文化部同背景的人之態度、信念與價值觀等。 2.多元文化知識：能瞭解來自每一個人的價值、歷史、傳統與實際經驗等不同的文化。 3.多元文化技能：能具有協助自己與不同文化背景的人產生互動之技能。
Craig （2014）	能了解自身文化及不同族群的文化，且敏感於個體的需求，並消除自身對不同文化的偏見與歧視，肯定及尊重個體存在的價值，創造平等的教育機會，進而實踐多元文化教育，使不同文化背景的學生充分發揮潛能並獲得適性發展與需求之滿足
吳雅玲 （2007）	多元文化素養只除了具備一般學科知能及教育專業素養之外，也包含：持續自我察覺、文化知識、多元文化理念、多元文化教學能力、多元文化課程設計、多元文化背景家庭、團體及社區互動支能力、持續教育實踐的改革行動力。

（續下頁）

研究者 （年代）	多元文化素養的定義
陳淑玲 （2008）	多元文化素養係指有關個人對於多元文化方面的知識、價值及實務上的表現情形，反應在態度與教學上的運作能力，其所涵蓋範圍應包含多元文化的哲學理念與實務運作及文化、族群與語言三方面，以作為判斷個人或制度在達成目標方面的效率與效能的指標。
蔡蕙如 （2010）	1.認知：具多元文化知識與無偏見之多元文化觀點。 2.技能：處理文化差異之教學與課程社技能力。 3.情意：對不同文化具敏感度，能對己身文化有所瞭解與認同，並尊重與欣賞他人文化。
余明仁 （2012）	多元文化素養強調在多元文化社會關切族群、語言、文化之間的權力問題。多元文化素養提供教師一種得以改變自己與學生跳脫傳統或主流的意識型態，具有社會實踐行動力，在教學關係中實踐多元文化旨趣。
黃郁婷、葉嘉瑜 （2014）	教師瞭解不同族群的文化，且敏感於個體的需求，繼而消除自身對不同文化的偏見與歧視，肯定及尊重不同族群存在的價值，創造平等的教育機會，以落實多元文化教育。
周明潔 （2014）	多元文化素養包括教師對自己文化的了解與認同、對不同文化的認知與支持的程度以及無偏見與刻版印象的文化觀等。
張瀞文 （2015）	教師基於人人都有平等的學習機會，能理解與尊重文化差異，避免偏見與刻板印象態度以及具備批判反思之教學實踐的能力，包含多元文化知識、多元文化情意、多元文化技能三層面。
姚冬琳 （2016）	在各種多元文化主題（種族、民族、語言、宗教、地域、國別、全球等）上所具備的知識、情感與態度及技能方面的素養。

綜合以上之文獻經整理分析後發覺，多元文化素養可定義為在多元文化社會中，

能瞭解多元文化歷史發展脈絡、肯定與尊重多元文化價值、具備文化教學能力，並以此增進跨文化間的和諧共處。至於教師的多元文化素養，研究者認為是教師基於學生均有均等的學習機會，能理解與尊重文化差異，具備批判反思之教學實踐的能力。包括教師對自己文化的了解與認同、對不同文化的認知與支持的程度以及無偏見與刻版印象等，並能在教與學的過程中實踐多元文化旨趣。

參、多元文化素養的理論基礎

多元文化論是一種相當晚近的政治、社會及文化學說。其根源雖可以追溯到十九世紀末，但基本上它是 1980 年代興起的理論。「多元文化論」以美國校園中的課程內容爭議為導火線，隨後迅速地變成一種反省主流社會族群、性別、階級、世代等權力支配現象的重要理論。多元文化論者認為人類社會普遍存在多種不同文化群體與文化實踐，但是其中的主要群體往往憑藉其數量上的優勢或透過思想洗腦的方式，鞏固其擁有的優勢地位及再生產機制，並壓抑非主流的各種力量，使後者處於被剝削、被支配、被污名化的不公平境地。因此，多元文化論者主張社會不能有中心、邊陲的分野，主張我們尊重所有的差異，也主張弱勢者必須團結起來向主宰者進行抗爭或爭奪權力（江宜樺，2007）。

具體而言，多元文化論在揭露族群歧視、性別歧視、宗教歧視與階級歧視等多方面的問題，且在爭取少數民族權益、不同膚色族群或是同性戀、青少年等應有的法律保障上。面對多元族群、多元文化等各種文化差異的學生，教師需要具備多元文化素養，積極實現社會公平正義、教育機會均等。

研究者將多元文化素養相關理論（McLaren,1995；沈六，1993；江雪齡，1997；陳美如，2000；王雅玄，2007；譚光鼎、劉美慧、游美惠，2008；劉美慧主編，2009；陳薇如，2011）整理如下：

一、　保守派的多元文化主義

保守派多元文化主義（conservative multiculturalism）的論者主要由兩股勢力組成，一是極力反對共產主義思想的反共勢力，二是擁護自由市場經濟的支持者。此一派別基本上是主張沒有所謂的種族主義、性別偏見或階級偏差，主張自由市場經濟，政府不應用太多的福利措施去幫助弱勢邊緣團體，以避免依賴性；保守派也崇尚傳統家庭價值，認為窮人與非白人家庭的子女無法獲得高成就，是因為家庭價值不彰與教養方式不當，所以發展出「文化剝奪論」。此一學派對於多元文化主義抱持著敵對態度，其認為多元文化主義其實是非白種人在挑戰一向優越的、傳統的、精粹的歐洲文化與教育。在教育上，保守派者認為要努力去「同化」弱勢族群的孩童，讓他們能融入主流文化，才是教育應該致力去做的重要任務。因此，此一學派被評為是一種擁護白人優勢地位的新殖民主義，又稱為單一文化論。

二、自由主義的多元文化主義

自由主義的多元文化主義（liberal multiculturalism）主張其認為每個人不論其種族、性別、階級、背景為何，應都是生而平等。自由主義強調個人主義與自主、自決，每個人可以公平地在社會上競爭，追求均等的發展機會，但必須尊重他人自由的權利。在教育上，自由主義主張以相互尊重與容忍的態度來面對不同性別、種族、階級、宗教、地區因素所造成的差異。但事實上，自由多元文化主義者雖然尊重不同族群、性

別等，他們卻不認為這種差異會為個人的成就表現帶來不同的影響；由於太強調「我們都是人類」、「人類都是生而自由平等的」這種共同性（sameness），而忽略了社會上長期以來對不同族群、性別、宗教等造成的結構性不公平，如此反而促成單一文化的成長。有學者批評此一學派仍是希望將其他相異文化的成員「同化」為以白人男性為中心的文化群體，也是屬於歐洲白人的中心文化思想。

三、複合論多元文化主義

　　複合論（pluralist multiculturalism）非常強調「差異性」，主張要鼓勵學生多元學習，放棄偏見，學習來自各相異族群階層的、多元的知識與價值。此一學派亦主張去脈絡化，亦即要忽略歷史時期與社會情境的因素，並忽略挑戰既有思想。與前二種流派不同，複合論者不主張「同化」，而是肯定且承認差異性的存在。但複合論被批評為雖然強調多樣化教育，但只是讓學生去學習各式相異文化，無法顛覆主流支配性的權力結構，無助於改變權力運作的現狀與階級的流動。

四、批判多元文化主義

　　批判多元文化主義（critical multiculturalism）起源於 1920 年代的德國法蘭克福學派之批判理論，此派學者關切的焦點是工業化社會中的支配結構與權力運作。批判性多元文化論者主張去中心化，挑戰與破除以中產階級為主、異性戀與城市中心等主流預設，重新思考建構知識與思想。而教育的思想核心為「教學政治化」，即教學要讓學習者能從結構性的分析觀點思索權力資源重新分配的問題。批判論者也強力批判社會的不平等是透過教育的過程而再製或加深，例如種族主義或性別偏見等問題，因此，他們認為教育的目的是要讓學生明瞭社會權力的運作是如何型塑他們的生活與學習經

驗，強調學生要有批判意識，促使學生進一步思索抵抗壓迫的解決之道。而學生的學習的內涵之一就是要讓學習者能為了追求社會正義而抗爭努力、如何積極抗拒壓迫性結構。

五、文化傳遞與社會學習

　　文化傳遞理論（cultural transmission and social learning theories）源自人類學，社會學習與示範（modeling）源自心理學。文化傳遞理論認為一個文化群體成員，傳遞其文化（生活方式、價值、規範、行為準則等）給年青的一代的各種不同方式，雖然某些傳遞是在學校進行，但其他的的傳遞方法是在家庭、教堂、社區裡進行。社會學習理論則著重行為模式的結果；兒童經由觀察成人而學習多種可用的行為模式，且又受到增強或削弱，例如性別的刻板行為與印象。

　　秉持文化傳遞與社會學習理論的學者們認為兒童是透過複雜且多樣的訊息來進行學習，此一學派注重教師必須留心學生如何獲得社會的價值觀與信念。學者們認為教育必須考慮複雜社會中的文化本質與層級，並且為了實現機會均等，不同群體文化成員需學習不同文化，教師與學生的文化要能相互適應、欣賞，才能步入文化和諧。

六、文化回應理論

　　文化回應理論（culturally responsive theory）的概念起源於 1970 年代，是根基於文化差異的觀點，文化回應論者相信文化差異因素，會讓個體在學習上有不同的表現。在教育上，文化回應論者認為因某一文化族群的霸權或誤解，造成不同程度的文化衝突，輕者產生歧視與偏見，重者對立衝突。然而在主流族群的霸權思想、種族中心主義或同化的族群關係的影響之下，使得少數族群在進入學校接受主流文化時，必須面

對文化刺激不足所造成「文化剝奪」或族群差異產生「文化矛盾」等種種在學習與適應上的問題。由於學校所傳遞的是多數族主流文化的知識與價值觀，少數族群學生一旦進入學校生活時，必須適應在文化、語言、溝通及生活規範上的「文化斷層」。

　　文化回應理論所衍生出來的文化回應教學是近代多元文化教育發展出來的一種教學實踐取向。文化回應教學是指教師對弱勢族群學生進行了解與抱持期望，課程要適度地反應學生母文化，教學要配合學生的學習型態與溝通方式，根據學生文化差異進行適性教學。認同多元文化教育的教師，必須要有能力在教學之中融入多元文化的精神，使得理論不僅是理念，而是通往目標的動力。文化回應強調教學者對不同族群文化的肯定，並瞭解文化對學生態度與學習的影響何在。教師在教學之中會「多元化」自己的教學，使學生能充份學習學校知識。文化回應教學在尊重學生文化、並以學生的文化做為教學基礎的同時，教師並教導學生尊重自己及他人的文化，並且理解知識建構的複雜度，成為增能自己及他人的另一種可能性。

　　針對上述理論基礎本研究在資料的分析上以批判多元文化主義及文化回應理論二者並存的觀點，並且考慮了社會的主流文化與多元族群的文化差異性，與師生之間的複雜性、異質性，將多元文化從認知、情意、技能這三個方面來審視多元文化社會中教師所應具備的素養來探討，以取得研究結果。

（一）多元文化認知

　　教師身為課堂教學中的主導者，必然會與學生有較多的交流與互動，多元文化教育中師生之間的互動是一種跨文化交流，教師自身的文化知能就成為影響師生間互動交流的重要因素。教師必須了解到學校教學環境中族群的多樣性與差異性，並意識到

自身對其他族群的感受，亦應注意到不同年齡層學生體會族群差異的程度會有所不同；以及教師認為透過知識交流與傳遞能夠促進認識與瞭解，並減少偏見的產生。在多元文化的教育中，教育的對象具有極大的特殊性，學生可能來自於不同的種族、群體或社會階層，因而也可能具備不同的知識結構，宗教信仰，行為模式等文化差異，這就需要多元文化教育中的教師具備各種相應的知識來體認其教育對象的文化多樣性與特殊性。因此可以說，教師具備充分的多元文化認知是教師從事多元文化教育，實施多元文化教學的基礎。

（二）多元文化情意

　　面對當前這個多元文化環境中，文化的多樣性得以充分顯示，各個地區的文化各有其特色，多元文化教育的目的也旨在消除族群之間的文化偏見，教師的對於文化的態度就顯得格外重要，這會直接影響到多元文化教育理念及其在學校教學的實施。教師必須先能接受學生在族群身份與文化上的各種差異，同時不會因為語言、膚色或其他原因的差異而歧視學生，且樂於學習其他族群的文化、語言與風俗習慣；教師是學生精神與心靈的引導者，教師的多元文化情意對學生的發展也有著極為重要的影響。教師的價值觀會影響教師的教學內容、教學技巧，更會影響學生的價值觀以及學生對多元文化知識的獲取。

（三）多元文化技能

　　教師在多元文化學校環境中，面對來自於不同文化背景的學生必然要採取多元文化的教學技能來進行教學。教師在多元文化教學過程中對教學計畫的擬定、教學策略運用是否得當，與教師的教學效果之間存在著密切的聯系。教師如能較好的運用多元

41

文化的教學計畫與教學策略，則他們會感到多元文化教學是順利且愉快的；反之，如果教師不能很好的運用各種教學計畫與教學策略，那麼他們將感到教學過程會有很多滯礙難行之處。

根據以上理論基礎，多元文化素養可定義為在多元文化社會中，能瞭解多元文化歷史發展脈絡、肯定與尊重多元文化價值、具備多元文化教學能力，並以此增進多元族群間的和諧共處。至於教師的多元文化素養，本研究則將其定義為教師處在多元文化校園環境中，因應多元文化社會的需求，在多文化、多族群與多語言方面具有認知、情意與技能之素養，主要包含以下幾個方面：1.多元文化素養認知：教師應知曉不同群體、學生的文化背景；理解多元文化教育的理論知識。2.多元文化素養情意：教師應堅持多元文化教育理念；持著多元文化態度即公平公正的態度；具有文化敏感性，培養學生對不同文化產生積極地態度。3.多元文化素養技能：教師應消除偏見；具備處理多元文化問題的技能；反思自己的行為態度等。

肆、多元文化素養的相關研究

國內已有相當豐富的多元文化教育研究，但針對多元文化素養進行專題研究並不多。王雅玄（2007）探討現職教師或職前教師的多元文化觀，指出多元文化素養的迫切性，特別在移民漸增的現今社會，教師要面對台灣既有族群如原住民、閩南、客家、外省，還需面對跨國婚姻移民與外籍配偶子女，多元文化素養即為關鍵能力，以便在實際教學行動中提升多元文化意識、批判潛在課程中的文化霸權、進行文化相對論的省思。

一、多元文化素養實徵研究

　　茲整理國內外近年來與教師多元文化素養之相關研究如表 2-4 所示：

表 **2-4**　**教師多元文化素養之相關研究**

研究者 （年代）	研究主題	研究 方法	研究結果
Smith (2000)	教師背景對多元文化教育融入的影響：兩個對比的個案研究	訪談 觀察	影響教師多元文化教學效能因素。 1.教師的種族、性別和社會階級。 2.過去面對差異的處理經驗。
Gorham (2001)	小學教師知覺多元文化教學能力之研究	問卷 調查	教師多元文化經驗與家庭背景、社區及生活、多元文化學校情境有關。
Capella Santana (2003)	多元文化態度和知識的積極變化之研究	問卷 調查 訪談	1.參與過文化相關課程後，職前教師的 　多元文化知識與態度趨於正向、積極。 2.培育過程中不同的田野經驗、多元文化課程、雙語教育和同儕互動皆會影響職前教師。
Gursoy (2016 b)	評量教師多元文化素養根據變數之研究	問卷 調查	1.教師職前訓練期間，針對多元文化素養培訓可以提供他們的態度是積極的。 2. 教師的多元文化素養，能增進學生的個人發展和學術成就。
王雅玄 （2007）	多元文化素養評量工具及其應用：現況與展望	問卷	「多元文化素養量表」，包含八個分構面：多元文化認知、多元文化情意、多元文化技能、多元語言意識、多元文化意識、多元族群意識、多元文化環境，以及多元文化關係。
李雅妮 (2008)	國小教師多元文化教育中教學態度與教學效能之研究	問卷 調查	高雄市國小教師之多元文化教育中教學態度與教學效能具有顯著正相關，且能有效預測及影響教學效能的表現。

（續下頁）

研究者 （年代）	研究主題	研究 方法	研究結果
陳淑玲 (2009)	國小教師多元文化素養與多元文化教學實踐之研究－以北台灣為例	問卷調查	北台灣地區國民小學教師整體之多元文化素養為中等程度，其中「多元文化情意」素養表現優異，而「多元文化技能」素養則有待加強。
蔡蕙如 (2010)	藝術與人文領域音樂教師多元文化素養探究	問卷調查	1.藝術與人文領域音樂教師在多元文化素養教學技能與態度皆具有正向積極的表現。 2.不同個人背景變項的教師，其多元文化素養均未達顯著差異。 3.曾修習過多元文化教育相關課程的音樂教師之多元文化素養高於未曾修課的音樂教師，且達顯著差異。 4.音樂教師在音樂教學中融入多元文化觀點能拓展學生的文化意識。
湯心怡 (2010)	公民與社會科教師多元文化素養與教學信念	問卷調查	不同個人背景變項的「公民與社會」科教師，其多元文化素養並無顯著差異。
洪巧珣 (2010)	國小階段身心障礙資源班多元文化教育素養及其相關因素之研究	問卷調查	1.國小資源班教師整體多元文化教育素養為中高程度。 2.女性資源班教師在多元文化教育素養的表現上較男性積極。 3.族群、相關研習會影響國小資源班教師在多元文化教育素養的表現。 4.任教年資愈高，在多元文化教育素養的表現上趨於積極。 5.資源班學生障礙類別會影響國小資源班教師在多元文化教育素養的表現。

（續下頁）

研究者（年代）	研究主題	研究方法	研究結果
陳薇如（2010）	教師之多元文化素養對新移民子女語言習得之影響的個案研究—以三所國小低年級教室為例	個案研究	教師的多元文化之素養會對學生的語言習得有正面顯著的影響，營造良好的學習情境可以提升學習成效，善用各式教學資源可刺激不同族群學生的學習動機，了解與尊重學生的語言及文化差異可降低學生的學習失敗機率，合宜的課程設計與多樣化教材搭配有助於學生語言習得的成效。
楊玉珠（2010）	南投縣國小教師多元文化素養與教學效能之研究	問卷調查	1.南投縣國民小學教師普遍具有多元文化教育素養及教學效能。 2.在教師背景變項中，不同多元族群學生教學經驗、教學年資、擔任職務及教育程度之教師，其多元文化教育素養達顯著差異。 3.在教師背景變項中，不同性別、多元族群學生教學經驗、教育程度、擔任職務、學校地區及學校規模之國小教師，教學效能達顯著差異。 4.南投縣國小教師多元文化教育素養與教學效能具有顯著正相關。

（續下頁）

研究者（年代）	研究主題	研究方法	研究結果
余明仁（2012）	雲嘉地區國小教師多元文化教育素養、增能與實踐之相關研究	問卷調查	1.教師自覺擁有中高程度的多元文化教育素養，其中「多元文化技能」表現較佳。 2.教師在多元文化教育增能自覺擁有中低程度表現；其中「學位進修」表現優於「研習」和「教師自學」。 3.教師自覺擁有中高程度的多元文化教育實踐，其中「教學」表現優於「行政」。 4.國小教師的多元文化教育素養因最高學歷與學校地區而有不同，碩士、偏遠地區教師表現較佳。 5.國小教師因族群與學校地區其多元文化教育實踐而有不同。 6.國小教師因最高學歷、擔任職務與學校地區其多元文化教育增能而有不同，其中碩士、科任教師、偏遠地區教師表現較佳。
顏任珮（2012）	國中教師跨文化敏感度與多元文化素養之研究	問卷調查	台中市國中教師的多元文化素養為中上程度，並且在認知、情意及技能層面上均趨於正向。

（續下頁）

研究者 （年代）	研究主題	研究 方法	研究結果
周明潔 （2014）	臺北市國小資源班教師多元文化教育素養與有效教學能力關係之研究	問卷調查	1.教師多元文化教育素養與有效教學能力關係呈現顯著的正相關。 2.多元文化教育素養各構面對整體有效教學能力的預測順序分別為班級經營、知識建構、校務推展，其中以「班級經營」解釋力最高。 3.多元文化教育素養對有效教學能力各構面之預測情形中，對教學計劃與準備、教材內容的呈現、師生關係的建立、多元教學的策略、教學評量的進行分層面的解釋力上，以班級經營、知識建構、校務推展為最高。

綜合上述各實徵研究，茲將多元文化素養歸納分析如下：

（一）研究層級分析

本研究蒐集近十年來有關國內教師多元文化素養之論文中，有九篇是碩士論文，僅一篇博士論文、一篇期刊論文，其中王雅玄的期刊論文「多元文化素養評量工具及其應用：現況與展望」，探討主題是評量工具及其應用，國內許多研究者不少引用其問卷，可見國內專對教師多元文化素養的現況有待進一步深入研究。以下僅針對教師多元文化素養相關研究層級分析，如表 2-5 所示：

表 2-5　教師多元文化素養相關研究層級分析彙整表

研究層級	論文研究者										次數統計
	1	2	3	4	5	6	7	8	9	10	
	李雅妮	陳淑玲	蔡蕙如	湯心怡	洪巧珣	陳薇如	楊玉珠	顏任珮	余明仁	周明潔	
博士						●					1
碩士	●	●	●	●	●		●	●	●	●	9

（二）研究方法分析

　　本研究蒐集近十年來有關國內教師多元文化素養之論文中，有九篇是採問卷調查法，僅一篇採質性研究訪談法。謹針對教師多元文化素養相關研究方法分析，如表 2-6 所示。

表 2-6　教師多元文化素養相關研究方法分析彙整表

研究方法	論文研究者										次數統計
	1	2	3	4	5	6	7	8	9	10	
	李雅妮	陳淑玲	蔡蕙如	湯心怡	洪巧珣	陳薇如	楊玉珠	顏任珮	余明仁	周明潔	
質性						●					1
量化	●	●	●	●	●		●	●	●	●	9

（三）教師多元文化素養研究構面分析

　　研究者發現相關教師多元文化素養之文獻數量有限，且大多是參考王雅玄（2007）多元文化素養評量問卷（問卷包含八個分構面：多元文化認知、多元文化情意、多元文化技能、多元語言意識、多元文化意識、多元族群意識、多元文化環境，以及多元

文化關係），謹針對國內研究者之實徵研究中所採用教師多元文化素養相關研究構面分

析如表 2-7。

表 2-7　教師多元文化素養相關研究構面分析彙整表

研究者（年代）	多元文化素養構面											
	認知	情意	技能	語言意識	文化察覺	族群意識	平等教學	文化環境	班級經營	文化關係文化	賦權文化	校務推展
李雅妮 (2008)	●	●	●				●				●	
陳淑玲 (2009)	●	●	●	●	●	●		●		●		
蔡蕙如 (2010)		●			●					●		
湯心怡 (2010)	●		●		●							
洪巧珣 (2010)	●				●		●		●			●
陳薇如 (2010)	●		●		●							
楊玉珠 (2010)	●	●	●									
顏任珮 (2012)	●	●	●									
余明仁 (2012)	●	●	●									
周明潔 (2014)	●				●		●			●		

49

（續下頁）

研究者（年代）	多元文化素養構面											
	認知	情意	技能	語言意識	文化察覺	族群意識	平等教學	文化環境	班級經營	文化關係	賦權文化	校務推展
次數統計	9	6	7	1	6	1	3	1	1	2	2	1

研究者根據教師多元文化素養的相關理論與上述國內學者的分析，研究發現多元文化認知、多元文化情意、多元文化技能與多元文化察覺等四個多元文化素養構面有極高的共識，惟多元文化察覺較屬於多元文化情意的內涵，故將其併入多元文化情意中。

本研究將國民小學教師多元文化素養分為多元文化認知、多元文化情意與多元文化技能等三個構面，作為國民小學教師多元文化素養構面分類依據：

1.多元文化素養認知：教師應知曉不同群體、學生的文化背景；理解多元文化教育的理論知識。

2.多元文化素養情意：教師應堅持多元文化教育理念；持著多元文化態度即公平公正的態度；具有文化敏感性，培養學生對不同文化產生積極地態度。

3.多元文化素養技能：教師應消除偏見；具備處理多元文化問題的技能；反思自己的行為態度等。

（四）影響教師多元文化素養相關背景變項分析

從相關研究分析中顯示，性別、年齡、學歷、教學年資、擔任職務、學校位置、學校規模、學校區域等教師個人背景變項與學校背景變項等方面略有差異。茲將各研究者對影響教師多元文化素養之相關背景變項彙整如表 2-8。

表 2-8　影響教師多元文化素養之相關背景變項

研究者(年代)	性別	任教科目	年齡	學歷	教學年資	擔任職務	學校位置	學校規模	學校區域	閱讀書籍	學習設備	國外旅遊	宗教信仰	國外遊學	教育學習	外籍友人	族群研習	相關研習	文化接觸
李雅妮 (2008)	●			●	●	●			●										
陳淑玲 (2009)	●			●	●	●	●	●					●		●				
蔡蕙如 (2010)	●			●	●		●	●			●				●				
湯心怡 (2010)	●		●	●	●		●	●									●		
洪巧珣 (2010)	●		●	●	●				●								●	●	●
陳薇如 (2010)			●	●	●	●	●	●	●	●									
楊玉珠 (2010)	●			●	●	●		●											
顏任珮 (2012)	●	●					●					●		●		●		●	●
余明仁 (2012)	●		●	●	●	●			●								●		●
周明潔 (2014)	●		●	●	●				●										
次數	9	1	5	9	9	5	5	5	5	1	1	1	1	1	2	1	3	2	3

綜合分析上述表 2-8 的分析結果對國民小學教師多元文化素養有影響的相關背景

變項中，明顯以性別、年齡、學歷、教學年資、擔任職務、學校位置、學校規模、學

校區域等有較高的共識，故本研究採用上述八項內涵為國民小學教師多元文化素養的個人背景變項與學校環境變項，做為日後研究結果之交互檢證。

（五）相關背景變項對教師多元文化素養影響差異性分析

茲針對上述影響教師多元文化素養之相關背景變項差異性分析彙整如表 2-9。

表 2-9　影響教師多元文化素養之相關背景變項差異彙整表

研究者(年代)	性別	年齡	學歷	教學年資	擔任職務	學校位置	學校區域	學校規模
李雅妮(2008)	◎	◎	學士後師資班最低	◎	主任>組長			24班以下>25-48班、49班以上
陳淑玲(2009)	◎	◎	研究所>一般大學>教育大學	◎	主任>科任>級任	◎		
蔡蕙如(2010)	◎		◎	◎			◎	◎
湯心怡(2010)	◎	◎	◎	◎		◎	◎	
洪巧珣(2010)	◎		◎	15年以上最高			◎	◎
陳薇如(2010)		◎	◎	◎	B 教師>A 教師、C 教師			
楊玉珠(2010)	◎	◎	◎	◎	兼任行政工作>級任導師>科任教師	◎		◎

（續下頁）

顏任珮 （2012）	◎					
余明仁 (2012)	◎	研究所＞師範 院校	◎	◎	偏遠 地區 較佳	◎
周明潔 (2014)	男＞ 女	◎	研究所＞教育 大學＞一般大 學	1-3 年最 高		◎

註：「◎」代表 t 考驗未達顯著差異水準，「＞」表考驗達顯著水準，前項優於後項。

　　歸納上述的研究結果，不難發現對教師多元文化素養有影響的相關背景變項明顯以個人背景(性別、年齡、學歷、教學年資及擔任職務與學校背景(學校位置、學校地區、學校規模)等八項變項具有顯著差異，茲將八個變項在教師多元文化素養之整體及各構面上之差異性分析彙整如下：

1.個人背景對教師多元文化素養影響差異性分析

(1)性別

　　不同性別的教師在多元文化素養上是否有明顯的差異，研究顯示性別的不同不會對教師多元文化素養產生差異(李雅妮，2008；陳淑玲，2009；蔡蕙如，2010；湯心怡，2010；洪巧珣，2010；楊玉珠，2010；顏任珮，2012；余明仁，2012)。然而，也有研究顯示性別的不同會對教師多元文化素養產生差異，且男性教師優於女性教師(周明潔，2014)。性別的不同是否會對教師多元文化素養產生顯著差異，文獻上以無顯著差異主張稍佔上風，但差距不大，此為本研究尚待探究的一環。

(2)年齡

不同年齡的教師多元文化素養是否會有顯著差異，基於研究對象、研究方法或研究區域的不同，尚無定論。但有些研究顯示教師年齡對其多元文化素養沒有顯著差異(李雅妮，2008；陳淑玲，2009；湯心怡，2010；陳薇如，2010；楊玉珠，2010；周明潔，2014)。由於相關教師多元文化素養研究篇數不多，尚待本研究及後續學者加入探究。

(3)學歷

部分研究顯示不同學歷之教師，在整體上多元文化素養有顯著差異(李雅妮，2008；陳淑玲，2009；余明仁，2012；周明潔，2014)。然而，也有研究指出，不同學歷之教師其在整體多元文化素養上沒有達顯著差異(蔡蕙如，2010；湯心怡，2010；洪巧珣，2010；楊玉珠，2010；陳薇如，2011)。從少數的統計數量來看，似乎主張學歷對教師的多元文化素養無顯著差異水準稍多，但差距不大。是否學歷就等同於素養能力?至於，本研究會呈現什麼結果，尚待進一步深入探究。

(4)教學年資

有部分研究發現擔任教師年資的長短，在整體多元文化素養上有顯著差異(洪巧珣，2010；周明潔，2014)，也有些研究指出擔任教師年資的長短，並不會對其多元文化素養產生差異(李雅妮，2008；陳淑玲，2009；蔡蕙如，2010；湯心怡，2010；楊玉珠，2010；陳薇如，2011；余明仁，2012)。到底年教師教學年資的長短，跟教師的多元文化素養是否有關?是否教師教學年資高，教學經歷較完整與豐富，其多元文化素養上就一定會較優?亦待本研究加以調查了解。

(5)擔任職務

擔任不同職務的教師多元文化素養是否會有顯著差異，基於研究對象、研究方法或研究區域的不同，尚無定論。但有些研究顯示擔任不同職務的教師對其多元文化素養有顯著差異(李雅妮，2008；陳淑玲，2009；楊玉珠，2010；陳薇如，2011)。亦有研究顯示擔任不同職務的教師對其多元文化素養沒有顯著差異(余明仁，2012)。至於本研究會呈現什麼結果，尚待本研究及後續學者加入探究。

2.學校背景對教師多元文化素養影響差異性分析

(1)學校位置

根據研究指出學校所在位置的不同，確實會影響教師的多元文化素養(余明仁，2012)。然而也有研究顯示不同學校位置的教師，其整體多元文化素養並無顯著差異(陳淑玲，2009；湯心怡，2010；楊玉珠，2010)。城鄉的差距、學校所在位置在的不同，是否會對教師的多元文化素養造成顯著差異，有待進一步分析與探究。

(2)學校規模

多數研究指出學校規模大小並不會影響教師的多元文化素養 (蔡蕙如，2010 洪巧珣，2010；楊玉珠，2010；余明仁，2012；周明潔，2014)。然而也有研究顯示不同學校規模的教師，其整體多元文化素養顯著差異(李雅妮，2008)。可見學校規模大小與教師多元文化素養關係尚無定論，有待本研究進一步探究。

(3)學校區域

上述十篇論文當中，針對跨縣市教師的多元文化素養進行研究者計有 5 篇，但探討不同服務縣市對教師的多元文化素養之差異比較僅 3 篇，在整體教師多元文化素養上有研究者認為無顯著差異(湯心怡，2010；蔡蕙如，2010；洪巧珣，2010)。因此，不

同服務市縣在教師的多元文化素養的影響上尚無定論，有待進一步探究。

二、國民小學教師多元文化素養架構圖

綜合上述相關研究分析結果，本研究國民小學教師多元文化素養架構圖如圖 2-1。

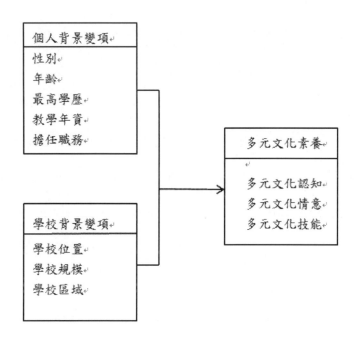

圖 2-1　國民小學教師多元文化素養架構圖

第二節　跨文化溝通的理論與研究

現今全球化趨勢與多元族群趨勢促使全球正處於快速且頻繁交流之際，而在彼此

互相接觸的當下，不同的文化背景與語言不僅對人們的生活產生影響、對於學校教師

教學、學生學習與溝通互動方式亦產生了變化。本節主要就溝通、文化與溝通、跨文化溝通、跨文化溝通的理論基礎及跨文化溝通的相關研究分別說明。

壹、溝通

溝通一詞，我國古代最早見於左傳・哀公「秋，吳城邗溝，通江淮。」，其中「通」字意指「開溝渠使兩水相匯通」，後來引申為「疏通意見，使之融洽」之意（辭海續編，1985）。英文「溝通」（communication）之字源為拉丁文「communis」，原意為「共同」之意，具有分享或建立共同看法的義涵，也就是藉著分享訊息、觀念、態度或意見，與人建立共識之意。溝通的模式最早是由亞里斯多德（Aristotle）所提出，其溝通有三要素：演說者、講詞、聽眾（林盈男，2011）。

Berlo（1960）將溝通的過程分成七個部份：溝通來源、編碼、訊息、管道、解碼、接收者、回饋。Smith、Watson 與 Kefalas（1980）等人認為溝通模式的過程組成部份也有七個：來源、訊息、管道、收訊者、回饋、環境、噪音。Paul（1990）提出五個溝通的定理：1.任何一種行為都是溝通，即使是不發一語或是沒有做出任何動作，如文字、說話快慢、聲調高低、肢體動做等所有舉動都是溝通的工具。2.每種溝通都包含內容層面及關係層面。內容層面是指訊息、數據、事實等；而關係層面指的是訊息傳送者及訊息接收者之間的關係。3.人類之間的溝通是沒有真正的起點及終點，因為溝通是一連串的循環過程。在溝通過程中，每位參與者的行為，既是反應也是刺激。4.人類利用數位式及類比式兩種方式溝通。前者是指語言性的，此種溝通方式擁有較複雜、充滿邏輯性的句法，溝通著重訊息的傳遞，除了人與人間的訊息傳遞外，也包括隔代之間的傳遞；後者相對地，則是非語言的，這種溝通較具有涵義在內，其溝通的基礎是建立

於大家對某種肢體語言的認同，但是這種溝容易出現問題，例如微笑可以是友善的象徵，也可能是笑裏藏刀的展現。5.溝通者間關係平等與否，會影響人類在溝通的過程中出現對稱或是互補的情況出現。溝通者之間的關係若是平等的，其溝通過程是會呈現對稱的情況，雙方溝通力求平等及減少雙方之間的差異處；若其關係有不一致時，則會出現互補的情形。

　　除上述溝通的相關文獻，研究者亦歸納國內外學者對於溝通的定義如表 2-10 所示：

表 2-10　溝通的定義

研究者 （年代）	溝通的定義
Barnard （1968）	溝通乃是個人與個人間傳送有意義訊息或符號的一種歷程。
Schramm 與 Roberts （1971）	溝通即是藉由分享資訊、事實、或態度，試圖跟他人或團體、組織建立共同的了解與看法。
Richman 與 Farmer （1975）	溝通是指一個或多個人以書面、口語、語文、或非語文的形式傳遞訊息、事實、意見、觀念、或感受給另一個人或更多其他的人，且涉及意義的歷程。
Simon （1976）	溝通是組織中的一份子，將自己的意思傳達給另一份子的過程。
Baron （1983）	溝通是從送訊者傳送訊息到收訊者的歷程，此種歷程可發生在個人之間，組織內，或組織間。
Guthrie 與 Reed （1991）	溝通是經由語言和行為將一個人的觀念、思想、意見資訊和感受傳達給他人的歷程。
Robbins （1991）	溝通是訊息意義的傳達與瞭解的過程。

（續下頁）

研究者 （年代）	溝通的定義
Kellermann （1992）	溝通是有選擇性的、有結構並且有模式的；它不是隨機、無法阻止或者無法則的；它是自願的、可控制的、有方向的及有目的的。
劉興漢 （1985）	溝通是所有傳達消息、態度、觀念與意見的程序，並經此程序以達到人與人之間的瞭解與協議。
黃昆輝 （1989）	溝通是某一個人或團體藉以傳達觀念，態度給另外一個人或團體之一種心理的及社會的歷程。
舒緒緯 （1990）	溝通係指送訊者將語言、符號等訊息，經由適當的表達方式，使收訊者表現出預期反應的一種歷程。
吳清山 （1991）	溝通是個人或團體傳達情感、訊息意見或事實到其他的個人或團體，彼此能夠產生相互了解的一種歷程。
徐木蘭 （1994）	溝通除了思想與觀念交換的過程外，它的最高目的是藉回饋（feedback）的手段，達到彼此瞭解與分享意義（meaning-sharing）的境界。
呂木琳 （1998）	溝通有分享以及建立共同看法的意義，在於使對方分享訊息，並建立共同看法。
李元墩 （1999）	溝通是個人或團體將觀念或資訊，藉由媒介、工具或行動傳遞予他人或團體，歷經回饋而共享訊息的整個動態過程。
謝文全 （2003）	溝通乃是個體或團體相互交換訊息的歷程，藉以建立共識協調行動、集思廣益或滿足需求，進而達成預定目標。
劉瑞梅 （2007）	溝通的意義即是組織為促進個人目的之達成與組織目標之實現，藉著訊息的傳遞，使個人或團體間的意見、觀念、情感或態度等訊息趨於一致的一種動態歷程。
林盈男 （2011）	溝通是組織成員透過語言或非語言的方式將其意見、態度、知識、觀念或情感，傳達給其他成員的過程。
王衍	彼此間意見的交流，或訊息的傳遞

（續下頁）

研究者 （年代）	溝通的定義
（2014）	

上述研究者對於溝通之定義、解釋雖各有差異，但基本上都包含了發訊者、收訊者、訊息類型、溝通管道、理解意義、共識與回饋等要素。綜合以上研究者的定義，本研究將溝通定義為：「發訊者將訊息、觀念、意見或感受利用語言、文字或動作傳遞給收訊者，藉以使收訊者接收到訊息後能理解意義並達成某種共識或回饋的一種歷程。」

貳、文化與溝通

文化與溝通是跨文化溝通的重要基礎，為了對跨文化溝通有深入的體認，除了對溝通的管道應該有所認識外，也需對文化的意涵有所認知。

Samovar（1996）指出不論何時何地，人類只要有互動，就會有溝通的存在。而人類為了能繼續存活於社會，並且讓其文化能繼續流傳下去，就必須溝通。由此可知，溝通及文化之間的關係是非常密切的。

文化及溝通兩者間存有許多共通點，兩者之間的關係是相輔相成。首先，對文化及溝通兩者而言，符號都是其重要的組成要素。如前所述，文化的基礎是符號，人類藉由這些符號傳遞文化，而文化本身則藉由符號來呈現其文化涵義；符號則是溝通的表達工具，經由不同的表達工具的呈現，來達成溝通的目的。溝通過程中，若缺了符號的輔助，溝通幾乎無法順利完成。其次，文化及溝通兩者並非都固定不變，反而是隨著時間、對象、地點…等不同因素，而不斷地在變動。隨時間的演進，文化為了繼

續留存於人類社會中，會順應時代潮流而更動，例如淘汰不合時宜的文化或是發展出
新文化；溝通則會隨著對象或是時機的不同，而改變其進行的方式。再者，文化及溝
通兩者和人類的關係均十分密切。前者指的是，除了大自然及人類與生俱來能力外，
人類的所有事物，不論是精神層面或是物質層面的事物。除此之外，文化的延續更須
經由人類將其繼續傳承下去；後者，在溝通的組成要素中，幾乎都是由人類扮演訊息
傳送者及訊息接收者的角色。除此之外，人類也時常扮演溝通媒介的角色。最後，文
化及溝通各自是由許多不同的要素而組成的系統。文化是由許多不同部分所組成的系
統；而溝通則可藉由各種溝通模式的形成，來展現其自成一系統（林宜燕，2005）。

在論述過文化及溝通的相同點後，進一步探討兩者之間的關係。美國文化人類學
家 Hall（1959）所出版的 The Silent Language 一書中提及文化就是溝通，溝通就是文化
的觀念。

林宜燕（2005）研究指出文化是人類經由社會化過程學習而得之，藉由不同的溝
通方式，人類進而得到各種與文化相關的訊息；相對地，溝通使文化成為一個不間斷
的進程，不斷地將文化相關的訊息傳達給其文化成員。如前所述，文化及溝通分屬兩
個不同的系統，但是這兩種系統卻是相互影響。人類在進行溝通時，都會用自己習慣
的方式來與其他人溝通，而溝通者各自所習慣的方式，又深受其文化所影響。溝通雙
方若對於彼此的文化系統有某種程度的認識及了解，將會有助於其彼此之間的溝通。
另外，在進行溝通時，溝通參與者所採取的立場及態度，應盡可能地超越文化界線，
如此才可以正確的解讀彼此之間所傳達的訊息內容，減少誤會產生的機會，增加溝通
成功的機率。每種溝通都包含內容層面及關係層面，因此可將文化與溝通之間的關係

形容為，文化是溝通中的內容層面；而溝通則是屬於溝通中的關係層面。

參、跨文化溝通

在現今社會中，全球化的現象已滲透到人類的政治、經濟、文化以及科技生活中，換言之，人們在這些生活層面上，與他國人民互動或參與跨國性事務的機會與日俱增，而跨文化溝通能力與全球公民素養乃是參與國際互動必備的能力（黃文定，2015a）。跨文化溝通是近年來熱門的議題，其牽涉的範圍極其廣泛，舉凡有觸及不同文化間交流事物，都可歸類於跨文化溝通的領域內。

在理解文化及溝通間密切關係後，如果將兩者之間關係再加以連結，且以平行文化的角度看待，就可以產出文化內溝通（Intracultural communication）及跨文化溝通（Intercultural communication）兩種不同概念。前者指的是擁有相同文化族群成員之間的溝通，如擁有相同國籍、語言、宗教的人，其之間溝通就屬文化內溝通；後者指的是分別擁有不同文化認知及語言文字系統的溝通參與者間之溝通，如不同族群的人，他們之間的溝通稱為跨文化溝通。

Mc Guigan（1994）研究指出跨文化溝通是在不同且是相互敵對的信仰與行為系統之間搭起一道橋樑，而此橋樑因為溝通雙方的文化背景不同而使的先天基礎不穩，如果後天上再無法補救的話，便很難達成良好有效的跨文化溝通；而雙方文化上的差異即為先天的基礎，若是文化差異越大，則溝通上就越不穩固。Dean（1997）指出跨文化溝通是最少有一位參與者不是使用自己的語言，跨文化溝通中，使用母語者，所思考的是如何去溝通；而非使用母語者，則是思考如何使用語言讓對方清處理解溝通的訊息。跨文化溝通需要語言和非語言兩方面的知識和實踐，在態度及價值觀方面，語

言和非語言行為都深刻地反映文化的差異，語言本身並不是溝通最重要的部份，語言之外的眼睛、臉部、四肢、身體的姿勢、位置、接觸等，都有助於表達意義。

　　Kim（2001）將跨文化溝通定義為來自不同文化的人彼此溝通的方式；Payne（2004）則是認為跨文化溝通就是和來自不同文化的人相處時，能將彼此可能發生的誤會降到最低，並將彼此可能建立的跨文化關係提升到最友善、和諧的一種潛在能力。Gudykunst（2002）認為跨文化溝通應該是各族群之間溝通的一種模式，及隸屬不同族群團體的成員彼此之間的溝通，不論是人與人彼此之間的互動，或是透過傳播媒體的互動，這些互動必然會產生結果，不管是主動或是被動的溝通，溝通時或許會發生的歧見問題，也是無法去避免的事情。Malcolm 與 John （2013）認為跨文化溝通旨在促進溝通者雙方相互理解和對話，跨越文化鴻溝的方式，不僅鞏固了族群成員之間的情感，也能取得彼此之間的信任感。跨文化溝通能夠認識到對方的信仰、態度和價值觀的差異，能容忍、承認不同的信仰、態度和價值觀，並能同理心的接納他們。

　　陳國明（2003）指出，若溝通參與者之間的認知差異大，在進行跨文化溝通時，較會出現溝通障礙，影響溝通順利進行。而跨文化溝通內異質性大，也是導致在溝通的過程中常出現誤解的情形，使得發生衝突的可能性升高。張淑媚（2003）認為跨文化溝通參與溝通的對話者各自生長於不同的國家，自小在其各自獨立的文化環境中，且使用不同母語，當這樣的對話者兩兩相遇在其中某對話者的母文化情境中，其中一方使用其母語，而另一方由於進到了全新的文化環境而必須遷就對方使用對方的母語溝通，溝通問題產生的原因與多寡則隨著溝通雙方文化背景的差異性大小而有所不同，文化差異性小，雙方共享的前提或是共識較多，也就不易產生溝通問題；反之，

文化差異性大，雙方共享的前提或是共識較少，因此較易產生溝通上的問題。黃明智
（2005）研究指出跨文化溝通指的是兩種不同文化的人，藉由至少一方非以其為母語
的語言，進行思想的交流或是生活的接觸。

　　除上述跨文化溝通的相關文獻，研究者亦歸納國內外研究者對於跨文化溝通的定
義如表 2-11 所示：

表 2-11　跨文化溝通的定義

研究者 （年代）	跨文化溝通的定義
Maletzke (1996)	跨文化溝通意指不同文化族群成員之間的交流互動過程，在此過程中，參與者不僅依據母體文化中的規範與習俗表現其態度以及行為模式，並且體驗到對方所屬之異文化的規範、習俗、態度以及行為模式。
Bennett (1998)	不同文化背景的人們之間的通信。文化在語言，行為模式和價值觀上是不同的。Bennett 強調在跨文化溝通就是人與人面對面的互動（或至少是人與人之間的相互溝通）。
Dodd (1998)	不同文化背景的人士互動。文化的定義是可識別的人士組別的相互關係關於信仰，規範，活動，組織和通信模式。
Harris 與 Moran (2000)	個人來自不同文化背景試圖分享他們的感情和含義的過程。
Baldwin 與 Hecht (2003)	在社會認同理論的觀點，價值，規範，信念，行為和符號的實際差異足以影響溝通的過程。
Ting-Toomey (2005)	在一個複雜的結構關係，包括傳統，信念，價值觀，規範，符號和意義的模式，通過社區成員的互動在不同程度上共享。
Gudykunstetal. (2005)	與其他群體的陌生人交流，中心的過程是降低人們之間的不確定性和焦慮。

（續下頁）

研究者（年代）	跨文化溝通的定義
Hall (2005)	認為跨文化溝通就是和來自不同文化的人相處時，能將彼此可能發生的誤會降到最低，並將彼此可能建立的跨文化關係提升到最大化的一種潛在能力。
Kim (2005)	直接接觸不同文化和次文化的個人背景，所有的溝通都是潛在跨文化與在不同的跨文化交流互動的經驗背景程度。
Jandt (2007)	人與不同文化群體，次文化或小組識別之間的交流。
Lawrence (2011)	跨文化溝通是一種建立在不同文化的個體之間的溝通方式，並將其視為一種透過語言、非語言肢體動作和空間關係來交換、協商和調節個體文化差異的歷程
Alsadat 與 Khatami (2015)	跨文化溝通的重要組成部分能力：跨文化敏感（情感過程），跨文化意識（認知）過程，和跨文化操作（行為）過程，定義為語言和非語言技能，需要在跨文化中有效地行動的相互作用。
林宜燕 (2005)	只要是來自不同文化的人有所接觸，不論其接觸形式為何，與其相關聯的一切即可歸類於「跨文化溝通」的範疇。
李耀鋒 (2007)	即它是指具有不同的文化傳統與符號系統的人們之間的一種互動過程，在此過程中,文化因素足以影響人們之間相互理解的程度。
宋艷 (2011)	廣義的跨文化溝通包括跨種族溝通、跨民族溝通、同一文化內不同群體間的溝通及國際間的跨文化溝通。
夏明學 (2013)	跨文化溝通是擁有不同文化背景的個體或群體之間互相傳遞資訊、交流知識、理解情感以期達成共識的過程。
徐笑君 (2016)	跨文化溝通是指能夠體會他國人的感受，通過對他國人的語言、動作等理解，分享他們的觀點，把握他們沒有表達的疑惑和情感，並採用適當的語言說明自己和他國人表達情感。

　　由以上的文獻探討發現，所謂的跨文化溝通是一種跨種族溝通、跨民族溝通、跨

族群、不同文化背景的個體之間的溝通方式，是擁有不同文化背景的個體或群體之間

互相傳遞資訊、知識交流、理解情感以期達成共識的過程。在此過程中，參與者不僅

依據母體文化中的規範與習俗表現其態度以及行為模式，並且體驗到對方所屬之異文

化的規範、習俗、態度以及行為模式。雙方溝通時能夠體會他國人的感受，通過對他

國人的語言、動作等理解，分享他們的觀點，把握他們沒有表達的疑惑和情感，並採

用適當的語言說明自己和他國人表達情感。

肆、跨文化溝通的相關理論

跨文化溝通是來自不同文化背景的資訊發送者與資訊接受者共用資訊的過程。其

溝通過程包含資訊、編碼、通道、解碼、闡釋、回饋、背景、噪音等要素。首先，在

跨文化溝通中多元文化背景是前提。溝通者來自不同的文化背景，有不同的語言、宗

教信仰、風俗習慣、價值觀念等，這使得溝通者之間傳遞資訊、理解資訊、回饋資訊

變得更複雜，難度更大；其次，語言是實現跨文化溝通的重要手段。語言包括口語、

書面語、肢體語言等。在進行跨文化溝通時，對語言的全面掌握是達成預期溝通效果

的重要保障。這裡不僅要學習掌握不同的語言，還要包括語言背後所賦予的豐富內涵；

再次，跨文化溝通是人際間的互動溝通，需要進行回饋。跨文化溝通不僅要求準確地

傳送資訊，還要求能夠正確理解所接受的資訊並做出反應。溝通雙方不僅要正確理解

文化差異，還要瞭解溝通的過程，針對存在的文化差異，選擇運用適當的溝通手段、

溝通方式，及時準確地進行溝通回饋，從而實現有效溝通，達成預期目標（吳顯英，

2006）。

研究者將跨文化溝通理論相關理論（Ruben,1976 ； Spitzberg & Curacy,1991 ；

Belay,1993；Bennett,1995；Byram,1997；Risager,2007；嚴文華，2008）整理如下：

一、跨文化溝通七因素模式

　　Ruben（1976）研究指出認為跨文化溝通能力是在溝通過程中既能滿足自己也能滿足他人的需要、角色職能、目標和期望的能力。基於這一概念，Ruben 提出了跨文化溝通能力的七因素模式：包括尊重對方、溝通姿態、知識導向、理念共識、自我導向角色行為、互動管理和容忍模糊性。尊重對方是指個體運用恰當的眼神接觸、身體動作、聲音聲調和對對方表現出來的興趣來對溝通物件傳達尊重和積極情感。溝通姿態是指對對方做出陳述性、非評價、非判斷的回應。知識導向是指能夠認識到個體所掌握的知識是個人的，一個人所認為的對與錯，另一個人並不一定與之保持一致觀點。理念共識這一概念與他研究者的理解保持了一致，是指能具同理心站在他人角度思考問題的能力。自我導向角色行為是指個體靈活的運用溝通中的行為角色，包括問題解決過程中主動發出自己想要獲得資訊的要求，並對對方的回饋進行澄清和評估。互動管理是指一個人在談話過程中能顧及到對方的需要互動交談，使得溝通順利進行下去。容忍模糊性是指能夠很快地適應新的資訊和不斷變化的情境。

　　基於這一模式，Ruben（1976）發展出了跨文化行為評量指標。從指標可以看出，Ruben 主要是從行為層面對個體的跨文化溝通行為進行觀察、評估，進而得出其溝通能力的高低。認為如果想要理解並評估個體的行為，那麼所使用的測量工具就必須能夠測量出個體的行為表現的能力，而不是意圖、知識、態度或願望等。事實上，我們知道人是一個整體，行為不可避免的要受已有的舊經驗、態度和動機等的影響，因此，單從觀測外在表現，必定會遺漏一些因素，使得結果不夠準確。

在 Ruben 之後的研究者們提出了更多的跨文化溝通能力預測因數。但由於這一領域的研究者各自的出發點不同，缺乏一致的概念與方法，使得研究結果也只是繼續羅列有關跨文化溝通能力的特性。例如適應不同文化的能力、應對心理壓力的能力、建立人際關係的能力、文化意識、人際溝通、自我意識、自我揭示、社會適應和人格特質等。

二、認知‧情感‧行為模式

Spitzberg 與 Curacy（1991）研究指出跨文化溝通能力被分成三個層面，包括認知層面（cognitive category）、情感層面（affective category）、行為層面（behavioral category）。認知層面是指人們關注什麼樣的行為與情境最適配，包括對他人的資訊、溝通規則、背景等知識和認識；情感層面是指那些與跨文化溝通過程相關的情感、意願、需要和驅力；行為層面則是指在特定情境下表現出得體且有效行為的能力。Spitzberg（2000）強調這一技能必須是可以重複且是目的導向的。由於對每個層面內的因素的關注重點有所不同，有時候認知層面也被稱為知識層面；情感層面被稱為動機層面;行為層面則被稱為技能層面。

Spitzberg 與 Curacy（1991）在討論人際溝通能力時就強調了動機層面的重要性。個體無法有效溝通，也許並不一定是因為缺乏技能，而是沒有在溝通中運用一個具有較好溝通能力的動機。儘管二者強調動機層面的重要性，但是很多研究中卻經常不把這一動機層面放在內。Chen（1991）就指出，事實上大部分有關跨文化溝通能力的研究集中於知識和技能層面，很多因素都可歸入這兩個層面之內，但這兩者是組成跨文化溝通能力所不可或缺的。

綜合以上所述，任何有關跨文化溝通的模式所包含的因數都可以納入以上三個層面認知層面、情感層面和行為層面，但是這樣的模式太過抽象化，可以指導模式的建立，但很難進行操作性的測量。

三、認知-情感-行為模式

Belay（1993）將 Spitzberg 與 Curacy 的認知-情感-行為模式加以補充細化，每一個層面下增加了次層面。

情感角度（Cross-cultural sensitivity），即跨文化敏感性。主要關注由於個人、環境和情境引起的有關個體本身或對方情感或感受方面的變化。這一層面包括四個次層面：1.自我概念（self-concept）著重個體在溝通過程中如何看待自己，其中，自尊是其重要組成部分。2.開放思維（open-mindedness）包含兩個方面：開放的表達自己的觀點和接受他人的觀點。具有開放與分享的能力思維的人，才能夠構建一個開放的資訊交流平臺，從而可以全面的看待事物。3.非判斷性態度（non-judgmental attitudes）是指不以先入為主的定型思維方式對待異文化，能友善且專注的傾聽以獲得完整的資訊。4.社交放鬆（social relaxiation）指的是溝通過程中減少緊張的程度。在不熟悉環境中如果能夠降低焦慮程度，就可以將更多的注意資源分配給其它心理過程。

認知角度（Cognitive approach），包括自我意識和文化意識兩個層面。主要是通過降低溝通中的不確定性和模糊性來達到跨文化溝通的成效。1.自我意識是指個體對自身心理和行為過程的監控能力。包括是否察覺自己的表述會對溝通環境造成怎樣的影響；自我表述是否符合當時的溝通情境和社會環境；如果不符合，能否及時根據情境線索調整自己的溝通策略。2.文化意識是指對影響自我和他人思維和行為的文化有所瞭

解。對於自身文化和異文化的瞭解會讓個體認識到兩者在社會價值觀、社會習俗、社會規範和體制上的異同。之後，在穿梭於不同文化間時可以理解對方的行為的意義，也可以調整自己的行為以適應特殊的文化環境，增加跨文化溝通的和諧性。

行為角度（behavioral approach）包括五種行為層面：傳遞資訊的技巧、適當的自我揭示、行為的靈活度、互動管理和社交技巧。1.傳遞資訊的技巧是指能夠理解所在地國家的語言，能夠熟練運用所在地國家的語言進行溝通交流。如果無法理解和運用所在地國家的語言，溝通時很難進行下去的。這一技巧包括另個方面傳遞描述性資訊，僅作陳述不做判斷傳遞支援性資訊，亦即夾雜情感的資訊。2.適當的自我揭示是指在溝通中願意且恰當的揭示一些有關自我的內容。之所以強調這一點是因為跨文化溝通情境具有模糊性，適當的自我揭示能夠為溝通雙方提供更多的資訊，減少不必要的誤解。不過需要注意的是，不同文化中適宜的自我揭示程度不同，不能帶給對方太大的壓力。3.行為的靈活性是指根據溝通情境的不同選擇合適的溝通行為。4.互動管理主要是指在溝通過程中輪流發言，適時的提出問題和終止發言。其中需要注意的問題包括：何時發言、可以討論何種問題、何時轉換發言者與傾聽者的角色等。5.社交技巧主要指彼此間的共識和保持身份感。共識是指能夠感受到對方情緒，並作出恰當的語言和非言語的回饋，可以使對方感受被傾聽、被關注和被尊重；保持身份感是指在溝通中保持對方的身份感。

四、跨文化敏感性發展模式

Bennett（1995）研究發展出了一套動態的跨文化溝通能力模式-跨文化敏感性發展模式（The Developmental Model of Intercultural Sensitivity,DMIS）該模式可以解釋人們

是如何對異文化做出反應的，以及反應隨時間的發展變化。

　　DMIS 模式包含六個階段，其中前三個階段屬於種族中心主義階段，即通過自己的文化來透視看待世界的階段；後三個階段屬於種族相對主義階段，即認為母文化只是眾多平等世界觀文化中的一種。

　　階段一：否認。個體否認文化差異或異文化的存在，並且建立心理上或物理上的防禦系統並刻意與異文化保持隔離。階段二：防禦。個體通過貶低異文化或提升母文化的優勢來應對來自異文化的威脅。但在有些個體中，會出現完全相反的現象，那就是放棄母文化而選擇接受異文化。階段三：最小化。個體認識到了表面的、粗淺的文化差異，但是認為文化在本質上相同的。

　　在後三個種族相對主義階段中，人們逐漸從較深層次上認識到文化是相聯繫的，而且可以將行為運用在特定文化情境中進行理解。階段四：接受。個體接受並尊重行為和價值觀上的文化差異。階段五：適應。個體通過共識感和多元文化思維方式轉而使用異文化的價值觀參照體系。階段六：整合。個體將異文化的世界觀整合到母文化之中。

　　這六個階段體現了個體從缺乏跨文化溝通能力到具有較好的跨文化溝通能力的過程，勾畫了有關跨文化溝通的動態發展模式。

　　之後的研究者將 Bennett 的 DMIS 模式，發展成為跨文化敏感性和跨文化能力測量工具的基礎。我們可以發現在模式中，Bennett 並沒有明顯的涉及溝通這一過程，事實上，他將溝通看成是一種發展策略。

五、多角度模式

Byram（1997）研究指出學生應具備一些跨文化溝通所需具有的能力包括：知識、技能、態度和批判性的文化意識。

跨文化態度（Intercultural attitudes）包括求知慾與好奇心、開放與分享的能力，不懷疑或否定其他文化，不過度信任本國文化。也就是說以開放與分享的能力的態度、不帶偏見地對待其他文化，且能夠認識到他人所持有不同的價值觀和信仰，還有不同的行為方式。

知識（knowledge）是指有關本文化和溝通物件所在文化的社會群體、社會實踐和其它社會產物的知識，還包括不同文化中的溝通過程的知識。知識能力包含兩個方面：一方面是有關社交過程的知識；另一方面是有關他人如何感知自己和一些關於他人的資訊。

解釋與聯繫的技能（Skill of interpretation and relating）是指個體能夠翻譯和解釋來自另一文化的書面文字或事件，並將其與母文化中的文字和事件關係連結的能力。

發現與互動的能力（Skill of discovery and interaction）是指獲得有關另一文化的新知識的能力，和在實際溝通互動中運用己有的態度、知識和技能的力，即實際操作能力。

批判性的文化意識（critical cultural consciousness）是指能夠運用有關母文化和他國文化的知識和實踐經驗來進行評估或評價事物。

Risager（2007）進一步詮釋了 Byram 的理論，Risager 和其它歐洲研究者發展出了跨文化能力評估工具，整個模式包括兩大部分：他評與自評。每一部分包含三個水準：基本、中等與最高水準。從評估者他評角度而言，跨文化能力包括六個層面：容忍模

糊性、行為靈活性、溝通意識、發現知識、對他人的尊重和共識性。從被評者自評的角度來說，跨文化溝通能力包含三個層面開放與分享的能力思維、知識和適應性。

每一個層面並非簡單的理論上的說明，而是按照三個水準進行分別診斷解釋。這一模式與 Ruben 的模式的差別在於：關注點是熟練和精通的所在地國家文化中進行有效溝通交流，不是簡單的非評判性的互動。由此可以看出，這裡是從個體本身和他人兩個角度全方位評估，故評估的結果勢必更加準確。

綜觀上述理論，研究者認為跨文化溝通是一種建立在不同文化的個體之間的溝通方式，有一方待在自己原來文化環境中使用語言、非語言肢體動作和空間關係來交換、協商和另一個來自不同文化國家的人做溝通，而雙方溝通的問題在於雙方文化差異性的大小來決定。跨文化溝通的內涵則包括：「接收訊息」、「理解意義」及「溝通技能」等三個構面，其與一般溝通的相異處在於溝通對象擁有不一樣的文化背景，而此相異處即導致不同的溝通方式、過程與結果。

伍、跨文化溝通的相關研究

跨文化溝通是來自不同文化背景的資訊發送者與資訊接受者共用資訊的過程。溝通雙方不僅要正確理解文化差異，還要瞭解溝通的過程，針對存在的文化差異，選擇運用適當的溝通手段、溝通方式，及時準確地進行溝通回饋，從而實現有效溝通，達成預期目標。

一、跨文化溝通實徵研究

茲將國內外近年來與跨文化溝通相關之研究摘要表整理如表 2- 12 所示：

表 2-12　跨文化溝通之相關研究摘要表

研究者（年代）	研究主題	研究方法	研究結果
Dong (2008)	克服民族中心主義通過發展跨文化交際的靈敏度與多元文化	訪談法 觀察法	跨文化敏感度與多元文化觀乃是減低民族中心本位的重要預測因數，且跨文化敏感度與多元文化觀兩者呈顯著正相關。
Spinthourakis （2009）	職前教師跨文化敏感性評估作為多元文化主義解決的基礎	問卷調查	1.希臘國小職前教師跨文化敏感度之現況為「中上程度」，但其自覺並未獲得足夠的課程訓練來應付未來工作上的挑戰。 2.不同性別及修業年限的國小職前教師，其跨文化敏感度無顯著差異。 3.年齡、父親教育程度及教育學程分數對於其跨文化敏感度有顯著影響。
Zhao 與 Coombs （2012）	全球公民的跨文化教學策略：中國英語教學的視角	觀察 訪談	1.以學習者為中心的教學，可讓學習更有趣。 2.跨文化教學可培養學生的批判性思考和創造力，同時也可以塑造學生成為世界公民。
Lieser 與 Willoughby （2013）	跨文化關係的妥協關鍵-溝通	觀察 訪談	1.良好的溝通是建立跨文化關係的重要關鍵。 2.將跨文化溝通融入教育是可行的。 3.教師的跨文化溝通對學生的學習交流成效有顯著影響。

（續下頁）

研究者 （年代）	研究主題	研究 方法	研究結果
Kratzke 與 Bertolo （2013）	運用跨文化 體驗學習提 高學生的文 化能力	觀察 訪談	1.學生準備充足的跨文化相關資料，可以增進 跨文化能力。 2.這些跨文化能力可以提供學生在跨文化環境 下的初步架構，並有助於其跨文化經驗學習。
Alsadat 與 Khatami (2015)	批判性思維 與跨文化溝 通在學習環 境中運用之 研究	問卷 調查 訪談	批判性思維與跨文化溝通是一種積極的線性 關係，和解決問題能力是非常重要和有益的。
莊惟智 （2009）	探討護理人 員與外籍看 護工之跨文 化溝通	問卷 調查 訪談	1.不同的「工作職稱」、「平均每天照顧病患有 外籍看護陪伴量」、「與外籍看護互動經驗」在 溝通困難程度方面有所差異產生。 2.「多元文化知識」、「多元文化技巧」、「多元 文化態度」、「對醫院提供多文化資源需求」以 及「對多文化教育訓練課程需求」對溝通困難 程度為顯著的正相關。
顏任珮 （2012）	國中教師跨 文化敏感度 與多元文化 素養之研究	問卷 調查	1.台中市國中教師的跨文化敏感度亦為中上程 度。 2.跨文化敏感度的五個層面僅有「互動參與 度」、「互動信心」及「互動關注度」對教師的 多元文化素養有顯著的正向影響。

（續下頁）

研究者 （年代）	研究主題	研究 方法	研究結果
黃雅英 （2013）	華語文教學之跨文化溝通能力指標研究-以《歐洲共同語文參考架構》為基礎	問卷調查訪談	1.語言能力不足的學習者更需要使用語言能力以外的其他能力來達成任務，而語言能力高的外語學習者，可以依賴較多的語言能力，而不太需要借助其他跨文化溝通能力來達成任務。 2. 三大範疇比重：技能類能力指標占45%，認知類占43%，最少的是跨文化溝通情意類的能力指標，只占12%。 3. 跨文化溝通能力強調動態多元的綜合調適能力，但也需要一定的特定文化內涵作為提升跨文化認知與跨文化敏感度的基礎。
楊育軒 （2014）	跨文化溝通融入英語教學對國小學童英語學習動機之研究	問卷調查訪談	1.在整體的英語學習態度方面有明顯的提升，其中在英語學習動機面向亦變得更為正向、積極。 2.跨文化溝通融入英語教學對國小學童的整體英語學習態度有正面的影響。 3.跨文化融入英語教學之活動可以幫助他們了解外國文化以及增進其英語能力。
黃思懿 （2014）	基於跨文化溝通之移民華語教材建構：以臺灣北部之家庭文化為例	問卷調查訪談	家庭文化七大面向由高到低依次是親子教養83%，與長輩相處 47%，夫妻相處 40%，雙語言雙文化的觀念 33%，日常生活習慣亦為33%，飲食習慣 20%，及性別角色 17%。非語言溝通九大面向則依次為副語言 17%，姿勢17%，衣著和化妝 13%，肢體觸摸的文化理解及手勢的文化理解也皆為 13%，面部表情的文化理解 10%，空間距離、眼神注視的文化理解皆為 7%，最低為沈默的文化理解 3%。

（續下頁）

研究者（年代）	研究主題	研究方法	研究結果
黃文定（2015c）	評析儒家文化下Deardorff跨文化能力模式在我國小學國際交流之應用	訪談文件分析	Deardorff 的歷程模式可應用於我國跨國校際交流活動之規劃，而其能力要素具有可欲性，能切合國際交流的需求。然而，東亞儒家文化脈絡所強調之人際關係的維繫與禮節是該能力模式所忽略的，應納入該模式中。同時，特定能力要素的達成受限於小學生之文化背景知識、認知發展以及外語能力，有賴教師有系統地介入與引導，以提昇學生的跨文化能力。
徐笑君（2016）	外派人員跨文化溝通能力對工作績效的影響研究:專業知識學習的仲介效應	問卷調查	1.跨文化溝通和文化距離的交互作用對工作績效有顯著的正向影響作用。2.跨文化溝通和知識隱性程度的交互作用對工作績效有顯著的負向影響作用。3.在知識隱性程度低—文化距離高的情況下，跨文化溝通能力才對工作績效有顯著的正向影響作用。

　　綜合上述各實徵研究，茲將跨文化溝通歸納分析如下：

（一）研究層級分析

　　本研究蒐集近十年來有關國內跨文化溝通之論文中，有二篇期刊論文、八篇是碩士論文，僅二篇博士論文，可見國內專對跨文化溝通的現況有待進一步深入研究。以下僅針對跨文化溝通相關研究層級分析，如表 2-13 所示：

表 2-13　跨文化溝通相關研究層級分析彙整表

研究層級	論文研究者										次數統計
	1	2	3	4	5	6	7	8	9	10	
	陳桂容	賴毓潔	唐高彤	阮梅香	黃雪貞	莊惟智	楊育軒	顏任珮	黃雅英	黃思懿	
博士									●	●	2
碩士	●	●	●	●	●	●	●	●			8

（二）研究方法分析

　　本研究蒐集近十年來有關國內跨文化溝通之論文中，有三篇是採量化研究法、二篇採質性研究訪談法、五篇採質性與量化兼用。跨文化溝通相關研究方法分析彙整表如表 2-14 所示。

表 2-14　跨文化溝通相關研究方法分析彙整表

研究方法	論文研究者										次數統計
	1	2	3	4	5	6	7	8	9	10	
	陳桂容	賴毓潔	唐高彤	阮梅香	黃雪貞	莊惟智	楊育軒	顏任珮	黃雅英	黃思懿	
質性			●	●	●	●	●		●	●	7
量化	●	●			●	●	●	●	●	●	8

（三）跨文化溝通研究構面分析

　　研究者發現相關跨文化溝通之文獻數量有限，經分析國內研究者之實徵研究中所採用跨文化溝通相關研究構面分析彙整表如表 2-15。

表 2-15 跨文化溝通相關研究構面分析彙整表

研究者（年代）	跨文化溝通構面										
	溝通認知	溝通情意	溝通技能	接收訊息	互動參與感	互動自信心	互動的喜悅	互動專注	溝通意願	內在效應	外在效應
莊惟智（2009）	●		●	●			●				●
賴毓潔（2009）	●			●						●	●
陳桂容（2011）				●	●	●	●	●			
黃雪貞（2011）	●		●		●				●		
顏任珮（2012）					●	●	●	●	●		
黃雅英（2013）	●	●	●								
楊育軒（2014）		●		●					●		
黃思懿（2014）					●	●	●	●			
阮梅香（2015）			●	●					●		
唐高彤（2016）	●	●	●	●				●			
次數統計	5	3	5	6	4	3	4	4	4	1	2

研究者根據跨文化溝通的相關理論與上述國內研究者的分析，研究發現接收訊息、溝通認知、互動參與感、溝通技能、溝通意願、互動專注與互動喜悅等七個跨文

化溝通構面有較高的共識，惟溝通認知與互動專注等幾項較屬於跨文化溝通時的理解

意義，故將其合併並命名為理解意義。

二、跨文化溝通架構圖

綜合上述相關研究分析結果，本研究跨文化溝通架構圖如圖 2-2。

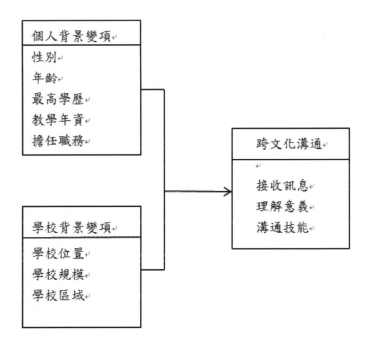

圖 2-2　跨文化溝通架構圖

第三節　教學效能的理論與研究

　　教師是一種專業，教師教學是一項專業的工作，教師教學效能的展現是學校經營

追求的理想目標之一，其最終的目的是要增進學生的學習成效。因此，如何提升教學

效能，以達成教育目標，已成為教育研究的重點之一。本節旨在探究壹、效能；貳、

教學效能，針對「教學效能」作概念性的瞭解，讓研究內涵聚焦；參、探究有關教學

效能的相關理論，作為本研究之立論依據及論述參考；肆、分析教學效能之相關研究，

以作為本研究調查問卷編製之參考依據。

壹、效能

　　效能（effecticeness）一詞源於 Bandura 在 1977 年發表的社會學習理論中的自我效

能理論，一般學者都認為，它並不是一個「概念」（concept），而是「構念」（construct），

「構念」是無法由現實世界的具體事件直接接觸而來，必須經過高層次的抽象化的推

演（張潤書，1998）。而與效能相提並論的另一名詞是「效率」（efficiency），二者之意

義經常被學者拿來作比較，有助於更加釐清構念之效能，根據學者的看法，效能的意

義如下：

　　Morris 於 1970 年研究指出效能是為達成目標而產生預定或預期的結果，而效率則

指投入和產出兩者之比率，也就是運用最少的時間、能量或物質，巧妙地管理運用資

源與技術。Barnard 於 1977 年研究指出效能是指組織目標的達成，而效率是指組織成

員的需求滿足，他認為效能感是個人對本身執行某一事物能力的效能預期。個人經由

結果預期與效能預期的概念系統中，力求掌握事態的期望，影響其對應行為的發生與

持續，個人對其本身效能的信念強度，可能影響個人的思想與感情、活動的選擇、所

付出的心力與面對困難時堅持的程度（引自吳清山，1989）。

Middlemist 與 Mathis 認為效能是組織在特定時間內有效達成目標，而效率是在組織善用其資源。Robbins 認為效能是組織目標的達成，而效率是投入與產出之間的關係（李茂興譯，1989）。

吳清基（1989）認為效率和效能是一體之兩面。前者強調將組織內人力、物力、財力及時間作為妥善的分配，重視組織資源運用的投入與產出的比率，是導向個人目的；後者強調組織資源運用所達成目標的程度，重視實際產出與期望產出的差距，是導向組織的目的。張潤書（1998）認為效能為達成目標的程度，是資源運用後所產生的結果；而效率是運用資源的程度與能力，凡是能夠將人力、物力、財力及時間作最妥善的分配者即是效率。吳明清（2000）認為效能重點在是否達成組織預期的目標，效率重點在活動所需要的時間、金錢、人才等資源的運用是否最經濟有效，但最後結果不一定符合組織的目標。

綜合專家學者對效能所作的詮釋，可以歸納出一個較為貼切的效能定義為使用行為目的和手段方面的正確性與效果方面的有利性，即達到系統目標的程度，或系統期望達到一組具體任務要求的程度。因此，效能並非絕對全有或全無的問題，而是多寡良窳的問題，含有客觀測量與主觀評價的成份在內，而且，效能是多元化的概念，必須審度系統的特性，透過主要的效能層面和具有代表性的效能指標予以呈現及描述。

貳、教學效能

教學是一種複雜的心智活動，是學校教育活動的核心。教學是教師運用適當的方法和技術指導及鼓勵學生學習，使學生學到有意義或有價值的活動，進而達成教育目標的過程（林海清，1996）。教師是教學活動的主導者，故教師一直以來都被看作是學

生學習狀況以及教學效果、教學品質等的決定性因素，因而有關教學效能的定義大都

以教師有效能教學的形式出現，或者直接簡化為教學效能。

一、教學效能的定義

　　Ashton 與 Webb（1986）指出教師教學效能應該包含三個部分：1.個人效能：知覺

自己能成為有效率的教師；2.教學效能：對本身教學會影響學生學習的信念；三、個人

教學效能：認為自己的有效教學能提升學生的學習力。Borich（1994）研究認為教學效

能是：1.有效能的教學必須有明確性：有效能的教學是指教學有系統、循序漸進、符合

邏輯性、講述內容和目標清楚明確。2.有效能的教學必須是多樣性：有效教學是指多采

多姿的教學活動、靈活運用的教學方法和富變化教學內容。3.有效能的教學必須是任務

取向：有效教學是教師努力認真教學，關心並幫助學生的學習目標的達成。4.有效能的

教學必須是全心投入：有效教學是指教師準備教學及實際用於教學的時間，以及使學

生真正進行有效學習。5.有效能教學必須是提高學習成功的比例：有效教學是指教師投

入的教學，能提高學生課程內容學習成功而獲得滿意成果，此為發展教學效能研究模

式內涵之主要依據。

　　Graham、Cagiltay、Lim、Craner 與 Duffy（2001）認為教師要有高的教學效能，

必須維持亦師亦友的師生關係，但不逾越教育倫理規範、鼓勵學生同儕間合作學習、

積極學習、多給學生建設性的回饋、不吝於給學生高度評價、重視學生個別差異等原

則。W.K.Hoy 與 Miskel（2001）認為教師教學效能的展現會創造出新的成功經驗，經

驗好壞會給教師新的資訊和回饋，是影響教學效能高低的關鍵。教學表現結果，使教

師在情緒、教學或參與教師專業研習的經驗上有所感受。經自我評估後，若自覺教學

效能良好，則會努力教學，使其表現更好。

　　黃政傑（1997）指出一位有效能的優良教師應用所學所知於教學實務上，更重要的是能夠依照自己的教學情境，調整創新，進行行動研究，考驗教學原理和教法的有效性，使自己成為教學知識的開發者，而不單是使用者而已。陳木金（1999）認為教學效能是教師透過自我信念，呈現有系統的教材內容，多元有效的教學技巧，有效運用時間，建立和諧的師生關係，營造良好學習氣氛，創造一個有效學習環境。張德銳與張素偵（2012）研究指出教學效能是教師在教學工作中，教學表現良好，能使學生在學習上或行為上具有優良的學習成效，以達到特定的教育目標。黃建翔及吳清山（2013）認為教學效能是教師能運用本身的專業能力來選擇及設計教學教材，能營造溫馨和諧的班級氣氛進而有效經營管理，並提供各種有效的教學策略方法，促進教師有效教學以提升學生的學習表現。

　　有關教學效能（teaching effectiveness）意涵的研究，各個研究者根據其研究旨趣，對於該詞的定義也有不同，除上述國內外多元文化教育的相關文獻外，研究者亦歸納國內研究者對於教學效能定義如表 2-16 所示。

表 2-16 教學效能定義彙整表

研究者 （年代）	教學效能定義
Zimmerman （1995）	教學效能除了是教師個人教學信念、專業知能之外，還必須包括批判思考的能力。
Deal （2005）	認為教師教學效能的高低可由學生的排名和學習成就來評估。
Fisler 與 Firestone （2006）	教學效能是指教師有能力採取正向方式讓學生有效學習，且教師在面對教學困境時可以展現堅持的毅力來解決問題。
Devlin (2010)	教學效能為教學者在教學工作中，會以學生為中心，講求教學方法，熟悉教材，激勵關懷學習者，使學習者在學習上或行為上具有優良的表現，以追求好的學習成效，達到特定的教學目標。
Karimvand (2011)	教學效能為教學者主觀的評價自己能夠正面影響學習成效的一種之決、判斷、認知或信念，並預期學習者可以達到一些特定目標或有進步表現的結果。
林海清 （1996）	教學效能為教師透過師生互動的歷程，運用一連串多而複雜的邏輯與心理的策略行為，以達成教育目標的活動，且在此一活動過程中，教師對其本身所具有的教學能力對學生所產生影響的主觀知覺。
秦夢群、吳勁甫(2011)	教師教學效能為教師完成教學目標，在教學時表現出有效之教學行為，而這些行為能夠增進學生的學習成效。
陳慕能 (2011)	教師教學效能係指教師對本身教學、教育專業能力與影響學生學習的認知或信念。教師除了具有良善的教學計劃與準備外，並能在教學過程中，運用多元有效的教學、教育方法與策略，營造良好的學習環境與氣氛，在師生良好的互動關係下，提升學生的學習成效與教育品質。
張和然、江俊龍 (2011)	教學效能是教師在教學過程中，為達成教學目標所表現出成熟的人格、熟練的使用教學技巧、良好的師生關係、溝通及評鑑等，對學生有正向影響之有效教學行為。

（續下頁）

研究者 （年代）	教學效能定義
張媛甯、岳美秀(2012)	教學效能是教師教師為完成教學目標，於教學時所表現的有效教學行為，透過師生互動的過程，運用多樣複雜的策略來完成自己的教學信念，這些行為展現學生的學習成效及增進教師的教學績效，以達成教育木表。
曾信榮 (2012)	教學效能是教師在教學工作中，運用教學知能，善用教學方法，熟悉教材並鼓勵學生，營造良好的學習環境與氣氛，使學生在學習上有優良表現，達成教育目標。
洪怡靜、陳紫玲（2015）	教學效能是教師從事教學時，能依教學計畫、信念進行有效教學，以達成有效的教與學及評量，且提升學生學習成效。
郭福豫 （2015）	教學效能是教師相信自己能影響學生表現與成功執行教學任務的程度，且教師已充分完成各項教學準備，並能善用多元教學策略與隨時處理各種臨時狀況，再良好的學習環境與氣氛中從事教學活動，以達成提升學生學習表現的教育目標。

綜合歸納國內外文獻對教學效能定義可知，大多認為教學效能是完整的教學活動歷程中，教師在教學過程中知覺到自己的教學理念、能力，以及從學生學習成效得到回饋，再投入後續教學活動的循環過程，方能較為完整描述教師的教學效能。研究者認為教學效能係指教師對自己本身的多元文化教學專業能力表現之肯定以及預期自身能影響學生學習信念的程度，並能於實際進行有效的教學活動中，擬定適當教學計畫、建立師生良好的互動、運用多元的教學策略、營造溫馨的學習氣氛，促使學生達成多元文化學習的目標，增進學生學習的成效。

參、教學效能的相關理論

教學效能理論的研究，除了受到時代背景的影響之外，因環境不同各國有其獨特的理論基礎與社會需要，以致各自發展不同的模式。自 1930 年起至今日，在研究過程

與研究結果的提出，累積了相當豐碩的成果，對教學研究發展頗具參考價值。研究方向可分成兩派，其中一派主要以 Bandura 自我效能為理論核心，透過自我效能及教師信念，建立教師效能的基本架構。另一派則是以 1960 年代的績效和能力本位運動 (competency based movements)為理論核心來認定教師行為與學生成就的關係，提倡有效教學的研究（陳木金，1999）。研究者根據陳木金之教學效能理論之發展整理如表 2-17：

表 2-17 教學效能理論之發展彙整表

時間	主要理論	理論內涵
1930－1960	歷程—先前經驗派典	評估教師教學表現做為回饋與保留。
1955－1965	歷程—系統性派典	描述教師像什麼及教師的教學行為。
1965－1980	歷程—結果派典	認定教師行為與學生成就之間的關係。
1972－迄今	實驗性派典	1.探討所選擇的教師行為與學生成就的因果關係。 2.探討所選擇的教師行為與訓練技巧，如：微觀教學、微觀諮商教師回饋間的因果關係。
1978－迄今	歷程—歷程派典	研究和控制教師活動歷程，此種歷程與學生行為歷程有密切的關係。
1978－迄今	歷程—歷程—結果派典	探討教師歷程、學生歷程和學生成就做為教學系統的一部分。

資料來源：陳木金（1999）。班級經營，218~240。

陳木金（1999）綜合教師教學效能研究的理論及重點，將教學效能理論的研究區分為四個時期六個理論，各理論簡述說明於後：

一、創始期

（一）歷程--先前經驗的研究：

約自 1930 至 1960 年。他們研究評估教師在班級教學中表現，並提供教師回饋之用，所採用的研究方法是以觀察法為主，所觀察的行為是根據以往的經驗所選擇出來的，作為其期望的、主觀的教學效能的判斷。

（二）Bandura 的自我效能理論：

主要理論有二：一是個人構想中的結果提供個人動機的第一來源。二是個人經由目標設定與自我評估，產生第二個動機來源。個人經由「結果預期」與「效能預期」的概念系統中，力求掌握事態的期望，影響其對應行為的發生與持續。

二、建立期

（一）歷程--系統性的研究：

約自 1955 年至 1965 年，主要代表人物為 Ryans 等人。重點在於利用有系統的觀察和評估教師與學生班級行為，以描述教學與學習的歷程。Borich 指出此一研究結果為教學效能研究提供重要理論依據。並將之歸納成「歷程－系統性派典」。

（二）歷程--結果的研究：

約自 1965 年至 1980 年，主要代表人物為 J .Brophy、C.Evertson 和 T.Good 等人，根據績效制度和能力本位運動的精神研究教學效能。其主要目的在認定教師行為與學生成就相關。Borich 指出此一研究結果強調師生之間的互動關係，探討教師行為與學

生成就間的因果關係。這時期有二分很重要的研究報告：一是 Barfield 與 Burlingame
（1974）指出：低效能感教師對學生管理採監督取向，小學教師比中學教師更採人文
取向。二是美國德蘭公司的研究報告指出：有助提高學生閱讀能力的因素很多，其中
以教師個人屬性及一般教室氣氛特別重要，且教師態度比其背景變項更為重要。

三、轉變期

（一）實驗性派典的研究：

　　約自 1972 年至現今，主要的代表人物為 N.Gagec 和 W.Borg 等人。研究目的在於
探討教師歷程與學生成就的因果關，以及探討所選擇的教師訓練程序與教師歷程行為
的因果關係。所利用的方法是經由實驗變項的控制，研究變項與變項之間的因果關係。
因此，各種變項需要進行操作型定義，才能使研究結果具體明確。

（二）歷程--歷程的研究：

　　約自 1978 年至現今，主要的代表人物包括 T.Good 與 T.Stallings 等人。研究的主要
目的在於探討教師行為歷程與學生行為歷程的相關，可提供決定不同班級實務的效
能、課程內容及增進學生參與學習歷程的教學行為。

四、充實期

（一）歷程--歷程--結果的研究：

　　約自 1978 年至今。此研究派典可說是結合歷程－歷程派典與歷程－結果派典之研
究。其主要目的在於探討教師教學行為歷程、學生學習行為歷程與學生學習成就之間
的關係，可作為教師改進教學活動，注意學生學習歷程，進而增進學生的學習成就。

（二）多向度概念研究：

　　Aston 與 Webb（1986）研究中指出，教學效能是教師經由訓練過程與經驗，及在不同情境激勵不同的學生學習，所發展的一套「一般教學效能信念」與「個人教學信念」，並指出其是一種階層式組織且相互影響的多層面建構概念。包含三種成分：1.結果與預期 2.一般的教學效能 3.個人的自我效能等多向度概念。研究根據 Bandura 自我效能理論中的「結果預期」與「效能預期」，在教育情境中的進一步運用，對教學效能概念的釐清有高度的貢獻。

　　綜觀上所述教學效能理論的發展歷程，教學效能隨著時代的演進而不同的關注重點，其探討的內涵大致可區分為：教師的個人特質、教師思考、教師上課時的行為表現、教師教學方法、學生學習時的行為表現、師生互動情形、教師行為與學生成就的相互關係、個別的行為分析、教師行為歷程與學生行為歷程的相關等項目。本研究之教學效能係指教師對自己本身的多元文化教學專業能力表現之肯定以及預期自身能影響學生學習信念的程度，並能於實際進行有效的教學活動中，且教師擬定適當教學計畫、建立師生良好的互動、運用多元的教學策略、營造溫馨的學習氣氛，促使學生達成多元文化學習的目標，增進學生學習的成效。其研究重點係評估教師在班級教學中的個人特質與教學的表現，並且據此來作為提供教師回饋之用，並作為其期望與主觀的教學效能之判斷標準。

肆、教學效能的相關研究

　　教學效能是教師在教學工作中，教學表現良好，能使學生在學習上或行為上具有優良的學習成效，以達到特定的教育目標。

一、教學效能實徵研究

茲將國內外近年來與教學效能之相關研究摘要整理如表 2- 18 所示：

表 2-18 教學效能之相關研究摘要表

研究者 （年代）	研究主題	研究方法	研究結果
Zhao 與 Coombs （2012）	全球公民的跨文化 教學效能：中國英 語教學的視角	訪談、檔 分析	1.以學習者為中心的教學，可讓學習更 有趣。 2.跨文化教學可培養學生的批判性思考 和創造力，同時也可以塑造學生成為世 界公民。
Lieser 與 Willoughby （2013）	跨文化溝通關係的 妥協關鍵	訪談、觀 察	1.良好的溝通是建立跨文化關係的重要 關鍵。 2.將跨文化溝通融入教育是可行的。 3.教師的跨文化溝通對學生的學習交流 成效有顯著影響。
Kratzke 與 Bertolo （2013）	運用跨文化體驗學 習提高學生的文化 能力	訪談、觀 察	1.學生準備充足的跨文化相關資料，可 以增進跨文化能力。 2.這些跨文化能力可以提供學生在跨文 化環境下的初步架構，並有助於其跨文 化經驗學習。
Gursoy (2016 a)	教師的多元文化素 養對教學效能之研 究	問卷調查	1.教師有許多課外活動，如課堂活動， 積極地影響學生們的交流。 2.教師多元文化素養能促進父母定期與 學校溝通並提供教育資訊，使學生有較 高的學業成就。
謝百亮 （2006）	後現代脈絡下國民 中學校長課程領導 與教師教學效能關 係之研究	問卷調 查、訪談	校長課程領導運作與教師教學效能有共 同的要素，因而兩者具有密切正相關。 透過正向的校長課程領導會培育教師積 極的態度，校長課程領導也要透過教學 的實施來評鑑其成效。

（續下頁）

研究者（年代）	研究主題	研究方法	研究結果
蔡喬育（2008）	成人教師教學專業知能與教學效能關係模式建構之研究-以華語文教學為例	問卷調查、訪談	1.高年齡層、華語教學經驗較久、有在職進修等背景的華語文教師，在華語文教學專業知能和教學效能上的程度顯著較高。 2.成人教學、成人學習、多元文化教育和成人第二語言教學的專業知能，是不同背景狀況的華語文教師及其教學效能之間，存在且重要的中介變項。
楊豪森（2008）	綜合高中校長課程領導、教師專業承諾與教師教學效能關係之研究	問卷調查	1.教師教學效能會因學校類型及教師擔任職務之不同而有所差異。 2.校長課程領導、教師專業承諾與教師教學效能三者之間具有中度至高度正相關。 3.校長課程領導、教師專業承諾對教師教學效能具有高預測力。 4.校長課程領導、教師專業承諾對教師教學效能之結構方程模式關係呈現正向結構關係
陳玫良（2009）	國中自然與生活科技教師課程領導、組織承諾和教學效能關係之研究	問卷調查、訪談	1.男性教師在課程領導、組織承諾及教學效能顯著高於女性教師。 2.大型學校顯著高於中型學校、教師職務專任顯著高於導師。 3.義務內化、專業成長和專業自信及尊重三構面，可有效預測教學效能。 4.教師組織承諾對課程領導及教學效能有顯著之中介影響，課程領導可透過組織承諾影響教學效能。
柯麗卿	獨立研究指導教師	問卷調	1.有效能之獨立研究指導教師在「教師

（續下頁）

研究者（年代）	研究主題	研究方法	研究結果
（2009）	教學效能量表之發展及其相關因素之研究	查、訪談	自我效能」與「有效教學行為」面向上有高的正相關。 2.不同背景的指導教師，其獨立研究教學效能具有顯著的差異。 3.「人格特質」、「教學信念」、「資源運用」、「專業成長」和「支持協助」依序是影響獨立研究指導教師教學效能重要的相關因素。
曾信榮（2010）	高中職工業類科學校教師教學效能、教育專業承諾與學校效能關係之研究	問卷調查、訪談	1.教師因任教科目、學校規模的不同，而在教學效能的知覺上有顯著差異；教師因年齡、擔任職務的不同，而在教育專業承諾的知覺上有顯著差異；教師因擔任職務的不同，而在學校效能的知覺上有顯著差異。 2.不同程度（高、中、低分組）的教師教學效能、教育專業承諾，在學校效能上有顯著差異。 3.影響學校效能的徑路有四條，其中教師教學效能、教育專業承諾分別對學校效能有直接影響的效果。
施俊名（2011）	國小教師內隱知識、教學效能信念與教學表現關聯性之研究：模式建構與驗證	問卷調查	1.國小教師教學效能信念會因其服務年資、學校所在地不同而有顯著差異。 2.國小教師有效教學表現會因其性別、服務年資以及學校所在地不同而有顯著差異。 3.國小教師內隱知識、教學效能信念與有效教學表現間關係達統計上的顯著水準。

（續下頁）

研究者 （年代）	研究主題	研究方法	研究結果
駱奕穎 （2011）	國民小學校長知識領導、教師學習社群與創新教學效能關係之研究	問卷調查、訪談	1.教師學歷、職務與學校歷史在國民小學教師學習社群與創新教學效能上具顯著差異。 2.學校地區與校長年資在國民小學校長知識領導、教師學習社群與創新教學效能上具顯著差異。 3.國民小學校長知識領導、教師學習社群與創新教學效能三者之間具密切的正相關。 4.國民小學校長知識領導之「信任分享文化」與「激勵成員學習」層面與教師學習社群之「共同願景目標」、「互動學習文化」、「支持分享環境」與「知識分享平台」層面能預測創新教學效能。 5.參與創新教學研究、發展多元智慧學習、促進師生互動合作、發掘學生創新潛能」、「提供展能成果平台是增進創新教學效能的關鍵因素。
楊素綾 （2011）	技職校院教師教學信念、課程與教學決定和教學效能關係之研究	問卷調查	1.教學信念會因為教師性別、職級、任教單位，以及學校隸屬、所在的不同而有所差異。 2.課程與教學決定會因為教師職級、任教單位，以及學校隸屬、所在的不同而有所差異。 3.教學效能會因為教師任教單位，以及學校隸屬、所在的不同而有所差異。 4.教學信念、課程與教學決定和教學效能具有中度至高度正相關。

（續下頁）

研究者 （年代）	研究主題	研究方法	研究結果
蔡金田 （2014）	國民小學校長效能與教師效能對學生學習成就之影響	問卷調查	1.不同背景變項教師在校長效能、教師效能、學生學習成就等因素構面上有顯著差異存在。 2.校長效能與教師效能對於學生學習成就具有顯著的正向直接影響效果。 3.校長效能、教師效能、學生學習成就有顯著相關存在。 4.校長效能與教師效能對於學生學習成就具有預測力。
郭福豫 （2015）	高職校長課程領導、教師專業學習社群與教師教學效能關係之研究	問卷調查	1.高職教師對教師教學效能知覺會因教育程度、擔任職務與學校隸屬之不同而有所差異。 2.高職校長課程領導、教師專業學習社群與教師教學效能之間具有中度正相關。 3.高職校長課程領導、教師專業學習社群對教師教學效能具有高預測力。4.高職校長課程領導、教師專業學習社群與教師教學效能間之結構方程模式適配度良好呈正向結構關係。
鄭雅婷 （2017）	幼兒園教師多元文化素養、師生互動、園長領導行為對幼兒園教師教學效能的相關研究	問卷調查	1.幼兒園教師多元文化素養對於幼兒園教師教學效能各構面有不同程度的影響。 2.師生互動對於幼兒園教師教學效能各構面有不同程度的影響。 3.園長領導行為對幼兒園教師教學效能各構面有不同程度的影響。

綜合上述各實徵研究，茲將教師教學效能歸納分析如下：

（一）研究層級分析

本研究蒐集近十年來有關國內教學效能之論文，有兩篇期刊論文，十篇博士論文之實徵研究，教學效能相關研究層級分析如表 2-19 所示。

表 2-19 教學效能相關研究層級分析彙整表

研究層級	論文研究者										次數統計
	1	2	3	4	5	6	7	8	9	10	
	謝百亮	蔡喬育	楊豪森	陳玫良	柯麗卿	曾信榮	駱奕穎	楊素綾	郭福豫	鄭雅婷	
博士	●	●	●	●	●	●	●	●	●	●	10

（二）研究方法分析

本研究蒐集近十年來有關國內教學效能之論文中，有四篇是採量化研究法、六篇採質性與量化兼用。教學效能相關研究方法分析如表 2-20 所示。

表 2-20 教學效能相關研究方法分析彙整表

研究方法	論文研究者										次數統計
	1	2	3	4	5	6	7	8	9	10	
	謝百亮	蔡喬育	楊豪森	陳玫良	柯麗卿	曾信榮	駱奕穎	楊素綾	郭福豫	鄭雅婷	
質性	●	●		●	●	●	●				6
量化	●	●	●	●	●	●	●	●	●	●	10

（三）教學效能研究構面分析

　　研究者發現相關教學效能之文獻數量不少，經分析國內研究者之實徵研究中所採用教學效能相關研究構面分析如表 2-21。

表 2-21　教學效能相關研究構面分析彙整表

研究者（年代）	教學效能構面											
	學生學習表現	教學方法與策略	教學效能感	學習氣氛	班級經營	教室管理	教材教具運用	多元評量的運用	師生互動關係	教學計畫	教學執行	教學設備
謝百亮（2006）	●	●		●	●		●		●	●		
蔡喬育（2008）		●		●			●	●	●			
楊豪森（2008）		●		●					●	●		
陳玫良（2009）		●	●		●	●	●					
柯麗卿（2009）			●					●		●	●	
曾信榮（2010）		●		●			●	●	●	●		
駱奕穎（2011）	●			●	●							
楊素綾（2011）	●	●		●					●	●		

97

（續下頁）

研究者（年代）	教學效能構面											
	學生學習表現	教學方法與策略	教學效能感	學習氣氛	班級經營	教室管理	教材教具運用	多元評量的運用	師生互動關係	教學計畫	教學執行	教學設備
郭福豫（2015）	●	●						●	●	●		
鄭雅婷（2017）					●			●		●		●
統計次數	4	6	3	6	4	1	4	5	6	7	1	1

　　研究者根據教師教學效能的相關理論與上述國內研究者的分析，研究發現教學計畫、教學策略、師生互動、學習氣氛與多元評量的運用等五個構面有極高的共識，惟多元評量的運用較屬於教學策略的內涵，故將其納入教學策略中。

（四）影響教師教學效能相關背景變項分析

　　從綜析上述的研究，研究者將國民小學教師教學效能建構為：教學計畫、教學策略、師生互動、學習氣氛等四個構面。從相關研究分析中顯示，性別、年齡、學歷、教學年資、擔任職務、學校位置、學校規模、學校區域等教師個人背景變項與學校背景變項等方面略有差異。茲將各研究者對影響教師教學效能的相關背景變項及差異彙整如表 2-22。

表 2-22 影響教師教學效能之相關背景變項差異彙整表

研究者 (年代)	性別	年齡	學歷	教學年資	擔任職務	學校位置	學校區域	學校規模
謝百亮 （2006）	男＞女	51歲以上＞30歲以下＞41~50歲	研究所、師大師院＞師專	◎	主任＞教師	城市＞鄉鎮＞偏遠		50班以上＞13-24班
蔡喬育 （2008）	◎	50-59歲＞21-29歲	研究所＞一般教育學系＞非教育系	20年以上＞未滿10年				
楊豪森 （2008）	◎	◎	◎	◎	兼任行政＞導師		◎	◎
陳玟良 （2009）	男＞女			◎	◎			◎
柯麗卿 （2009）	男＞女	年齡層較高＞年齡層較低	研究所以上＞大學	年資深＞年資淺			◎	◎
曾信榮 （2010）	男＞女	◎	研究所以上＞大學	◎	科任教師＞級任教師	◎		◎
駱奕穎 （2011）	◎		研究所以上＞大學	年資深＞年資淺	兼任行政工作＞級任導師	城市＞鄉鎮		◎

（續下頁）

研究者 (年代)	性別	年齡	學歷	教學年資	擔任職務	學校位置	學校區域	學校規模
楊素綾 （2011）	◎	◎			科技類 教師> 人文類 教師		中區> 南區	◎
郭福豫 （2015）	◎	◎	大學> 研究所 以上	◎	兼任行 政工作 >級任 導師	偏遠地 區較佳	南區> 東區	◎
鄭雅婷 （2017）	◎			1-3 年 最高				

註：「◎」代表 t 考驗未達顯著差異水準，「＞」表考驗達顯著水準，前項優於後項。

　　歸納上述國內的研究結果，不難發現對教師教學效能有影響的相關背景變項明顯以個人背景（性別、年齡、學歷、教學年資及擔任職務）與學校背景（學校位置、學校地區、學校規模）等八項變項具有顯著差異，茲將八個變項在教師教學效能之整體及各構面上之差異性分析彙整如下：

1.個人背景對教師教學效能影響差異性分析

(1)性別

　　不同性別的教師在教學效能上是否有明顯的差異，研究顯示性別的不同不會對教師教學效能產生差異（蔡喬育，2008；楊豪森，2008；駱奕穎，2011；楊素綾，2011；郭福豫，2015；鄭雅婷，2017）。然而，也有研究顯示性別的不同會對教師教學效能產生差異，且男性教師優於女性教師（謝百亮，2006；陳玫良，2009；柯麗卿，2009；曾信榮，2010）。到底性別的不同，是否會對教師教學效能產生顯著差異，文獻上以無

顯著差異主張稍佔上風，但差距不大，此為本研究尚待探究的一環。

(2)年齡

　　不同年齡的教師教學效能是否會有顯著差異，基於研究對象、研究方法或研究區域的不同，尚無定論。但有些研究顯示教師年齡對其教學效能沒有顯著差異（楊豪森，2008；曾信榮，2010；楊素綾，2011；郭福豫，2015）。然而，也有研究顯示年齡的大小會對教師教學效能產生差異（謝百亮，2006；蔡喬育，2008；柯麗卿，2009）。至於本研究不同年齡教師教學效能是否有差異？尚待本研究及後續學者加入探究。

(3)學歷

　　部分研究顯示不同學歷之教師，在整體上教學效能有顯著差異（謝百亮，2006；蔡喬育，2008；柯麗卿，2009；曾信榮，2010；駱奕穎，2011；郭福豫，2015）。然而，也有研究指出，不同學歷之教師其在整體教學效能上沒有達顯著差異（楊豪森，2008）。從多數的統計數量來看，似乎主張學歷對教師的教學效能有顯著差異水準較多。是否學歷就等同於教學效能?至於，本研究會呈現什麼結果，尚待進一步深入探究。

(4)教學年資

　　有部分研究發現擔任教師年資的長短，在整體教學效能上有顯著差異（蔡喬育，2008；柯麗卿，2009；駱奕穎，2011；鄭雅婷，2017），也有些研究指出擔任教師年資的長短，並不會對其教學效能產生差異（謝百亮，2006；楊豪森，2008；陳玫良，2009；曾信榮，2010；郭福豫，2015）。到底年教師教學年資的長短，跟教師的教學效能是否有關?是否教師教學年資高，教學經歷較完整與豐富，其教學效能上就一定會較優?亦待本研究加以調查了解。

(5)擔任職務

擔任不同職務的教師教學效能是否會有顯著差異，基於研究對象、研究方法或研究區域的不同，尚無定論。但有些研究顯示擔任不同職務的教師對其教學效能有顯著差異（謝百亮，2006；楊豪森，2008；曾信榮，2010；駱奕穎，2011；楊素綾，2011；郭福豫，2015）。亦有研究顯示擔任不同職務的教師對其教學效能沒有顯著差異（陳玫良，2009）。至於本研究會呈現什麼結果，尚待本研究及後續學者加入探究。

2.學校背景對教師教學效能影響差異性分析

(1)學校位置

根據研究指出學校所在位置的不同，確實會影響教師的教學效能（謝百亮，2006；駱奕穎，2011；郭福豫，2015）。然而也有研究顯示不同學校位置的教師，其整體教學效能並無顯著差異（曾信榮，2010）。城鄉的差距、學校所在位置在的不同，是否會對教師的教學效能造成顯著差異，有待進一步分析與探究。

(2)學校規模

多數研究指出學校規模大小並不會影響教師的教學效能（楊豪森，2008；陳玫良，2009；柯麗卿，2009；曾信榮，2010；駱奕穎，2011；楊素綾，2011；郭福豫，2015）。然而也有研究顯示不同學校規模的教師，其整體教學效能顯著差異（謝百亮，2006）。可見學校規模大小與教師教學效能關係尚無定論，有待本研究進一步探究。

(3)學校區域

上述十篇論文當中，針對跨縣市教師的教學效能進行研究者計有 8 篇，但探討不同服務縣市對教師的教學效能之差異比較僅 4 篇，在整體教師教學效能上，有的研究

指出有顯著差異（楊素綾，2011；郭福豫，2015），但也有學者認為無顯著差異（楊豪

森，2008；柯麗卿，2009）。因此，不同服務市縣在教師的教學效能的影響上尚無定論，

有待進一步探究。

二、教學效能架構圖

綜合上述相關研究分析結果，本研究教師教學效能架構圖如圖 2-3。

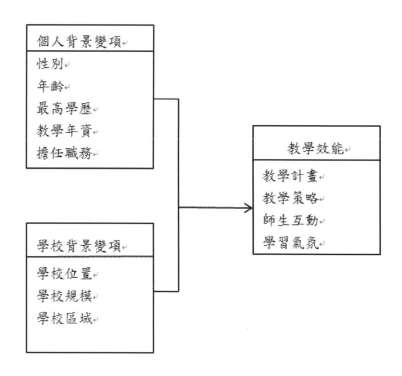

圖 2-3 教師教學效能架構圖

第四節　多元文化素養、跨文化溝通與教學效能之相關研究

本節旨在探討探教師多元文化素養、跨文化溝通與教學效能之相關研究,希望透過重要文獻之探究,進一步瞭解教師多元文化素養、跨文化溝通與教學效能彼此之關係,作為後設研究之延伸。

壹、多元文化素養與跨文化溝通之相關研究

本研究旨在探討多元文化素養與跨文化溝通之關係,然國內外相關研究不多,為讓本研究的立論有所依據,因此對性質相近的多元文化素養與跨文化溝通關係之文獻加以探究如下:

一、元文化素養與跨文化溝通之實徵研究

Dong,et al.(2008)以美國大學生為對象的實證研究,可以驗證跨文化敏感度與多元文化觀的相關性。此研究發現,跨文化敏感度與多元文化觀乃是減低民族中心本位的重要預測因子,且跨文化敏感度與多元文化觀兩者呈顯著正相關。

Spinthourakis,et al.(2009)以希臘大學小學教育師資學生為研究對象,以分層比例隨機抽樣 288 位學生,研究後提出,在越趨複雜及多元化的教育環境下,教師的跨文化敏感度將是增進其應對能力的重要因素。

Craig (2014) 以三十六名早期保護職前教師為研究對象,採訪談及問卷調查方式進行資料蒐集,研究後提出,獲得多元文化素養的途徑是通過與人溝通與互動,持續的與來自其他文化的人的跨文化溝通,包括直接面對面的溝通與運用電腦資訊的溝通。在互動過程中可能受到學生的時間、地理或經濟限制,除了直接溝通之外,這個過程探索虛擬環境也可以增進教師的多元文化素養。

莊惟智(2009)以「護理人員與外籍看護跨文化溝通問卷」為研究工具,採質性

調查-深度訪談及量化調查-結構性問卷調查法,以花蓮某醫學中心病房區的醫院護理人員為研究對象,質性調查總共訪談 10 位個案,結構性問卷調查總計有效問卷共 306 份。結果發現:當多元文化知識以及多元文化態度分數越高時,護理人員與外籍看護溝通的困難程度分數越低,當中又以多元文化態度的影響最大,綜合質性探討所得到內容,護理人員和外籍看護溝通的影響因素重要性依序為,多元文化態度、多元文化技巧、多元文化知識。

在多元文化能力表現方面,由高至低依序為多元文化知識、多元文化技巧以及多元文化態度;在醫院協助需求方面,由高至低依序為對醫院提供多文化資源需求以及對多文化教育訓練課程需求。不同的「工作職稱」、「平均每天照顧病患有外籍看護陪伴數量」、「與外籍看護互動經驗」在溝通困難程度方面有所差異產生。「多元文化知識」、「多元文化技巧」、「多元文化態度」、「對醫院提供多文化資源需求」以及「對多文化教育訓練課程需求」對溝通困難程度為顯著的正相關。

顏任珮(2012)以「多元文化素養量表」、「跨文化敏感度量表」為研究工具,採問卷調查法,以台中市國中教師為母群體,採用分層便利抽樣法,共計抽取 500 名國中教師做為研究樣本,作「國中教師跨文化敏感度與多元文化素養之研究」,回收有效問卷 489 份。結果發現:台中市國中教師的多元文化素養為中上程度,並且在認知、情意及技能層面上均趨於正向,但可能是因未修習過多元文化相關課程,或修習過相關課程卻無法將其所學內化成更高層次的實踐技能,以及缺乏實行多元文化教育的動機等因素,使得教師在技能層面的表現上有待加強。

台中市國中教師的跨文化敏感度亦為中上程度,並在各層面的表現上均趨於正

向，但或許是因缺乏足夠的跨文化互動經驗及受到文化差異的衝擊，使得教師在進行跨文化互動時，互動信心略顯不足。

跨文化敏感度的五個層面僅有「互動參與度」、「互動信心」及「互動關注度」對教師的多元文化素養有顯著的正向影響，意即教師的「互動參與度」、「互動信心」或「互動關注度」愈高時，自身的多元文化素養也就愈高，其中尤以「互動參與度」對多元文化素養的影響較大。

二、實徵研究綜合評析

從上述研究文獻雖以大學生、醫護人員及國中教師多元文化素養與跨文化溝通之相關研究為主要探究，都可以發現多元文化素養與跨文化溝通是具有相關性，但因工作環境不同，工作的對象也有差異，國民小學教師面對的是年紀較小的學生，若能透過本研究了解國民小學教師多元文化素養與跨文化溝通之相關預測，不但可助於工作之順利，更藉由預測力以提教學效能。

綜觀上述四篇研究多元文化素養與跨文化溝通關係之實徵研究結果，可獲得以下結論與啟示，茲陳述如下：

(一)多元文化素養與跨文化溝通具相關性

多元文化素養與跨文化溝通是具有相關性，從文獻探討指出越具有多元文化素養則跨文化溝通成效越好；具備多元文化素養，教師才會願意去了解並重視多元文化教育的目標，並以此作為教學信念，尊重不同文化學生的行為表現模式，避免因自己主觀的意識型態與偏見而不利於某些族群的學生。也就是說，教師必須先具有多元文化素養後才會意識到跨文化溝通的重要性，進而採取下一步的實踐行動。

(二)個人不同背景變項會影響跨文化溝通

　　教師因「任教科目」、「多元文化課程修習經驗」、「閱讀多元文化相關書籍頻率」、「出國旅遊經驗」、「出國遊學經驗」及「外籍友人有無」的不同，其跨文化敏感度有顯著差異；醫護人員「多元文化知識」、「多元文化技巧」、「多元文化態度」、「對醫院提供多文化資源需求」以及「對多文化教育訓練課程需求」對溝通困難程度為顯著的正相關。

(三)結論與啟示

　　綜合以上研究結果發現，雖然因不同的研究領域，但多元文化素養與跨文化溝通兩者之間具均有顯著的正相關，因此推論多元文化素養的高低，會直接影響跨文化溝通的效果。

貳、多元文化素養與教學效能之相關研究

　　本研究旨在探討多元文化素養與教學效能之關係，內容共分兩部分，茲就元文化素養與教學效能之實徵研究及實徵研究綜合評析等項目，分別敘述如下：

一、多元文化素養與教學效能之實徵研究

　　Müller（2001）以瑞士的初等教育教師為研究對象，研究顯示教師必須接受跨文化的訓練，以及學習多元化的教學方式、技能，以避免日後教學因主流文化主導的偏見產生；教學環境需有富涵多元性的教學資源，讓不同族群的學生都可以在此學習到自己與他人的文化；教師需自覺與反省自我對不同族群是否有偏見或歧視；教師對差異文化的了解與尊重，可正面影響學生的語言習得、學業成就與同儕互動。由此可知，教師的多元文化素養是學者所強調的在面對不同族群的學生時，對於學生的語言習得

與各式的學習，教師必須要具備的能力。

Gann、Dean 與 Ma´rquezc（2005）以 Appalachian 學區裡的教師們對於印地安人、新移民及一般的美國學生的教學語言之使用情形，研究在學區內的不同學校的教師們如何教導學生使用英語；並且觀察在教學中所堅持只有使用英語溝通時，如何影響學生們的學習。研究發現，在所有公開的公立學校的學習成就測驗中成績最好的學校，在這些學校內，教師們採取尊重的態度，讓學生們自由選擇想運用的語言；教師們並利用多元化的教學方式，以及建構多采多姿的學習情境，會增進不同族群的學生們習得、使用英語的意願與動機。

Burdick-Will 與 Gómez（2006）以 Colorado 與 Massachusetts 兩州的公立初等教育裡的新移民子女為研究對象，發現教師們並不了解新移民的學生及其家庭文化，因此將學生沈浸於全然以主流為化為主的環境中，對新移民學生而言，這些教師們、學校的教學只是強迫他們學習主流文化，而不去了解學生真正的需求，如此反而削弱了新移民學生的語言習得之效果。

Sox（2009）以拉丁移民的子女為研究對象，教師們通常會將其沈浸於全英語式（主流語言與文化）的環境中，並減低其原母語的溝通，認為這就是使他們更容易融入美國社會，強調以主流文化的學校中亦容易因為語言的不通順而有學習上的障礙，如此卻更加速他們學習上、語言習得上的不利，亦即教師缺乏多元文化素養，僅以主流文化為中心，會影響整體教學效能。

Haworth（2009）在紐西蘭北島的四所小型小學做深入的教室觀察與深度的訪談、討論來蒐集研究資料，每校二位教師共八位教師參與研究。發現教師在動態的教室教

學活動中，若能根據學生的多樣性需求，本身需具備幾項該有的素養：個人的教學專業、即時性的且合宜的教室互動與回饋、更豐富的教育背景脈絡與策略融入課程與教學、能了解與尊重學生的文化差異性。Haworth 認為教師在教學時本身需涵養更寬闊的社會文化概念，才能在與學生的互動中更增進自我的專業知能，並同時給予學生更多元與豐富學習。

徐玉浩（2007）以桃園縣地區之公立國民小學教師為研究對象，採問卷調查法抽出樣本 520 人，有效問卷 501 份。研究工具為「國小教師多元文化教學信念與多元文化教學效能感問卷」，研究發現如下：

1.整體多元文化教學信念與整體多元文化教學效能感及多元文化個人教學效能感、多元文化一般教學效能感、多元文化班級經營效能感等多元文化教學效能感各層面之間具有顯著的正相關。

2.多元文化班級經營信念教師多元文化角色知覺對整體多元文化教學效能感有預測力。教師的多元文化班級經營信念教師多元文化角色知覺等多元文化教學信念越趨向進步取向，教師在整體多元文化教學效能感的表現越高。

3.教師多元文化角色知覺多元文化班級經營信念對多元文化個人教學效能感有預測力。教師的多元文化角色知覺、多元文化班級經營信念等多元文化教學信念越趨向進步取向，教師在多元文化個人教學效能感的表現越高。

4.多元文化班級經營信念、教師多元文化角色知覺對多元文化一般教學效能感有預測力。教師的多元文化班級經營信念、教師多元文化角色知覺等多元文化教學信念越趨向進步取向，教師在多元文化一般教學效能感的表現越高。

5.多元文化班級經營信念、多元文化親職教育與資源整合信念、教師多元文化角色知覺對多元文化班級經營教學效能感有預測力。教師的多元文化班級經營信念、多元文化親職教育與資源整合信念、教師多元文化角色知覺等多元文化教學信念越趨向進步取向，教師在多元文化班級經營效能感的表現越高。

郭阿月（2008）以高雄市現職之國小教師為研究對象，採問卷調查法抽出樣本 723 人，有效問卷 579 份。研究工具為「國小教師多元文化教育素養與教學效能問卷」，內含：教師背景資料、多元文化教育素養與教學效能三部份。研究發現如下：

1.高雄市國小教師其多元文化教育素養與教學效能均呈中上程度。

2.在教師背景變項中，除了「學歷」、「曾參加過多元文化教育相關課程的研習時數」有顯著差異之外，不同「性別」、「年齡」、「任教年資」、「擔任職務」、「學校規模」之國小教師，在多元文化教育素養上未達顯著差異。

3.在教師背景變項中，除了「學歷」之外，不同「性別」、「年齡」、「任教年資」、「擔任職務」、「學校規模」、「曾參加過多元文化教育相關課程的研習時數」之國小教師，在教學效能上未達顯著差異。

4.高雄市國小教師多元文化教育素養與教學效能之間達顯著正相關。

楊玉珠（2010）以南投縣現職之國小教師為研究對象，採問卷調查法抽出樣本 660 人，有效問卷 563 份。研究工具為「多元文化教育素養與教學效能關係問卷」，內含：背景資料、多元文化教育素養及教學效能三部分。研究發現如下：

1.在教師背景變項中，不同「多元族群學生教學經驗」、「教學年資」、「擔任職務」及「教育程度」之國小教師，其多元文化教育素養達顯著差異。

2.在教師背景變項中，不同「性別」、「多元族群學生教學經驗」、「教育程度」、「擔任職務」、「學校地區」及「學校規模」之國小教師，教學效能達顯著差異。

3.南投縣國小教師多元文化教育素養與教學效能具有顯著正相關。

4.南投縣國小教師多元文化教育素養對教學效能具有預測力。

陳薇如（2011）以三所不同規模的學校，三位教師的教學年資皆為十八年以上，教學經歷亦相仿在低年級教學的導師為研究對象。研究結果顯示教師的多元文化素養包含教師的各種特性與自覺，早期的學習經驗，偏見或刻板印象，專業知能，教學資源的利用，環境設備的組織，對學生個別差異的了解，學科內容有意義編排，多種型態的教學模式，及教師對於文化的反省與批判。研究結果顯示，教師的多元文化之素養會對學生的語言習得有正面顯著的影響，營造良好的學習情境可以提升學習成效，善用各式教學資源可刺激不同族群學生的學習動機，了解與尊重學生的語言及文化差異可降低學生的學習失敗機率，合宜的課程設計與多樣化教材搭配有助於學生語言習得的成效。

周明潔（2014）以台北市現職國小教師為對象，並以自編之「多元文化教育素養與有效教學能力調查問卷」做為蒐集資料之工具，有效樣本 138 份。研究結論如下：

1.臺北市國小資源班教師多元文化教育素養與有效教學能力關係呈現顯著的正相關，意指整體多元文化教育素養表現越高的資源班教師，其整體有效教學能力也越高。

2.整體多元文化教育素養對有效教學能力各向度來看，以多元教學的策略相關度最高，師生關係的建立相關程度較低。

3.多元文化教育素養各構面對整體有效教學能力的預測順序分別為班級經營、知識建

構、校務推展，其中以班級經營解釋力最高。

4.多元文化教育素養對有效教學能力各構面之預測情形中，對教學計劃與準備、教材內容的呈現、師生關係的建立、多元教學的策略、教學評量的進行分層面的解釋力上以班級經營、知識建構、校務推展為最高要，若要增進教師多元文化教育有效教學能力，可從提升教師的班級經營、知識建構與校務推展為首要考量因素。

二、實徵研究綜合評析

　　上述研究文獻大多以國民小學教師多元文化素養與教學效能之相關研究為主要探究，都可以發現多元文化素養與教學效能是具有相關性，教師的多元文化之素養會對學生各項學習成效有正面顯著的影響，同時均顯示兩者之間具有相當高的關聯性存在。

　　綜觀上述研究者的多元文化素養與教學效能關係之實徵研究結果，可獲得以下結論，茲陳述如下：

(一)多元文化素養與教學效能具相關性

　　多元文化素養與教學效能是具有相關性，從文獻探討指出越具有多元文化素養則教學效能越好；具備多元文化素養，教師才會努力挑戰學生個別存在的差異問題，尊重不同文化學生的行為表現模式，提高班級內所有學生的學習表現，增進教學效能。

(二)多元文化素養各構面會影響教學效能

　　教師的多元文化角色知覺、多元文化班級經營信念、能了解與尊重學生的差異文化及避免因主流文化主導的偏見等構面，均會對學生各項學習成效有正面顯著的影響，整體多元文化素養表現越高的教師，其整體有效教學能力也越高。

(三)多元文化素養對教學效能具預測力

　　綜合以上研究結果發現，雖然因不同的研究領域，但多元文化素養與教學效能兩者之間具均有顯著的正相關，故本研究推論國民小學教師多元文化素養對教學效能具有預測力。

參、跨文化溝通與教學效能之相關研究

一、跨文化溝通與教學效能之實徵研究

　　Zhao 與 Coombs(2012)以在英國基督教大學坎特伯雷語言研究與應用語言學學院的九位博士生為研究對象，以訪談及從學生的短文寫作來進行分析方式進行研究。研究結果顯示，1.以學習者為中心的教學，可讓學習更有趣。2.跨文化教學可培養學生的批判性思考和創造力，同時也可以塑造學生成為世界公民。

　　Lieser 與 Willoughby(2013)以 Amysenv 小學在俄亥俄州 Winesburg 小學的學習交流學生為研究對象，採用課室進行觀察及對師生訪談的方式進行研究。研究結果顯示，1.良好的跨文化溝通是建立友善關係的重要關鍵。2.將跨文化溝通融入教育是可行的。3.教師的跨文化溝通對學生的學習交流成效有顯著影響。

　　Kratzke 與 Bertolo(2013)以新墨西哥州立大學美墨邊界的大學生為研究對象，以隨機的方式指派學生作業，對全班進行教師所指定的美國或墨西哥文化來進行相關介紹。研究結果顯示，1.學生準備充足的跨文化相關資料，可以增進跨文化能力。2.這些跨文化能力可以提供學生在跨文化環境下的初步架構，並有助於其跨文化經驗學習。

　　張志雄（2013）以紅河州的元陽、綠春、紅河三縣所屬普通高中隨機抽取哈尼族教師 180 名，從紅河州的蒙自市、建水縣、石屏縣所屬普通高中隨機抽取漢族教師 180 名，總計 360 名為研究對象。利用教師教學效能量表進行問卷調查，並輔以訪談、實

地觀察及文獻查閱等方式進行研究。研究發現，語言文字的差異影響哈尼族與漢族教師學習掌握學科專業知識的程度與範圍不同，使得哈尼族教師個人教學效能感顯著低於漢族教師，也造成哈尼族教師個人教學效能感的教學年資差異情況不同於漢族教師；經濟形態的差異使得哈尼族與漢族教師獲得不同的社會支持，造成哈尼族教師的個人教學效能感低於漢族教師及哈尼族教師的一般教育效能感顯著高於漢族教師，也造成哈尼族教師一般教育效能感的教學年資差異情況不同於漢族教師；男女社會地位的差異造成哈尼族與漢族男性教師各自具有的學習期望不同，使得漢族教師個人教學效能感的性別差異顯著性高於哈尼族，也促成哈尼族教師一般教育效能感的性別差異顯著性高於漢族教師。

　　楊育軒（2014）以台中市某國小之某班五年級學生進行實施為期十七週的跨文化溝通融入英語教學活動實驗研究，運用跨文化溝通融入英語教學之看法問卷、訪談、活動學習單以及省思札記等方式進行研究。研究結果顯示，1.研究對象對跨文化溝通活動產生高度的興趣並引發好奇心，因此在整體的英語學習態度方面有明顯的提升，其中在英語學習動機面向亦變得更為正向、積極。2.跨文化溝通融入英語教學對國小學童的整體英語學習態度有正面的影響，在英語學習動機方面有正面提升之趨勢，但是卻無法有效降低英語學習焦慮。3.絕大部分的研究對象對跨文化融入英語教學之看法表示同意且支持，並認為跨文化融入英語教學之活動可以幫助他們了解外國文化以及增進其英語能力。

　　徐笑君（2016）以 51 家跨國公司 355 位外派人員為研究對象，為了避免同源誤差，採用 3 份問卷來收集資料，第一份問卷是由外派人員來填寫，外派人員自陳跨文化溝

通能力、專業知識學習效果、所學知識的隱性程度．第二份問卷是給外派人員的直接

上司填寫，由直接上司對外派人員的工作績效做出評價．第三份問卷是收集外派人員

所在企業的基本資訊，由該企業的經理填寫，收集的資訊包括企業所在行業類型、企

業成立時間、國際化年限和外派人員數量等．研究結果顯示：1.跨文化溝通能力和文化

距離對工作績效的直接影響效應：（1）跨文化溝通和文化距離的交互作用對工作績效

有顯著的正向影響作用。（2）跨文化溝通和知識隱性程度的交互作用對工作績效有顯

著的負向影響作用（3）在知識隱性程度低—文化距離高的情況下，跨文化溝通能力才

對工作績效有顯著的正向影響作用。2.跨文化溝通能力對工作績效的間接影響效應：在

知識隱性程度低—文化距離低、知識隱性程度低—文化距離高、知識隱性程度高—文

化距離低、知識穩性程度高—文化距離高 4 種情況下，跨文化溝通能力通過專業知識

學習對工作績效起作用的間接效應都顯著。

二、實徵研究綜合評析

　　上述研究文獻有兩位研究者以大學為研究場域，有三位以校學教師、學生為研究

對象，一位研究者以跨國公司的外派員恭維研究對象，但都以跨文化溝通與效能之相

關研究為主要探究，都可以發現跨文化溝通與教學效能、工作績效是具有相關性，至

於國民小學教師的跨文化溝通是否會對學生各項學習成效有影響？兩者相關性為何？

則有待實證研究加以分析探討。

肆、多元文化素養、跨文化溝通與教學效能之相關研究

　　多元文化素養、跨文化溝通與教學效能之相關研究在國外文獻篇數不多，研究者

經搜尋近十年內全國博碩士論文及國內外相關文獻，尚未發現有研究者或研究論文同

時以國民小學教師多元文化素養、跨文化溝通與教學效能為議題為研究的主題，並且探討三者間的關係之實證研究，本研究屬探索性研究。

　　從上述對國民小學教師多元文化素養、跨文化溝通與教學效能，三者中兩兩變項相互的關係的研究探討，可以發現彼此之間的確有明顯的關係與相互的影響。至於，國民小學教師多元文化素養、跨文化溝通與教學效能這三者間似乎存在著關聯性，以及相關性為何？則有待實證研究加以分析探討。

實證分析

第三章 實證研究設計與實施

本研究旨在探討國民小學教師多元文化素養、跨文化溝通與教學效能之間的關係,藉由國內外相關文獻整理分析歸納出國民小學教師多元文化素養、跨文化溝通之內涵,並探究其與教學效能之關係。本章主要在說明本研究之設計與實施,分別就研究步驟與流程、研究架構、研究假設、研究對象與抽樣、研究工具與資料處理等六節,茲分敘述如下:

第一節 研究步驟與流程

本研究的實施步驟如下:

一、確立研究主題及方向,並蒐集及閱讀與主題相關之文獻

二、從文獻探討中形成本研究之動機、目的、研究問題與範圍。

三、廣泛蒐集國內外有關教師多元文化素養、跨文化溝通與教學效能相關文獻,閱讀
　　整理後撰寫論文計畫書。

四、根據相關文獻探討,發展編製本研究所使用之研究調查問卷,並確立問卷調查對
　　象。

五、依據母群體比例選定預試問卷對象,並進行問卷預試。

六、針對預試問卷回收整理,修訂正式問卷內容。

七、進行正式問卷抽樣與調查。

八、依據問卷調查結果進行歸納整理研究結果並與國內外文獻比較探討。

九、撰寫研究結論與建議。

上述之研究流程如圖 3-1 所示：

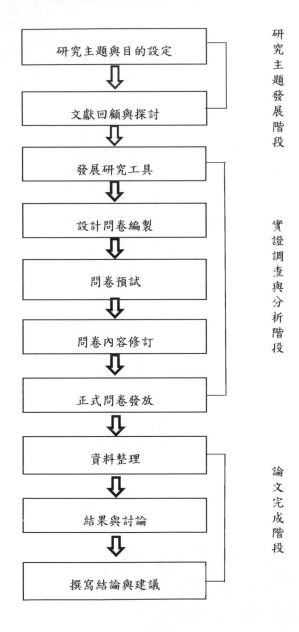

圖 **3-1**　研究流程圖

第二節 研究架構

本研究目的在了解國民小學教師多元文化素養、跨文化溝通與教學效能之現況，

以及探討國民小學教師的背景變項在多元文化素養、跨文化溝通與教學效能的差異情

形。故研究設計以國民小學教師的個人背景變項以及學校背景變項為自變項，以教師

的多元文化素養、跨文化溝通與教學效能為依變項，探討自變項在依變項反應差異情

形，並探究國民小學教師多元文化素養、跨文化溝通與教學效能之間的關係，以及多

元文化素養、跨文化溝通對教學效能影響的情形。綜合本研究之個人背景變項、學校

背景變項及圖 2-1 多元文化素養架構圖、圖 2-2 跨文化溝通架構圖、圖 2-3 教師教學效

能架構圖及研究目的，本研究架構如圖 3-2。

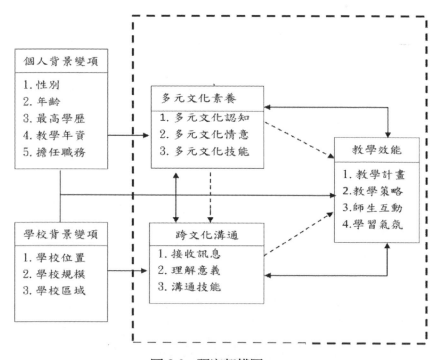

圖 3-2 研究架構圖

僅就上述研究架構圖示說明如下：

1. ──▶差異分析(t-test ; **One-way** ANOVA)：分析不同背景變項之教師多元文化素養、跨文化溝通與教學效能之差異情形。

2. ◀──▶相關分析(Pearson)：分析教師多元文化素養、跨文化溝通與教學效能三者間之相關程度。

3. ┈┈▶路徑分析（path analysis with latent variables,PA-LV）：分析教師多元文化素養、跨文化溝通對教學效能之影響路徑。

4. ┈┈ 結構方程模式(structural equation modeling, SEM)：驗證教師多元文化素養與跨文化溝通影響教學效能之關係模式。

第三節　研究假設

本研究依據研究目的與文獻探討的結果，提出下列研究假設：

假設一：不同背景變項之國民小學教師在多元文化素養、跨文化溝通與教學效能有顯著差異。

假設 1-1：不同性別之國民小學教師在多元文化素養、跨文化溝通與教學效能有顯著差異。

假設 1-2：不同年齡之國民小學教師在多元文化素養、跨文化溝通與教學效能有顯著差異。

假設 1-3：不同學歷之國民小學教師在多元文化素養、跨文化溝通與教學效能有顯著差異。

假設 1-4：不同教學年資之國民小學教師在多元文化素養、跨文化溝通與教學效能有顯著差異。

假設 1-5：不同擔任職務之國民小學教師在多元文化素養、跨文化溝通與教學效能有顯著差異。

假設 1-6：不同學校位置之國民小學教師在多元文化素養、跨文化溝通與教學效能有顯著差異。

假設 1-7：不同學校規模之國民小學教師在多元文化素養、跨文化溝通與教學效能有顯著差異。

假設 1-8：不同學校區域之國民小學教師在多元文化素養、跨文化溝通與教學效能有顯著差異。

假設二：國民小學教師多元文化素養、跨文化溝通與教學效能之間有顯著相關。

假設 2-1：國民小學教師多元文化素養與跨文化溝通之間有顯著正相關。

假設 2-2：國民小學教師多元文化素養與教學效能之間有顯著正相關。

假設 2-3：國民小學教師跨文化溝通與教學效能之間有顯著正相關。

假設三：多元文化素養、跨文化溝通與教學效能建構的模型配適度良好且具有影響效果。

假設 3-1：多元文化素養、跨文化溝通與教學效能建構的模型有良好的配適度。

假設 3-2：教師多元文化素養對跨文化溝通具有顯著直接效果。

假設 3-3：教師多元文化素養對教學效能具有顯著直接效果。

假設 3-4：教師跨文化溝通理念對教學效能具有顯著直接效果。

假設 3-5：多元文化素養、跨文化溝通對教學效能具有顯著直接與間接效果。

第四節　研究對象與抽樣

　　本研究係以臺灣地區之公立國民小學為範圍，問卷調查對象是 106 學年度公立國民小學編制內合格教師，茲就調查對象與研究樣本抽樣說明如下：

壹、研究對象

　　本研究以 106 學年度，臺灣地區之公立國民小學之現任教師兼主任、教師兼組長、級任教師、科任教師為研究對象。依據教育部統計處（教育部，2018）所彙編 106 學年度國民中小學校概況統計，各縣市轄內之公立國民小學計有 2,594 所，扣除金馬地區（福建省之金門縣及連江縣）學校 27 所，台灣地區共計 2,567 所。據此，本研究之母群體係指臺灣地區之北、中、南、東四大區域，共 2,567 所公立國民小學編制內合格教師人數總計 101,033 人。

貳、研究樣本與抽樣

一、預試樣本

　　本研究預試問卷抽取樣本包含臺灣地區公立國民小學的校數資料為母群體共 2,567 所為預試問卷之抽樣對象，依學校所數佔總計校數的比率，採分層隨機抽樣方式進行調查。根據吳明隆與涂金堂（2016）研究認為，預試對象人數應以問卷中包括最多題項「分量表」之 3-5 倍為原則。故先依臺灣地區小型、中型、大型學校比率，抽取 20 所學校為本研究預試學校。依本研究分量表最多之題數（28 題）之約 5 倍數量預

試對象人數，依據樣本的學校類型分為小型學校(12 班以下)、中型學校(13-48 班)、大

型學校(49 班以上)。不同規模學校取樣原則為 12 班以下每校抽取 8 人，13 至 48 班每

校抽取 12 人，49 班以上每校則抽取 20 人，作為本研究預試問卷對象，預計抽取教師

共 216 人，預試樣本抽樣分配如表 3-1。

表 3-1　預試樣本抽樣分配表

學校類別	學校總數	學校比率	抽取校數	每校人數	問卷總數
小型學校	1404 校	55%	10	8	80
中型學校	921 校	36%	8	12	96
大型學校	242 校	9%	2	20	40
總計	2567 校	100%	20		216

二、正式調查樣本

　　本研究的研究對象為臺灣地區公立國民小學正式教師，依據教育部 106 學年度統

計全臺灣共計 2,567 所公立國民小學，教師人數總計 101,033 人，本研究依 2017 年

Sample Size Calculator—Determine Sample Size

(http://www.surveysystem.com/sscalc.htm)之計算程式，在 95%信心水準下，抽樣誤差

為 3%，母群體為 101,033 人，合理的抽樣人數需要 1,056 人。另依吳明隆與涂金堂(2016)

建議一般以地區性為對象的調查研究，平均樣本人數約在 500 人至 1,000 人之間較為適

合。

　　本研究共抽取樣本人數教師 1,100 人，其中小型學校共 51 所、教師 408 位，中型

學校共 41 所、教師 492 位，大型學校 10 所、教師 200 位，總計共寄發 102 所學校教

師 1,100 位為正式樣本數。

　　其次為使本研究樣本具代表性，在實施正式問卷調查時，採「多階段抽樣」

（multi-leve sampling）方式進行抽樣。先將臺灣地區（福建省之金門縣及連江縣除外）

所有縣市分為北、中、南、東四區，再依縣市地區分層，分別依學校總數的比例，27

％、32％、31％、10％以及學校規模之小型學校、中型學校、大型學校之比例約為 5：

4：1，而決定每個地區要取樣的學校數，再依學校規模之不同，分配不同之取樣人數。

　　再就所抽樣之學校，函請學校校長或主任抽取校內 8 至 20 名教師作為樣本。取樣

人數依各校班級數而有所不同，各規模學校取樣原則為：12 班以下每校抽取 8 人，13

至 48 班每校抽取 12 人，49 班以上每校則抽取 20 人，研究樣本抽取人數分配如表 3-2。

表 3-2　研究樣本抽取人數分配表

區域	包含縣市	學校總數	校數所占比例	樣本學校數	總樣本數
北部	臺北市、新北市 基隆市、桃園市 新竹縣、新竹市	691	約 27%	小型：14 中型：11 大型： 3	小型：112 中型：132 大型： 60
中部	苗栗縣、臺中市 南投縣、彰化縣 雲林縣	812	約 32%	小型：16 中型：13 大型： 3	小型：128 中型：156 大型： 60
南部	嘉義縣、嘉義市 臺南市、高雄市 屏東縣、澎湖縣	800	約 31%	小型：16 中型：13 大型： 3	小型：128 中型：156 大型： 60
東部	宜蘭縣、花蓮縣 臺東縣	264	約 10%	小型： 5 中型： 4 大型： 1	小型： 40 中型： 48 大型： 20
總計		2,567	100%	小型： 51 中型： 41 大型： 10	小型：408 中型：492 大型：200

區域	包含縣市	學校總數	校數所占比例	樣本 學校數	總樣本數
				合計：102	合計：1,100

資料蒐集期間介於 106 年 8 月 30 日至 9 月 22 日之間，共計回收教師問卷 1,057 份，問卷回收率為 96.18%。問卷回收後，均先檢視每份問卷填答情形，凡問卷填答不全及固定式反應，均視為無效問卷。檢視結果無效問卷計 47 份，共得有效教師問卷 1,010 份，問卷可用率 95.46%。依此有效問進行統計分析工作。有關問卷教師研究樣本分配與回收情形如下表 3-3 所示。

表 3-3　教師研究樣本分配與回收情形

校別	取樣 校數	取樣 人數	回收情形		無效 問卷	有效 問卷	可用 比率
			人數	比率			
小型學校	51	408	392	96.08%	21	371	94.64%
中型學校	41	492	485	98.58%	20	465	95.88%
大型學校	10	200	180	90.00%	6	174	96.67%
總計	102	1,100	1,057	96.09%	47	1,010	95.46%

三、教師樣本基本資料分析

正式問卷回收後經剔除無效問卷後共得教師有效問卷 1,010 份，利用統計軟體 SPSS 敘述性統計分析，國民小學教師樣本基本資料分析如表 3-4。

表 3-4 國民小學教師樣本基本資料分析

項 目		人 數	百分比
性別	男	335	32.2%
	女	675	66.8%
教師年齡	20 以上未滿 30 歲	98	9.7%
	30 以上未滿 40 歲	268	26.5%
	40 以上未滿 50 歲	519	51.4%
	50 歲以上	125	12.4%
最高學歷	師專、師範或教育大學	177	17.5%
	一般大學	170	16.8%
	碩士以上	663	65.7%
服務年資	未滿 10 年	211	20.9%
	10 年以上未滿 15 年	190	18.8%
	15 年以上未滿 20 年	251	24.9%
	20 年以上	358	35.4%
擔任職務	科任教師	241	23.8%
	級任導師	419	41.5%
	教師兼行政工作	350	34.7%
學校位置	都市區	334	33.1%
	一般鄉鎮	432	42.7%
	偏遠（含山區）	244	24.2%
學校規模	12 班以下	371	36.7%
	13-48 班	465	46.1%
	49 班以上	174	17.2%
學校區域	北部	268	26.5%
	中部	329	32.6%
	南部	308	30.5%
	東部	105	10.4%

n=1,010

第五節　研究工具

本研究採用調查問卷為主要研究工具，針對國民小學教師多元文化素養、跨文化溝通及教學效能調查，以自編之問卷收集相關資料，做為本研究蒐集資料的方法。本節就預試問卷編製、預試問卷考驗結果分析與正式問卷編製等三部分，分別說明如下：

壹、預試問卷編製

依據研究目的及相關文獻，研究者自行編製「國民小學教師多元文化素養、跨文化溝通與教學效能調查問卷」作為本研究之調查工具。目的在了解國民小學教師多元文化素養、跨文化溝通與教學效能之關係。問卷共分為「教師個人背景變項」、「學校環境變項」、「教師多元文化素養量表」、「跨文化溝通量表」及「教學效能量表」，其內容說明如下：

一、教師背景變項

(一)教師性別：分為「男」、「女」兩組。

(二)教師年齡：分為「20 以上未滿 30 歲」、「30 以上未滿 40 歲」、「40 以上未滿 50 歲」及「50 歲以上」等四組。

(三)最高學歷：分為「師專、師範或教育大學」、「一般大學」、「碩士以上（含 40 學分班）」等三組。

(四)教學年資：分為「未滿 10 年」、「10 年以上未滿 15 年」、「15 年以上未滿 20 年」及「20 年以上」等四組。

(五)在校擔任職務：分為「科任教師」、「級任導師」及「教師兼任行政工作」等三組。

二、學校環境變項

(一) 學校位置：分「都市區（含院、省、縣轄市）」、「一般鄉鎮」及「偏遠(含山地)」等三組。

(二) 學校規模：分「12班以下」、「13-48班」及「49班以上」等三組。

(三)學校區域:分「北部（臺北市、新北市、基隆市、桃園市、新竹縣、新竹市）」、「中部（苗栗縣、臺中市、南投縣、彰化縣、雲林縣）」、「南部（嘉義縣、嘉義市、臺南市、高雄市、屏東縣、澎湖縣）」及「東部（宜蘭縣、花蓮縣、臺東縣）」等四組。

三、教師多元文化素養量表

　　根據本研究文獻探討，國民小學教師應具備之多元文化素養意指教師處在多元文化教育中所應具備的一種基本的素質與能力，主要包含以下幾個方面：教師應堅持多元文化教育理念；持著多元文化態度即公平公正的態度；知曉不同群體、學生的文化背景；理解多元文化教育的理論知識；具有文化敏感性，培養學生對不同文化產生積極地態度；消除偏見；具備處理多元文化問題的技能；反思自己的行為態度等。多元文化素養的內涵包括「多元文化認知」、「多元文化情意」及「多元文化技能」等三個構面。

四、跨文化溝通量表

　　跨文化溝通是一種建立在不同文化的個體之間的溝通方式，有一方待在自己原來文化環境中使用語言、非語言肢體動作和空間關係來交換、協商和另一個來自不同文化國家的人做溝通，而雙方溝通的問題在於雙方文化差異性的大小來決定。其與一般溝通的相異處在於溝通對象擁有不一樣的文化背景，而此相異處即導致不同的溝通方

式、過程與結果。跨文化溝通包括「接收訊息」、「理解意義」及「溝通技能」等三個構面，並由這三個構面及實際內容設計本跨文化溝通量表。

五、教學效能量表

教學效能係指教師對自己本身的多元文化教學專業能力表現之肯定以及預期自身能影響學生學習信念的程度，並能於實際進行有效的教學活動中，擬定適當教學計畫、建立師生良好的互動、運用多元的教學策略、營造溫馨的學習氣氛，促使學生達成多元文化學習的目標，增進學生學習的成效。教師教學效能包括教學計畫、教學策略、師生互動與學習氣氛等四個構面。

六、問卷計分填答方式

本研究之「國民小學教師多元文化素養、跨文化溝通與教學效能調查問卷」都是採 Likert 五點量表，計分方式是根據受試者對每一題的同意程度，由「非常同意」、「同意」、「普通」、「不同意」、「非常不同意」，五個等級填答反應，分別給予五分、四分、三分、二分、一分，得分越高代表受試者在該題的認同度越高；本量表得分情形以 3 分為平均值，分數在 2 分以下為低程度；分數在 2~3 分之間為中下程度；分數在 3~4 分之間為中上程度；分數超過 4 分以上為高程度。

七、建構內容效度

本研究之調查問卷委請大專院校相關領域的學者 4 人、教學實務經驗教師 1 人及實務研究經驗國中小校長各 1 人等共七位學者專家（如表 3-5），針對問卷內容、問卷架構、及語意用詞等提供修正建議，每個題目均有「適用」、「修正」與「刪除」三種封閉式反應之選項，於每個題目下方則有以開放式填寫之空白欄位，供學者專家修正

或填寫意見（如附錄一），給予整體問卷建議；再彙整學者專家審查之內容，並與指導

教授討論後發展成為預試問卷內容，共有 70 個題項（如附件二）。

表 3-5　專家效度鑑定學者專家及實務工作者名冊一覽表

	姓名	服務單位	職稱
	李○明	國立台北教育大學	教授
學	林○柏	國立暨南國際大學	副教授
者	施○棉	南投縣炎峰國民小學	教師
專	陳○彥	國立暨南國際大學	副教授
家	張○成	國立彰化師範大學	教授
	蔡○忠	臺中市和平國民中學	校長
	蔣○霖	臺中市東光國民小學	校長

註：依姓氏筆劃排列

貳、預試問卷考驗與結果分析

　　本研究之預試問卷採用 Google 網路問卷方式發送，總共寄出 216 份問卷，回收 215

份問卷，回收率為 99.54%，經詳細檢查皆為有效問卷。為使研究工具具備更嚴謹之建

構效度及信度，本研究依據預試所得資料，逐步進行項目分析、因素分析與信度分析，

藉以刪除不合適之題項，以建立正式問卷之效度與信度。

　　本研究之預試問卷共分為「多元文化素養量表」、「跨文化溝通量表」與「教學效

能量表」等三部分，茲將各量表考驗結果分析如下：

一、多元文化素養量表

（一）項目分析

1.極端組檢驗法-臨界比（critical ration）

　　吳明隆與涂金堂（2016）認為極端組檢驗法-臨界比主要利用 t 檢定來找出題目之間的鑑別度，以前 27%和後 27%的樣本來做比對差異，在每一題中找出極端的兩組看他們回答的平均數高低差異，來找出此題是否具有鑑別度，如果 CR 絕對值小於 3 即表示未具有顯著差異，則該題目與予刪除。由表 3-6 得知，本量表差異性檢定的結果所有題目均達顯著水準，表示題目之鑑別力很好，所有預試題目(21 題)全數保留，如表 3-6 所示。

表 3-6　多元文化素養量表獨立樣本檢定

	變異數相等的 Levene 檢定		平均數相等的 t 檢定		
	F 檢定	顯著性	t	自由度	顯著性(雙尾)
A1	6.728	.011	8.506	81.164	.000
A2	37.972	.000	10.564	62.000	.000
A3	2.968	.088	12.844	117	.000
A4	9.669	.002	11.277	108.415	.000
A5	12.268	.001	11.366	67.693	.000
A6	.486	.487	8.674	117	.000
A7	5.421	.022	15.287	71.577	.000
A8	7.331	.008	11.556	104.709	.000
A9	2.239	.137	12.636	117	.000
A10	2.465	.119	12.613	117	.000
A11	18.311	.000	12.102	73.226	.000
A12	14.956	.000	14.193	69.437	.000
A13	16.680	.000	12.809	101.085	.000
A14	2.189	.142	5.839	117	.000
A15	1.087	.299	9.935	117	.000

（續下頁）

	變異數相等的 Levene 檢定		平均數相等的 t 檢定		
	F 檢定	顯著性	t	自由度	顯著性 (雙尾)
A16	2.698	.103	10.861	117	.000
A17	.657	.419	12.363	117	.000
A18	.163	.687	8.668	117	.000
A19	.007	.934	10.744	117	.000
A20	.836	.362	7.915	117	.000
A21	.746	.389	9.434	117	.000

2.同質性考驗法

　　同一題本的試題都是在測同一種屬性，因此試題彼此間應該要有高相關，每個題目與量表總分也應該要有高相關，題目與總量表相關須達到.30 以上，且要達到統計的顯著水準（吳明隆、涂金堂，2016）。本量表題目與總量表相關均達到.30 以上，顯著水準達.001 以上，總體而言各題項與總分的相關達中、高度的相關，題項間所要測量態度行為特質同質性高，故所有預試題目(21 題)全數保留，如下表 3-7 所示。

表 3-7　多元文化素養量題項與總分的積差相關矩陣

		總分			總分
A1	Pearson 相關	.591***	A12	Pearson 相關	.766***
A2	Pearson 相關	.694***	A13	Pearson 相關	.747***
A3	Pearson 相關	.735***	A14	Pearson 相關	.562***
A4	Pearson 相關	.719***	A15	Pearson 相關	.629***
A5	Pearson 相關	.728***	A16	Pearson 相關	.729***
A6	Pearson 相關	.673***	A17	Pearson 相關	.714***
A7	Pearson 相關	.761***	A18	Pearson 相關	.602***
A8	Pearson 相關	.728***	A19	Pearson 相關	.631***
A9	Pearson 相關	.759***	A20	Pearson 相關	.572***
A10	Pearson 相關	.757***	A21	Pearson 相關	.599***
A11	Pearson 相關	.744***			

*** $p < .001$

3.一致性考驗法

　　運用一致性考驗方法，求出校正項目總分的相關係數（corrected item-total correlation），校正項目總分的相關係數，表示一個題項與其他題項總分的相關係數，可以得知此題項與其他題項的一致性如何（吳明隆、涂金堂，2016）。

表 **3-8**　多元文化素養量項目整體統計量

	項目刪除時的尺度平均數	項目刪除時的尺度變異數	修正的項目總相關	項目刪除時的 Cronbach's Alpha 值
A1	84.12	76.705	.540	.937
A2	84.07	76.575	.659	.935
A3	84.09	76.221	.704	.934
A4	84.51	74.868	.679	.934
A5	84.03	75.896	.694	.934
A6	84.44	75.593	.628	.935
A7	84.12	75.537	.730	.934
A8	84.36	75.259	.692	.934
A9	84.18	75.588	.729	.934
A10	84.21	75.755	.727	.934
A11	84.20	75.313	.711	.934
A12	84.22	75.274	.736	.933
A13	84.38	74.694	.711	.934
A14	84.74	78.453	.501	.938
A15	84.79	76.403	.582	.936
A16	84.33	76.158	.697	.934
A17	84.51	76.447	.681	.935
A18	84.79	76.459	.550	.937
A19	84.79	75.727	.580	.936
A20	84.88	76.243	.513	.938
A21	84.71	77.253	.554	.936

總量表 Cronbach α 係數＝.938

如表 3-8 所示，多元文化素養量表 21 題總量的 Cronbach α 值等於.938，如果刪除某一題後，α 係數值改變大都變小，表示個題與總量表的一致性頗高。但第 14、20 題

的題項刪除後，α係數值並沒有改變，這個題項是否刪除，將依因素分析後而定。

4.多元文化素養量表項目分析結果

　　茲將以上多元文化素養量表項目分析結果整理如表 3-9。

表 3-9　多元文化素養量表項目分析結果

| 題項 | 極端組比較 | | 同質性檢驗 | | 備註 |
	決斷值（CR 值）	題目與總分相關	校正題項題目與總分相關	刪除後的 α 係數	
A1	8.506***	.591***	.540	.937	保留
A2	10.564***	.694***	.659	.935	保留
A3	12.844***	.735***	.704	.934	保留
A4	11.277***	.719***	.679	.934	保留
A5	11.366***	.728***	.694	.934	保留
A6	8.674***	.673***	.628	.935	保留
A7	15.287***	.761***	.730	.934	保留
A8	11.556***	.728***	.692	.934	保留
A9	12.636***	.759***	.729	.934	保留
A10	12.613***	.757***	.727	.934	保留
A11	12.102***	.744***	.711	.934	保留
A12	14.193***	.766***	.736	.933	保留
A13	12.809***	.747***	.711	.934	保留
A14	5.839***	.482***	.401	.938	保留或刪除
A15	9.935***	.629***	.582	.936	保留
A16	10.861***	.729***	.697	.934	保留
A17	12.363***	.714***	.681	.935	保留
A18	8.668***	.602***	.550	.937	保留
A19	10.744***	.631***	.580	.936	保留

（續下頁）

| | 極端組比較 | | 同質性檢驗 | | |
題項	決斷值（CR 值）	題目與總分相關	校正題項題目與總分相關	刪除後的 α 係數	備註
A20	7.915***	.572***	.513	.938	保留或刪除
A21	9.434***	.599***	.554	.936	保留
總量表的 α 係數＝.938					

*** $p < .001$

　　多元文化素養量表項目分析結果如表 3-9 所列，極端組比較結果，21 題的 CR 值在 5.839 至 14.193 間，21 個題項均達統計上的顯著水準(p=.000＜.001)。同質性檢驗中 21 個題項與總量表的相關在.482 至.766 間，呈現中、高度相關(p=.000＜.001)，21 個題項刪除後的量表 α 係數與總量表的 α 係數相差不大，沒有突增的題項，因而 21 個題項均可保留採用。

（二）因素分析

　　首先進行 KMO 取樣適當性檢定及 Bartlett 球面性檢定，判斷變項是否適合進行因素分析，依 1974 年 Kaiser 的觀點，可從 KMO 值來判別個題項間是否適合進行因素分析，當 KMO 值小於.500 時「非常不適合」，KMO 值大於.700 時「尚可」，KMO 值大於.900 時「極適合」（吳明隆、涂金堂，2016）。檢定結果 KMO 值為.929 是屬於良好的，表示變項間有共同因素存在，且 Bartlett'sT 球形考驗達顯著水準.000，代表母群體的相關矩陣間有共同因素存在，適合進行因素分析。

　　考驗「多元文化素養預試問卷」的因素分析是為了探討本問卷的各因素的因素解釋量及各題之因素負荷量大小，以作為選題之參考及了解其建構效度是否良好。

　　本研究採用主成份分析（Principal Component Analysis）因素，採 eigenvalue 值大

於 1 者為入選因素參考標準，共抽取三個因素，與文獻分析與及專家審查問卷後的結

果相符，總共解釋變異量為 57.486%，各因素解釋量如表 3-10、3-11 所述：

表 3-10 多元文化素養量表解說總變異

元件	初始特徵值			平方和負荷量萃取			轉軸平方和負荷量		
	總數	變異數的 %	累積%	總數	變異數的 %	累積%	總數	變異數的 %	累積%
1	5.977	37.356	37.356	5.977	37.356	37.356	3.873	24.208	24.208
2	2.027	12.666	50.022	2.027	12.666	50.022	3.753	23.458	47.666
3	1.191	7.446	57.468	1.191	7.446	57.468	1.568	9.803	57.468
4	.850	5.315	62.784						
5	.786	4.911	67.695						
6	.713	4.459	72.153						
7	.648	4.051	76.204						
8	.533	3.333	79.537						
9	.513	3.208	82.745						
10	.485	3.032	85.777						
11	.476	2.975	88.752						
12	.433	2.705	91.457						
13	.389	2.429	93.885						
14	.361	2.258	96.143						
15	.331	2.069	98.213						
16	.286	1.787	100.000						

萃取法：主成份分析。

表 3-11　多元文化素養量表轉軸後的成份矩陣

	因素		
	1	2	3
A1	.730		
A2	.783		
A3	.832		
A4	.607		
A5	.744		
A6	.577		
A7	.698		
A15		.747	
A17		.739	
A18		.745	
A19		.781	
A20		.709	
A21		.710	
A8			.577
A9			.653
A10			.666
A12			.484
A14			.825

萃取方法：主成分分析。

1.因素一包括第 1、2、3、4、5、6、7 題共計 7 題，因素負荷量從.577～.832，分析題目內容命名為「多元文化認知」，其 eigenvalue 值為 3.873，可解釋國民小學教師多元文化素養之「多元文化認知」達 24.208％。

2.因素二包括第 15、17、18、19、20、21 題，共計 6 題，因素負荷量從.709～.781，分析題目內容命名為「多元文化技能」，其 eigenvalue 值為 3.753，可解釋國民小學教師

多元文化素養之「多元文化技能」達 23.458%。

3.因素三包括第 8、9、10、12、14 題，共計 5 題，因素負荷量從.484～.825，分析題目

內容命名為「多元文化情意」，其 eigenvalue 值為 1.568，可解釋國民小學教師多元文

化素養之「多元文化情意」達 9.803%。

　　本教師多元文化素養預試量表經過項目描述統計分析、因素分析，總計刪除

3 題，剩餘題目共 18 題，刪題後題目內容如表 3-12。

表 3-12　教師多元文化素養量表正式問卷題目內容

構面	題目內容
多元文化認知	1 教導班上不同文化背景的學生彼此瞭解、尊重與包容是教師的責任
	2 在教學過程中，教師應該確保不同文化學生的學習權利
	3 提供不同文化背景的學生共同學習或相處的機會，增加學生的文化包容力
	4 即使課程時間有限，教師還是應該將族群文化的議題融入課堂討論
	5 教師應以客觀的立場去瞭解班上不同文化背景的學生
	6 即使課程時間有限，仍然會提供比較好且有效的訊息及資源給不同文化的學生
	7 教師應引導學生對不同文化持正面評價
多元文化情意	8 我能察覺自身的言行與價值觀，不會因族群文化的不同而有偏見與刻板印象
	9 對於不同族群文化所造成的差異，我能以同理心看待並予以尊重
	10 我能參與多元文化議題的討論並尊重別人的意見
	11 每個領域的教師都應該關心多元文化議題
	12 預料到自己的教學方法可能不見得適用於不同文化的學生
多元文化技能	13 我能掌握並回應不同文化背景學生的學習方法及學習需要

（續下頁）

構面	題目內容
	14 我對教學內容的解釋及舉例，能顧及文化差異及多元性
	15 我能因應不同族群文化學生的學習表現調整教學標準及評方式
	16 我能設計讓不同文化背景的學生共同參與之學習活動
	17 我能辨識並挑戰同事在學校內所發生的種族歧視與差別待遇問題
	18 我會找出讓少數族群兒童融入教室的方法，而不去改變其文化

（三）信度分析

以最後定稿之 18 題正式問卷，依各分量表及總量表進行 Cronbach's α 信度考驗，吳明隆與涂金堂(2016)認為一份信度係數較佳的問卷,其總量表的信度係數最好在.800 以上;如果是分量表，其信度係數最好在.700 以上，量表的信度越高，代表量表的穩定性越高。如表 3-13 顯示，本量表的信度採內部一致性來加以考驗,各分量之 Cronbach's α 係數介於.872--.896 間，總量表之 Cronbach's α 值為 .911，顯示教師多元文化素養量表信度良好。

表 3-13　教師多元文化素養量表信度分析摘要表

分量表	題目個數	Cronbach's α 值
多元文化認知	7	.896
多元文化情意	5	.872
多元文化技能	6	.879
多元文化素養總量表	18	.911

二、跨文化溝通量表

（一）項目分析

1. 極端組檢驗法-臨界比（critical ration）

吳明隆與涂金堂（2016）認為極端組檢驗法-臨界比主要利用 t 檢定來找出題目之間的鑑別度，以前 27%和後 27%的樣本來做比對差異，在每一題中找出極端的兩組看他們回答的平均數高低差異，來找出此題是否具有鑑別度，如果 CR 絕對值小於 3 即表示未具有顯著差異，則該題目與予刪除。由表 3-14 得知，本量表差異性檢定的結果所有題目均達顯著水準，表示題目之鑑別力很好，所有預試題目(21 題)全數保留，如表 3-14 所示。

表 3-14 跨文化溝通量表獨立樣本檢定

| | 變異數相等的 Levene 檢定 | | 平均數相等的 t 檢定 | | |
	F 檢定	顯著性	t	自由度	顯著性 (雙尾)
B1	.898	.345	9.171	119	.000
B2	.033	.856	10.039	119	.000
B3	1.874	.174	11.932	119	.000
B4	.525	.470	9.604	119	.000
B5	.614	.435	11.573	119	.000
B6	1.126	.291	13.671	119	.000
B7	.003	.954	9.805	119	.000
B8	1.606	.208	9.881	119	.000
B9	7.925	.006	12.024	113.669	.000
B10	11.576	.001	10.664	108.746	.000
B11	9.993	.002	12.056	113.180	.000
B12	.441	.508	9.757	119	.000
B13	.187	.667	10.796	119	.000
B14	1.723	.192	12.337	119	.000
B15	.027	.870	10.898	119	.000
B16	5.171	.025	12.537	118.976	.000
B17	3.723	.056	12.987	119	.000

（續下頁）

	變異數相等的 Levene 檢定		平均數相等的 t 檢定		
	F 檢定	顯著性	t	自由度	顯著性 (雙尾)
B18	5.581	.020	10.302	110.272	.000
B19	.020	.886	10.282	119	.000
B20	1.157	.284	10.138	119	.000
B21	2.151	.145	10.655	119	.000

2.同質性考驗法

　　同一題本的試題都是在測同一種屬性，因此試題彼此間應該要有高相關，每個題目與量表總分也應該要有高相關，題目與總量表相關須達到.30 以上，且要達到統計的顯著水準（吳明隆、涂金堂，2016）。本量表題目與總量表相關均達到.30 以上，顯著水準達.001 以上，總體而言各題項與總分的相關達中、高度的相關，題項間所要測量態度行為特質同質性高，故所有預試題目(21 題)全數保留，如下表 3-15 所示。

表 3-15　跨文化溝通量題項與總分的積差相關矩陣

	總分			總分	
B1	Pearson 相關	.596***	B12	Pearson 相關	.737***
B2	Pearson 相關	.674***	B13	Pearson 相關	.745***
B3	Pearson 相關	.689***	B14	Pearson 相關	.765***
B4	Pearson 相關	.676***	B15	Pearson 相關	.727***
B5	Pearson 相關	.755***	B16	Pearson 相關	.767***
B6	Pearson 相關	.735***	B17	Pearson 相關	.728***
B7	Pearson 相關	.691***	B18	Pearson 相關	.687***
B8	Pearson 相關	.654**	B19	Pearson 相關	.706**
B9	Pearson 相關	.759***	B20	Pearson 相關	.725***

（續下頁）

	總分			總分	
B10	Pearson 相關	.703***	B21	Pearson 相關	.629***
B11	Pearson 相關	.733***			

*** *p* ＜.001

3.一致性考驗法

　　運用一致性考驗方法，求出校正項目總分的相關係數（corrected item-total correlation），校正項目總分的相關係數，表示一個題項與其他題項總分的相關係數，可以得知此題項與其他題項的一致性如何（吳明隆、涂金堂，2016）。

表 3-16　跨文化溝通量項目整體統計量

	項目刪除時的尺度平均數	項目刪除時的尺度變異數	修正的項目總相關	項目刪除時的 Cronbach's Alpha 值
B1	79.72	80.651	.555	.949
B2	79.80	79.453	.637	.948
B3	79.95	78.465	.648	.948
B4	79.79	79.764	.641	.948
B5	79.84	78.997	.727	.947
B6	80.04	78.096	.700	.947
B7	79.82	79.616	.657	.948
B8	79.76	80.191	.618	.948
B9	79.96	77.242	.725	.947
B10	80.35	77.247	.658	.948
B11	80.26	77.511	.695	.947
B12	80.03	78.093	.703	.947
B13	79.92	78.516	.713	.947
B14	79.90	78.771	.737	.947
B15	80.05	78.428	.692	.947

（續下頁）

	項目刪除時的尺度 平均數	項目刪除時的尺度 變異數	修正的項目總相關	項目刪除時的 Cronbach's Alpha 值
B16	79.93	78.308	.738	.947
B17	80.13	77.650	.690	.947
B18	80.23	78.525	.646	.948
B19	79.94	79.375	.672	.948
B20	79.96	78.457	.690	.947
B21	79.68	80.395	.591	.949

總量表的 α 係數＝.950

　　如表 3-16 所示，跨文化溝通量表 21 題總量的 Cronbach α 值等於.950，如果刪除某一題後，α 係數值改變大都變小，表示個題與總量表的一致性頗高，故所有預試題目(21題)全數保留。

4.跨文化溝通量表項目分析結果

　　茲將以上跨文化溝通量表項目分析結果整理如表 3-17。

表 3-17　跨文化溝通量表項目分析結果

題項	極端組比較 決斷值 （CR 值）	題目與總分 相關	同質性檢驗 校正題項題 目與總分相 關	刪除後的 α 係 數	備註
B1	9.171***	.596***	.555	.949	保留
B2	10.039***	.674***	.637	.948	保留
B3	11.932***	.689***	.648	.948	保留
B4	9.604***	.676***	.641	.948	保留
B5	11.573***	.755***	.727	.947	保留
B6	13.671***	.735***	.700	.947	保留
B7	9.805***	.691***	.657	.948	保留

（續下頁）

題項	極端組比較 決斷值 （CR 值）	題目與總分 相關	同質性檢驗 校正題項題 目與總分相 關	刪除後的 α 係 數	備註
B8	9.881***	.654***	.618	.948	保留
B9	12.024***	.759***	.725	.947	保留
B10	10.664***	.703***	.658	.948	保留
B11	12.056***	.733***	.695	.947	保留
B12	9.757***	.737***	.703	.947	保留
B13	10.796***	.745***	.713	.947	保留
B14	12.337***	.765***	.737	.947	保留
B15	10.898***	.727***	.692	.947	保留
B16	12.537***	.767***	.738	.947	保留
B17	12.987***	.728***	.690	.947	保留
B18	10.302***	.687***	.646	.948	保留
B19	10.282***	.706***	.672	.948	保留
B20	10.138***	.725***	.690	.947	保留
B21	10.655***	.629***	.591	.949	保留
	總量表的 α 係數＝.950				

***$p < .001$

　　跨文化溝通量表項目分析結果如表 3-17 所列，極端組比較結果，21 題的 CR 值在 9.171 至 12.898 間，21 個題項均達統計上的顯著水準(p=.000＜.001)。同質性檢驗中 21 個題項與總量表的相關在.596 至.767 間，呈現中、高度相關(p=.000＜.001)，21 個題項刪除後的量表 α 係數與總量表的 α 係數相差不大，沒有突增的題項，因而 21 個題項均可保留採用。

（二）因素分析

　　首先進行 KMO 取樣適當性檢定及 Bartlett 球面性檢定，判斷變項是否適合進行因

147

素分析，依 1974 年 Kaiser 的觀點，可從 KMO 值來判別個題項間是否適合進行因素分析，當 KMO 值小於.500 時「非常不適合」，KMO 值大於.700 時「尚可」，KMO 值大於.900 時「極適合」（吳明隆、涂金堂，2016）。檢定結果 KMO 值為.922 是屬於良好的，表示變項間有共同因素存在，且 Bartlett'sT 球形考驗達顯著水準.000，代表母群體的相關矩陣間有共同因素存在，適合進行因素分析。

考驗「跨文化溝通預試問卷」的因素分析是為了探討本問卷的各因素的因素解釋量及各題之因素負荷量大小，以作為選題之參考及了解其建構效度是否良好。

本研究採用主成份分析（Principal Component Analysis）因素，採 eigenvalue 值大於 1 者為入選因素參考標準，共抽取三個因素，與文獻分析與及專家審查問卷後的結果相符，總共解釋變異量為 66.865%，各跨文化溝通因素解釋量如表 3-18、3-19：

表 3-18　跨文化溝通量表解說總變異量

元件	初始特徵值			平方和負荷量萃取			轉軸平方和負荷量		
	總數	變異數的 %	累積%	總數	變異數的 %	累積%	總數	變異數的 %	累積%
1	6.391	49.158	49.158	6.391	49.158	49.158	3.309	25.454	25.454
2	1.430	11.001	60.159	1.430	11.001	60.159	3.132	24.089	49.543
3	1.072	8.246	66.865	1.072	8.246	66.865	2.052	17.322	66.865
4	.724	5.567	72.433						
5	.592	4.553	76.986						
6	.538	4.137	81.123						
7	.490	3.772	84.894						
8	.410	3.156	88.050						
9	.377	2.899	90.950						

（續下頁）

元件	初始特徵值			平方和負荷量萃取			轉軸平方和負荷量		
	總數	變異數的%	累積%	總數	變異數的%	累積%	總數	變異數的%	累積%
10	.346	2.663	93.613						
11	.312	2.399	96.012						
12	.264	2.030	98.042						
13	.254	1.958	100.000						

萃取法：主成份分析。

表 3-19　跨文化溝通量表轉軸後的成份矩陣

	因素		
	1	2	3
B11	.756		
B14	.645		
B15	.680		
B17	.776		
B18	.771		
B19	.653		
B5		.643	
B7		.740	
B8		.790	
B9		.634	
B10		.758	
B1			.838
B2			.794
B3			.589
B4			.742
B6			.598

萃取方法：主成分分析。

1.因素一包括第 11、14、15、17、18、19 題共計 6 題，因素負荷量從.635～.771，分析

題目內容命名為「溝通技能」，其 eigenvalue 值為 3.309，可解釋跨文化溝通之「溝通

技能」達 25.454%。

2.因素二包括第 5、7、8、9、10 題，共計 5 題，因素負荷量從.643～.790，分析題目內

容命名為「理解意義」，其 eigenvalue 值為 3.132，可解釋跨文化溝通之「理解意義」

達 24.089%。

3.因素三包括第 1、2、3、4、6 題，共計 5 題，因素負荷量從.589～.838，分析題目內

容命名為「接收訊息」，其 eigenvalue 值為 2.052，可解釋跨文化溝通之「接收訊息」

達 17.322%。

　　本跨文化溝通預試量表經過項目描述統計分析、因素分析，總計刪除 5 題，剩餘

題目共 16 題，刪題後跨文化溝通量表正式問卷題目內容如表 3-20。

表 3-20　跨文化溝通量表正式問卷題目內容

構面	題目內容
接收訊息	1 在與學生溝通時，我會專注傾聽對方的意見，而非堅持自己的想法
	2 在跨文化情境中，我知道根據不同情境選擇合適的溝通方式和態度
	3 在與不同文化背景的學生溝通時，我能看出對方的行為是有其文化背景因素
	4 在與不同文化背景的學生溝通時，我會不帶文化偏見
	5 在與不同文化背景的學生溝通時，對方能夠清楚理解我要表達的意思
理解意義	6 在與不同文化背景的學生溝通時，如果學生遇到理解上的困難，我能即時覺察出來
	7 在與學生溝通時，我能瞭解個人生活背景與價值觀的不同，會對訊息的接收或過濾造成影響
	8 在與學生溝通時，我能瞭解個人的想法和態度會影響訊息意義的理解

（續下頁）

構面	題目內容
	9 在與不同文化背景的學生溝通時，我非常注意觀察文化上的差異
	10 在與文化截然不同的學生談話時，我能敏銳地察覺對方表達中的微妙含義
溝通技能	11 在與不同文化背景的學生進行面對面溝通時，我能猜測到對方希望我談什麼
	12 在與不同文化背景的學生溝通時，我知道在什麼情況下可以分享自己的個人感受
	13 在與不同文化背景的學生溝通時，我知道何時該轉換話題、何時該結束談話
	14 在與不同文化背景的學生溝通時，我能準確地理解對方的感受
	15 在與不同文化的學生溝通時，我能迅速找到與學生的共同語言
	16 在與不同文化背景的學生溝通時，我能夠根據對方的溝通方式來調整自己

（三）信度分析

　　以最後定稿之 16 題正式問卷，依各分量表及總量表進行 Cronbach's α 信度考驗，吳明隆與涂金堂（2016）認為一份信度係數較佳的問卷，其總量表的信度係數最好在.800 以上;如果是分量表，其信度係數最好在.700 以上，量表的信度越高，代表量表的穩定性越高。跨文化溝通量表信度分析如表 3-21 顯示，本量表的信度採內部一致性來加以考驗，各分量之 Cronbach's α 係數介於.872--.896 間，總量表之 Cronbach's α 值為 .911，顯示跨文化溝通量表信度良好。

表 3-21　跨文化溝通量表信度分析摘要表

分量表	題目個數	Cronbach's α 值
接收訊息	5	.801
理解意義	5	.851
溝通技能	6	.867
跨文化溝通總量表	16	.921

三、教學效能量表

（一）項目分析

1.極端組檢驗法-臨界比（critical ration）

　　吳明隆與涂金堂（2016）認為極端組檢驗法-臨界比主要利用 t 檢定來找出題目之間的鑑別度，以前 27%和後 27%的樣本來做比對差異，在每一題中找出極端的兩組看他們回答的平均數高低差異，來找出此題是否具有鑑別度，如果 CR 絕對值小於 3 即表示未具有顯著差異，則該題目與予刪除。由表 3-22 得知，本量表差異性檢定的結果所有題目均達顯著水準，表示題目之鑑別力很好，所有預試題目(28 題)全數保留，教學效能量表獨立樣本檢定如表 3-22 所示。

表 3-22　教學效能量表獨立樣本檢定

| | 變異數相等的 Levene 檢定 | | 平均數相等的 t 檢定 | | |
	F 檢定	顯著性	t	自由度	顯著性(雙尾)
C1	.794	.375	9.580	116	.000
C2	.908	.343	10.905	116	.000
C3	.574	.450	9.210	116	.000
C4	10.518	.002	11.751	114.774	.000
C5	.554	.458	11.241	116	.000

152

（續下頁）

	變異數相等的 Levene 檢定		平均數相等的 t 檢定		
	F 檢定	顯著性	t	自由度	顯著性 (雙尾)
C6	6.095	.015	11.067	108.795	.000
C7	.198	.657	11.687	116	.000
C8	.809	.370	9.779	116	.000
C9	3.481	.065	8.896	116	.000
C10	.525	.470	10.528	116	.000
C11	6.169	.014	9.275	107.006	.000
C12	1.111	.294	9.025	116	.000
C13	5.468	.021	10.350	109.013	.000
C14	5.325	.023	10.443	108.427	.000
C15	2.067	.153	10.405	116	.000
C16	.163	.687	9.014	116	.000
C17	3.084	.082	8.602	116	.000
C18	5.462	.021	10.975	108.678	.000
C19	1.098	.297	11.128	116	.000
C20	5.995	.016	11.891	99.857	.000
C21	2.983	.087	11.309	116	.000
C22	.752	.388	12.758	116	.000
C23	3.124	.080	10.964	116	.000
C24	14.252	.000	9.210	77.002	.000
C25	10.164	.002	10.309	80.523	.000
C26	13.299	.000	13.847	87.485	.000
C27	68.335	.000	9.533	61.000	.000
C28	18.162	.000	11.893	87.253	.000

2.同質性考驗法

　　同一題本的試題都是在測同一種屬性，因此試題彼此間應該要有高相關，每個題

目與量表總分也應該要有高相關，題目與總量表相關須達到.30 以上，且要達到統計的

顯著水準（吳明隆、涂金堂，2016）。本量表題目與總量表相關均達到.30 以上，顯著

水準達.001 以上，總體而言各題項與總分的相關達中、高度的相關，題項間所要測量

態度行為特質同質性高，故所有預試題目(28 題)全數保留，教學效能量表題項與總分

的積差相關矩陣如下表 3-23 所示。

表 **3-23** 教學效能量表題項與總分的積差相關矩陣

		總分			總分
C1	Pearson 相關	$.656^{**}$	C15	Pearson 相關	$.722^{**}$
C2	Pearson 相關	$.713^{**}$	C16	Pearson 相關	$.659^{**}$
C3	Pearson 相關	$.674^{**}$	C17	Pearson 相關	$.677^{**}$
C4	Pearson 相關	$.666^{**}$	C18	Pearson 相關	$.765^{**}$
C5	Pearson 相關	$.711^{**}$	C19	Pearson 相關	$.688^{**}$
C6	Pearson 相關	$.749^{**}$	C20	Pearson 相關	$.762^{**}$
C7	Pearson 相關	$.720^{**}$	C21	Pearson 相關	$.746^{**}$
C8	Pearson 相關	$.721^{**}$	C22	Pearson 相關	$.729^{**}$
C9	Pearson 相關	$.654^{**}$	C23	Pearson 相關	$.652^{**}$
C10	Pearson 相關	$.725^{**}$	C24	Pearson 相關	$.658^{**}$
C11	Pearson 相關	$.713^{**}$	C25	Pearson 相關	$.627^{**}$
C12	Pearson 相關	$.728^{**}$	C26	Pearson 相關	$.740^{**}$
C13	Pearson 相關	$.739^{**}$	C27	Pearson 相關	$.602^{**}$
C14	Pearson 相關	$.738^{**}$	C28	Pearson 相關	$.695^{**}$

$***p < .001$

3.一致性考驗法

運用一致性考驗方法，求出校正項目總分的相關係數（corrected item-total

correlation），校正項目總分的相關係數，表示一個題項與其他題項總分的相關係數，

可以得知此題項與其他題項的一致性如何（吳明隆、涂金堂，2016）。教學效能量表項

目整體統計量如表 3-24 所示：

表 3-24　教學效能量表項目整體統計量

	項目刪除時的尺度平均數	項目刪除時的尺度變異數	修正的項目總相關	項目刪除時的 Cronbach's Alpha 值
C1	110.51	142.326	.623	.960
C2	110.55	140.772	.683	.960
C3	110.29	142.786	.646	.960
C4	110.66	141.077	.631	.960
C5	110.47	141.213	.682	.960
C6	110.39	141.155	.724	.959
C7	110.55	139.818	.688	.960
C8	110.33	142.127	.696	.960
C9	110.35	142.884	.623	.960
C10	110.51	140.401	.696	.960
C11	110.41	142.029	.687	.960
C12	110.33	142.886	.706	.960
C13	110.40	141.437	.714	.960
C14	110.42	140.797	.712	.960
C15	110.37	141.878	.697	.960
C16	110.38	142.516	.628	.960
C17	110.35	143.312	.651	.960
C18	110.27	141.649	.744	.959
C19	110.09	143.174	.662	.960
C20	110.11	141.685	.740	.959
C21	110.13	142.076	.724	.959
C22	110.11	142.744	.706	.960
C23	110.29	142.898	.621	.960

（續下頁）

	項目刪除時的尺度平均數	項目刪除時的尺度變異數	修正的項目總相關	項目刪除時的Cronbach's Alpha值
C24	109.99	143.318	.629	.960
C25	109.99	143.649	.596	.960
C26	110.07	142.047	.717	.960
C27	109.89	143.894	.569	.961
C28	110.10	142.247	.668	.960

總量表的 α 係數＝.961

　　如表 3-24 所示，教學效能量表 28 題總量的 Cronbach α 值等於.961，除了第 27 題刪除後 α 係數值不變，其他刪除某一題後，α 係數值改變大都變小，表示個題與總量表的一致性頗高，故所有預試題目(28 題)全數保留。

4.教學效能量表項目分析結果

　　茲將以上教學效能量表項目分析結果整理如表 3-25。

表 3-25　教學效能量表項目分析結果

題項	極端組比較 決斷值（CR 值）	題目與總分相關	同質性檢驗 校正題項題目與總分相關	刪除後的 α 係數	備註
C1	9.580^{***}	$.656^{***}$	.623	.960	保留
C2	10.905^{***}	$.713^{***}$	.683	.960	保留
C3	9.210^{***}	$.674^{***}$	.646	.960	保留
C4	11.751^{***}	$.666^{***}$	.631	.960	保留
C5	11.241^{***}	$.711^{***}$	.682	.960	保留
C6	11.067^{***}	$.749^{***}$	.724	.959	保留
C7	11.687^{***}	$.720^{***}$	.688	.960	保留
C8	9.779^{***}	$.721^{***}$	.696	.960	保留

156

（續下頁）

題項	極端組比較 決斷值 （CR值）	題目與總分 相關	同質性檢驗 校正題項題 目與總分相 關	刪除後的 α 係 數	備註
C9	8.896***	.654***	.623	.960	保留
C10	10.528***	.725***	.696	.960	保留
C11	9.275***	.713***	.687	.960	保留
C12	9.025***	.728***	.706	.960	保留
C13	10.350***	.739***	.714	.960	保留
C14	10.443***	.738***	.712	.960	保留
C15	10.405***	.722***	.697	.960	保留
C16	9.014***	.659***	.628	.960	保留
C17	8.602***	.677***	.651	.960	保留
C18	10.975***	.765***	.744	.959	保留
C19	11.128***	.688***	.662	.960	保留
C20	11.891***	.762***	.740	.959	保留
C21	11.309***	.746***	.724	.959	保留
C22	12.758***	.729***	.706	.960	保留
C23	10.964***	.652***	.621	.960	保留
C24	9.210***	.658***	.629	.960	保留
C25	10.309***	.627***	.596	.960	保留
C26	13.847***	.740***	.717	.960	保留
C27	9.533***	.602***	.569	.961	保留或刪除
C28	11.893***	.695***	.668	.960	保留
	總量表的 α 係數＝.961				

***$p < .001$

　　教學效能量表項目分析結果如表3-25所列，極端組比較結果，28題的CR值在8.602至13.847間，28個題項均達統計上的顯著水準($p=.000 < .001$)。同質性檢驗中28個題項與總量表的相關在.602至.765間，呈現中、高度相關($p=.000 < .001$)，28個題項刪除

後的量表 α 係數與總量表的 α 係數相差不大，沒有突增的題項，因而 28 個題項均可保留採用。

（二）因素分析

首先進行 KMO 取樣適當性檢定及 Bartlett 球面性檢定，判斷變項是否適合進行因素分析，依 1974 年 Kaiser 的觀點，可從 KMO 值來判別個題項間是否適合進行因素分析，當 KMO 值小於.500 時「非常不適合」，KMO 值大於.700 時「尚可」，KMO 值大於.900 時「極適合」（吳明隆、涂金堂，2016）。檢定結果 KMO 值為.936 是屬於良好的（吳明隆、涂金堂，2016），表示變項間有共同因素存在，且 Bartlett'sT 球形考驗達顯著水準.000，代表母群體的相關矩陣間有共同因素存在，適合進行因素分析。

考驗「教學效能預試問卷」的因素分析是為了探討本問卷的各因素的因素解釋量及各題之因素負荷量大小，以作為選題之參考及了解其建構效度是否良好。

本研究採用主成份分析（Principal Component Analysis）因素，採 eigenvalue 值大於 1 者為入選因素參考標準，共抽取三個因素，與文獻分析與及專家審查問卷後的結果相符，總共解釋變異量為 71.305%，教學效能量表解說總變異量如表 3-26、教學效能量表轉軸後的成份矩陣如表 3-27 所述：

表 3-26 教學效能量表解說總變異量

元件	初始特徵值			平方和負荷量萃取			轉軸平方和負荷量		
	總數	變異數的 %	累積%	總數	變異數的 %	累積%	總數	變異數的 %	累積%
1	9.190	48.371	48.371	9.190	48.371	48.371	4.600	24.212	24.212
2	2.503	13.176	61.547	2.503	13.176	61.547	4.437	23.353	47.565
3	1.971	10.374	66.656	1.971	10.374	66.656	1.462	13.484	61.050
4	1.883	9.911	71.305	1.883	9.911	71.305	1.049	10.256	71.305
5	.640	3.370	74.675						
6	.531	2.794	77.469						
7	.506	2.665	80.134						
8	.479	2.522	82.656						
9	.424	2.233	84.889						
10	.396	2.083	86.972						
11	.378	1.991	88.963						
12	.362	1.907	90.871						
13	.316	1.665	92.535						
14	.293	1.542	94.077						
15	.270	1.423	95.500						
16	.257	1.354	96.854						
17	.237	1.250	98.104						
18	.196	1.029	99.133						
19	.165	.867	100.000						

萃取法：主成份分析。

表 3-27　教學效能量表轉軸後的成份矩陣

	因素			
	1	2	3	4
C1	.820			
C2	.831			
C3	.686			
C4	.758			
C5	.784			
C7	.713			
C19		.725		
C20		.731		
C24		.832		
C25		.786		
C27		.796		
C28		.775		
C15			.505	
C16			.756	
C17			.709	
C18			.696	
C21			.575	
C8				.699
C9				.813
C10				.653
C11				.544
C13				.575

萃取方法：主成分分析。

1.因素一包括第 1、2、3、4、5、7 題共計 6 題，因素負荷量從.686～.831，分析題目內

容命名為「教學計畫」，其 eigenvalue 值為 4.600，可解釋教學效能之「教學計畫」達

24.212%。

2.因素二包括第 19、20、24、25、27、28 題，共計 6 題，因素負荷量從.725～.832，分析題目內容命名為「學習氣氛」，其 eigenvalue 值為 4.437，可解釋教學效能之「學習氣氛」達 23.353%。

3.因素三包括第 15、16、17、18、21 題，共計 5 題，因素負荷量從.505～.756，分析題目內容命名為「師生互動」，其 eigenvalue 值為 1.462，可解釋教學效能之「師生互動」達 13.484%。

4.因素四包括第 8、9、10、11、13 題，共計 5 題，因素負荷量從.544～.813，分析題目內容命名為「教學策略」，其 eigenvalue 值為 1.049，可解釋教學效能之「教學策略」達 10.256%。

本教學效能預試量表經過項目描述統計分析、因素分析，總計刪除 6 題，剩餘題目共 22 題，刪題後教學效能量表正式問卷題目內容如表 3-28。

表 3-28　教學效能量表正式問卷題目內容

構面	題目內容
教學計畫	1 教學前面對不同文化背景的學生我會依據課程計畫，將相關的教材教具準備齊全
	2 我會針對不同文化背景的學生依據教學目標來設計教學活動，以有效掌握目標
	3 我會融入不同的文化資料來豐富教材內容
	4 我會事先安排不同文化背景的學生或學習小組的任務，以掌握教學流程及學習進度
	5. 我面對不同文化背景的學生會先做好教學計劃並精熟教學內容後，再進行教學
	6 我會準備替代方案讓不同文化背景的學生在學習任務、學習活動、學習成果有選擇的機會

（續下頁）

構面	題目內容
教學策略	7 我會以問題形式，由淺而深探詢不同文化背景的學生是否真正瞭解教學內容 8 我會運用開放性的問題，促使不同文化背景的學生進行較深層或逆向的思考 9 我會配合教學的需要，針對不同文化背景的學生以分組活動的方式進行教學 10 我會改變教學活動的方式以維持不同文化背景的學生的學習注意力 11 我會依據不同文化背景的學生評量的結果，調整教學的進度、難易度或方法
師生互動	12 我會給予不同文化背景的學生足夠的時間進行發問和討論 13 我會迅速排除不同文化背景的學生在課堂中所突發的問題 14 我會對不同文化背景的學生的行為表現建立合宜的期望 15 我會發掘不同文化背景的學生的優勢能力及興趣並鼓勵他們進一步學習或研究 16 我能肯定不同文化背景的學生所提的問題及意見，並給予適當的回饋
學習氣氛	17 我會對有特殊學習困難的不同文化背景的學生，表達善意和幫助 18 我會以多元、包容和鼓勵的方式來接受不同文化背景的學生的問題與感受 19 我會提醒學生相互尊重不同文化，共同維護融洽的學習環境 20 我會營造教室裡和諧愉快的學習氣氛 21 我會避免以諷刺或否定的言辭來批評不同文化背景的學生 22 我會提供實例讓學生瞭解文化偏見如何影響人們的行為

（三）信度分析

以最後定稿之 22 題正式問卷，依各分量表及總量表進行 Cronbach's α 信度考驗，

吳明隆與涂金堂（2016）認為一份信度係數較佳的問卷，其總量表的信度係數最好在.800

以上;如果是分量表,其信度係數最好在.700 以上,量表的信度越高,代表量表的穩定

性越高。教學效能量表信度分析如表 3-29 顯示。本量表的信度採內部一致性來加以考

驗,各分量之 Cronbach's α 係數介於.817--.915 間,總量表之 Cronbach's α 值為 .940,

顯示教學效能量表信度良好。

表 3-29 教學效能量表信度分析摘要表

分量表	題目個數	Cronbach's α 值
教學計畫	6	.907
教學策略	5	.817
師生互動	5	.843
學習氣氛	6	.915
教學效能總量表	22	.940

參、驗證性因素分析

本研究依文獻探討與實務工作經驗設計預試問卷,於預試問卷施測完成後,先進

行探索性因素分析後,做成正式問卷,並於正式問卷回收後再進行驗證性因素分析,

為了刪除項目並確認指標的信、效度,因此,進行一階及二階驗證性因素分析。

分析前先就模式配適度的檢核指標進行說明。Bagozzi 與 Yi（1998）認為理論模式

與實際資料是否契合,必須同時考慮到基本配適度指標（perliminary fit criteria）、整體

模式配適度指標（overall model fit）及模式內在結構配適度指標（fit of internal structural

model）等三方面。整體模式配適度指標在檢核整個模式與觀察資料的配適程度,可以

說是模式外在品質的考驗;而模式內在結構配適度指標則在檢核模式內估計參數的顯

著程度以及各指標及潛在變項的信度等,屬於模式的內在品質。以下先說明配適度各

項檢核指標，以做為評估時的依據；接著針對每個向度進行一階驗證性因素分析，讓

每個向度的項目得以確立；最後則就每個層面執行二階驗證性因素分析，確保每個層

面解構成各該向度是合理且必須的，以作為整體模型路徑分析之依據。茲將驗證性因

素分析模式配適度檢核指標彙整如下表 3-30 所示。

表 3-30　驗證性因素分析模式配適度檢核指標彙整表

	檢核項目	建議值
基本配適度指標	誤差變異	沒有負值
	誤差變異	達顯著水準
	因素負荷量	介於 .5~ .95 之間
整體模式配適度指標	χ2 值比率	≦3
	配適度指標（GFI）	≧ .9
	調整之配適度指標（AGFI）	≧ .9
	均方根殘差值（RMR）	≦ .05
	標準化均方根殘差值（SRMR）	≦ .05
	近似均方根誤差（RMSEA）	≦ .08
	比較性配適度指標（CFI）	≧ .9
模式內在結構配適度指標	個別項目信度	≧ .5
	組合信度（CR）	≧ .7
	平均變異數萃取量（AVE）	≧ .5

一、多元文化素養構面之驗證性因素分析

（一）多元文化認知向度之驗證性因素分析

多元文化認知向度共有七個項目，自由度為 7×8/2=28df，共估計 7 個殘差加上 1

個變異數及 6 個因素負荷量，自由度大於估計參數，模型屬於過度辨識，符合理論上

模型正定的要求。執行 CFA 後，多元文化認知向度一階驗證性因素修正前分析如圖 3-3

所示。由圖 3-3 可知,雖然 GFI (=.958) > .9、AGFI(=.917) > .9、CFI(=.917) > .9,但

chi-square/df (=10.699)>3、RMSEA(= .098)> .08,未達標準值,必須進行刪題修正。

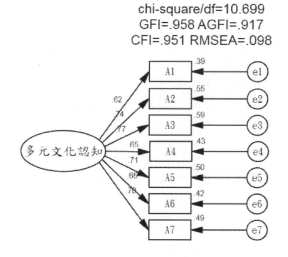

chi-square=149.785 df=14
chi-square/df=10.699
GFI=.958 AGFI=.917
CFI=.951 RMSEA=.098

圖 3-3 多元文化認知向度一階驗證性因素修正前分析圖

依據修正指標刪除 MI 值較高之題項,依序刪除多元文化認知 1、4 後各項指標均

符合標準,刪題後多元文化認知向度一階驗證性修正後分析圖如圖 3-4,GFI≧ .9、AGFI

≧ .9、CFI(=.917) > .9、chi-square/df <3、RMSEA < .08,配適度頗為理想。而「多元

文化認知 6」的因素負荷量為 .62,雖未達 .7 的標準,但仍是可接受的範圍,其餘各

項目均超過 .7 以上且未超過 .95 以上。

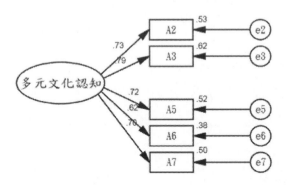

圖 3-4 多元文化認知向度一階驗證性修正後分析圖

由表3-31多元文化認知向度驗證性因素分析得知參數顯著性估計均為正數且顯

著,故無違犯估計。組合信度為 .837,超過 .7的標準;平均變異數萃取量為 .509,超

過.5的標準,配適度均在可接受的範圍,因此將刪除後的五個題項予以保留至下一階段

的分析,多元文化認知向度驗證性因素分析後題目內容如表3-32。

表 3-31 多元文化認知向度驗證性因素分析表

構面	題目	參數顯著性估計				因素負荷量	題目信度	標準化殘差	組成信度	收斂效度
		Unstd.	S.E.	t-value	P	std.	SMC	1-SMC	CR	AVE
多元文化認知	A2	1.000				.725	.526	.474	.837	.509
	A3	1.042	.047	22.039	***	.786	.618	.382		
	A5	.943	.046	20.555	***	.722	.521	.479		
	A6	.958	.054	17.789	***	.618	.382	.618		
	A7	.938	.047	20.095	***	.704	.496	.504		

*** $p < .001$

表 3-32 多元文化認知向度驗證性因素分析後題目內容

向度	新題號	題目內容
多元文	A1	在教學過程中，教師應該確保不同文化學生的學習權利。
化認知	A2	提供不同文化背景的學生共同學習或相處的機會，增加學生的文化包容力。
	A3	教師應以客觀的立場去瞭解班上不同文化背景的學生。
	A4	即使課程時間有限，仍然會提供比較好且有效的訊息及資源給不同文化的學生。
	A5	教師應引導學生對不同文化持正面評價。

（二）多元文化情意向度之驗證性因素分析

　　多元文化情意向度共有五個項目，自由度為 5×6/2=15df，共估計 5 個殘差加上 1

個變異數及 4 個因素負荷量，自由度大於估計參數，模型屬於過度辨識，符合理論上

模型正定的要求。執行 CFA 後，多元文化情意向度一階驗證性因素修正前分析圖如圖

3-5 所示。由圖 3-5 多元文化情意向度一階驗證性因素修正前分析可知，雖然 GFI (=.952)

> .9、CFI(=.923) > .9，但 AGFI(=.855). <9、chi-square/df (=23.468)>3、

RMSEA(= .149)> .08，未達標準值，必須進行刪題修正。

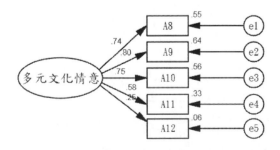

圖 3-5 多元文化情意向度一階驗證性因素修正前分析圖

　　依據修正指標刪除 MI 值較高之題項，依序刪除多元文化情意 12、11 後剩下 A8、

A9、A10 三題，多元文化情意向度一階驗證性修正後分析如圖 3-6 所示。根據 Kline

（2011）研究指出，二階 CFA 模型正定的條件為每個向度至少要有三個變數。因本研

究修正刪題後每個向度有三個變數，符合恰好辨識原則。

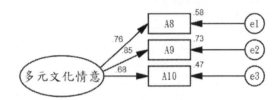

chi-square=.000 df=0
chi-square/df=\cmindf
GFI=1.000 AGFI=\agfi
CFI=\cfi RMSEA=\rmsea

圖 3-6 多元文化情意向度一階驗證性修正後分析圖

　　多元文化情意向度驗證性因素分析如表3-33所示。由表3-33多元文化情意向度驗證

性因素分析得知參數顯著性估計均為正數且顯著，顯見無違犯估計。

表 3-33　多元文化情意向度驗證性因素分析表

構面	題目	參數顯著性估計				因素負荷量	題目信度	標準化殘差	組成信度	收斂效度
		Unstd.	S.E.	t-value	P	std.	SMC	1-SMC	CR	AVE
多元文化情意	A8	1.000				.760	.578	.422	.810	.589
	A9	1.045	.051	20.587	***	.851	.724	.276		
	A10	.831	.042	19.754	***	.683	.466	.534		

　　組合信度為 .810，超過 .7的標準；平均變異數萃取量為 .589，超過.5的標準，配

適度均在可接受的範圍，因此將刪除後的三個題項予以保留，多元文化情意向度驗證

性因素分析後題目內容如表3-34。

表 3-34 多元文化情意向度驗證性因素分析後題目內容

向度	新題號	題目內容
多元文 化情意	A6	我能察覺自身的言行與價值觀，不會因族群文化的不同而有偏見 與刻板印象。
	A7	對於不同族群文化所造成的差異，我能以同理心看待並予以尊重。
	A8	我能參與多元文化議題的討論並尊重別人的意見。

（三）多元文化技能向度之驗證性因素分析

　　多元文化情意向度共有六個項目，自由度為 6×7/2=21df，共估計 6 個殘差加上 1

個變異數及 5 個因素負荷量，自由度大於估計參數，模型屬於過度辨識，符合理論上

模型正定的要求。執行 CFA 後，由圖 3-7 多元文化技能向度一階驗證性因素修正前分

析可知，雖然 GFI (=.975) > .9、AGFI(=.941) >. 9、CFI(=.965) > .9，但、chi-square/df

(=8.845)>3、RMSEA(= .088)> .08，未達標準值，須進行刪題修正。

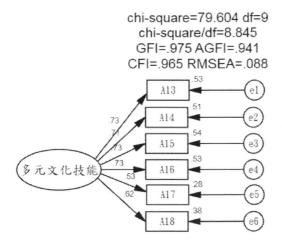

圖 3-7 多元文化技能向度一階驗證性因素修正前分析圖

依據修正指標刪除 MI 值較高之題項，依序刪除多元文化技能 13、17 後各項指標均符合標準，刪題後如圖 3-8 多元文化技能向度一階驗證性修正後分析，GFI≧ .9、AGFI≧ .9、CFI(=.917) > .9、chi-square/df <3、RMSEA < .08，配適度頗為理想。而「多元文化情意 18」、「多元文化情意 14」的因素負荷量分別為 .59、.67，雖未達 .7 的標準，但仍是可接受的範圍，其餘各項目均超過 .7 以上且未超過 .95 以上。

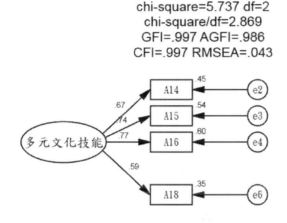

圖 **3-8** 多元文化技能向度一階驗證性修正後分析圖

多元文化技能向度驗證性因素分析如表3-35。由表3-35多元文化技能向度驗證性因素分析得知參數顯著性估計均為正數且顯著，顯見無違犯估計。組合信度為 .789，超過 .7的標準；平均變異數萃取量為 .486，接近.5的標準，配適度均在可接受的範圍，因此將刪除後的四個題項予以保留至下一階段的分析，多元文化技能向度驗證性因素分析後題目內容如表3-36。

表 3-35 多元文化技能向度驗證性因素分析表

構面	題目	參數顯著性估計				因素負荷量	題目信度	標準化殘差	組成信度	收斂效度
		Unstd.	S.E.	t-value	P	std.	SMC	1-SMC	CR	AVE
多元文化技能	A14	1.000				.671	.450	.550	.789	.486
	A15	1.255	.069	18.120	***	.736	.542	.458		
	A16	1.305	.071	18.469	***	.774	.599	.401		
	A18	.919	.059	15.508	***	.593	.352	.648		

*** $p < .001$

表 3-36 多元文化技能向度驗證性因素分析後題目內容

向度	新題號	題目內容
多元文化技能	A9	我對教學內容的解釋及舉例，能顧及文化差異及多元性。
	A10	我能因應不同族群文化學生的學習表現調整教學標準及評量方式。
	A11	我能設計讓不同文化背景的學生共同參與之學習活動。
	A12	我會找出讓少數族群兒童融入教室的方法，而不去改變其文化。

（四）多元文化素養構面之二階驗證性因素分析

　　教師多元文化素養包括「多元文化認知」、「多元文化情意」與「多元文化技能」三個向度，進行二階驗證性因素分析後，其結果如圖 3-9 多元文化素養二階驗證性因素分析所示。

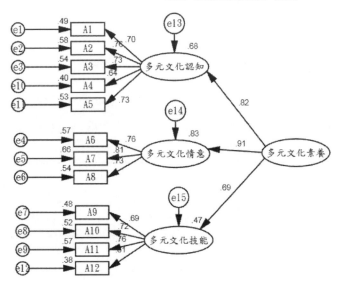

chi-square=237.997 df=51
chi-square/df=4.667
GFI=.961 AGFI=.940
CFI=.962 RMSEA=.060

圖 3-9 多元文化素養二階驗證性因素分析圖

　　以下分別就基本配適度指標、模式內在結構配適度指標、整體模式配適度指標及區別效度加以分析。首先，就基本配適度指標而言，如表 3-37 所示，誤差變異並沒有出現負值，符合建議值；因素負荷量介於 .686~.911 之間，均符合建議值介於 .5~. 95 之間，誤差變異亦都達顯著水準。因此就基本適配指數而言，模式並未發生違反估計情形。

　　就模式內在結構配適度指標而言，由表 3-37 多元文化素養構面二階驗證性分析可知，個別項目的信度介於.471~.830 之間，大部分≧ .5；組合信度為 .851 符合建議值≧ .7；平均變異數萃取量為.659 符合建議值≧ .5。因此，就模式內在結構配適度來看，大都符合配適程度，代表模式內在結構配適度良好。

表 3-37 多元文化素養構面二階驗證性分析表

構面	向度	Unstd	S.E.	t-value	P	Std	SMC	CR	AVE
多元文化素養	多元文化認知	1.000				.823	.677	.851	.659
	多元文化情意	1.245	.088	14.162	***	.911	.830		
	多元文化技能	.841	.064	13.051	***	.686	.471		

*** $p < .001$

　　其次，就整體模式配適度指標而言，由圖 3-9 可知，$\chi 2$ 值比率 ≤ 5、GFI 為 .961、AGFI 為 .940、CFI 為 .962，三者均達大於 .90 的建議值，；SRMR 為 .060，小於 .08 的建議值，在可接受的範圍內，配適度尚可。因此，就整體模式配適度而言，本模式具有良好的配適度。

　　最後，多元文化素養區別效度分析如表 3-38 所示，教師多元文化素養各向度之 AVE 平方根.697--.767 之間，且均大於各構面間的相關係數，顯示本量表具有良好的區別效度。

表 3-38 多元文化素養區別效度分析表

	AVE	多元文化技能	多元文化情意	多元文化認知
多元文化技能	.486	**.697***		
多元文化情意	.589	.624	**.767***	
多元文化認知	.509	.564	.710	**.713***

註：* 表示 AVE 平方根大於各構面間的相關係數

　　經上述的模型評鑑過程後，從模型的配適度、各題項的標準化回歸系數、收斂效度、區別效度的驗證，整體而言本模型的外在品質與內在品質頗佳，亦即模式之徑路圖與實際觀察資料之配適度良好，研究者所提的教師多元文化素養建構效度之驗證性因素分析之模式圖，獲得統計上的支持，適合進行下一步驟的結構模型分析。

二、跨文化溝通構面之驗證性因素分析

（一）接收訊息向度之驗證性因素分析

　　接收訊息向度共有五個項目，自由度為 5×6/2=15df，共估計 5 個殘差加上 1 個變異數及 4 個因素負荷量，自由度大於估計參數，模型屬於過度辨識，符合理論上模型正定的要求。執行 CFA 後，由圖 3-10 接收訊息向度一階驗證性因素修正前分析可知，雖然 GFI (=.975) > .9、AGFI(=.924) >. 9、CFI(=.960) > .9，但、chi-square/df (=12.849)>3、RMSEA(= .108)> .08，未達標準值，必須進行刪題修正。

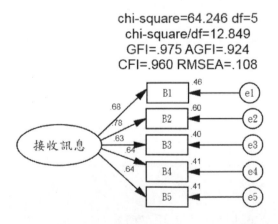

圖 3-10 接收訊息向度一階驗證性因素修正前分析圖

　　依據修正指標刪除 MI 值較高之題項，依序刪除接收訊息 B4、B1 後剩下 B2、B3、B5 三題如圖 3-11 接收訊息向度一階驗證性修正後分析，根據 Kline（2011）研究指出，

二階 CFA 模型正定的條件為每個向度至少要有三個變數。因本研究修正刪題後每個向度有三個變數，符合恰好辨識原則。

chi-square=.000 df=0
chi-square/df=\cmindf
GFI=1.000 AGFI=\agfi
CFI=\cfi RMSEA=\rmsea

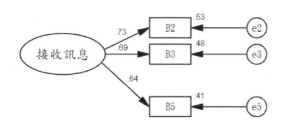

圖 3-11 接收訊息向度一階驗證性修正後分析圖

由表3-39接收訊息向度驗證性因素分析得知參數顯著性估計均為正數且顯著，顯見無違犯估計。組合信度為 .729，超過 .7的標準；平均變異數萃取量為 .473，接近.5的標準，配適度均在可接受的範圍，因此將刪除後的三個題項予以保留至下一階段的分析，接收訊息向度驗證性因素分析後題目內容如表3-40。

表 3-39 接收訊息向度驗證性因素分析表

構面	題目	參數顯著性估計				因素負荷量	題目信度	標準化殘差	組成信度	收斂效度
		Unstd.	S.E.	t-value	P	std.	SMC	1-SMC	CR	AVE
接收訊息	B2	1.000				.727	.529	.471	.729	.473
	B3	1.126	.078	14.476	***	.693	.480	.520		
	B5	.986	.068	14.417	***	.640	.410	.590		

表 3-40 接收訊息向度驗證性因素分析後題目內容

向度	新題號	題目內容
接收訊息	B1	在跨文化情境中，我知道根據不同情境選擇合適的溝通方式和態度。
	B2	在與不同文化背景的學生溝通時，我能看出對方的行為是有其文化背景因素。
	B3	在與不同文化背景的學生溝通時，對方能夠清楚理解我要表達的意思。

（二）理解意義向度之驗證性因素分析

　　理解意義向度共有五個項目，自由度為 5×6/2=15df，共估計 5 個殘差加上 1 個變異數及 4 個因素負荷量，自由度大於估計參數，模型屬於過度辨識，符合理論上模型正定的要求。執行 CFA 後，由圖 3-12 理解意義向度一階驗證性因素修正前分析可知，GFI (=.896) < .9、AGFI(=.688) <. 9、CFI(=.852) < .9，chi-square/df (=52.630)>3、RMSEA(= .226)> .08，均未達標準值，必須進行刪題修正。

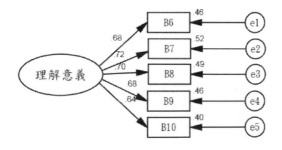

chi-square=263.151 df=5
chi-square/df=52.630 p=.000
GFI=.896 AGFI=.688
CFI=.852 RMSEA=.226

圖 3-12 理解意義向度一階驗證性因素修正前分析圖

　　依據修正指標刪除 MI 值較高之題項，依序刪除理解意義 B7、B8 後剩下 B6、B9、B10 三題如圖 3-13 理解意義向度一階驗證性修正後分析。根據 Kline（2011）研究指出，

二階 CFA 模型正定的條件為每個向度至少要有三個變數。因本研究修正刪題後每個向

度有三個變數，符合恰好辨識原則。

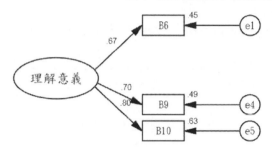

chi-square=.000 df=0
chi-square/df=\cmindf p=\p
GFI=1.000 AGFI=\agfi
CFI=\cfi RMSEA=\rmsea

圖 3-13 理解意義向度一階驗證性修正後分析圖

理解意義向度驗證性因素分析如表3-41。由表3-41理解意義向度驗證性因素分析得

知參數顯著性估計均為正數且顯著，顯見無違犯估計。組合信度為 .768，超過 .7的標

準；平均變異數萃取量為 .525，超過.5的標準，配適度均在可接受的範圍，因此將刪

除後的三個題項予以保留至下一階段的分析，理解意義向度驗證性因素分析後題目內

容如表3-42。

表 3-41 理解意義向度驗證性因素分析表

構面	題目	參數顯著性估計				因素負荷量	題目信度	標準化殘差	組成信度	收斂效度
		Unstd.	S.E.	t-value	P	std.	SMC	1-SMC	CR	AVE
理解意義	B6	1.000				.671	.450	.550	.768	.525
	B9	1.111	.066	16.848	***	.701	.491	.509		
	B10	1.351	.081	16.612	***	.797	.635	.365		

*** *p* < .001

表 **3-42** 理解意義向度驗證性因素分析後題目內容

向度	新題號	題目內容
理解意義	B4	在與不同文化背景的學生溝通時，如果學生遇到理解上的困難，我能即時覺察出來。
	B5	在與不同文化背景的學生溝通時，我非常注意觀察文化上的差異。
	B6	在與文化截然不同的學生談話時，我能敏銳地察覺對方表達中的微妙含義。

（三）溝通技能向度之驗證性因素分析

溝通技能向度共有六個項目，自由度為 6×7/2=21df，共估計 6 個殘差加上 1 個變異數及 5 個因素負荷量，自由度大於估計參數，模型屬於過度辨識，符合理論上模型正定的要求。執行 CFA 後，由圖 3-14 溝通技能向度一階驗證性因素修正前分析可知，GFI (=.974) > .9、AGFI(=.939) >. 9、CFI(=.972) > .9，但 chi-square/df (=8.972)>3、RMSEA(= .089)> .08，未達標準值，必須進行刪題修正。

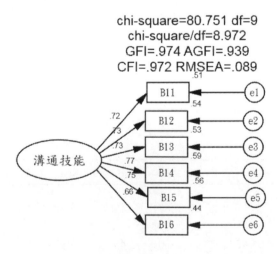

圖 **3-14** 溝通技能向度一階驗證性因素修正前分析圖

依據修正指標刪除 MI 值較高之題項，依序刪除溝通技能 B11、B15 後各項指標均符合標準，刪題後如圖 3-15 溝通技能向度一階驗證性修正後分析，GFI≧ .9、AGFI ≧ .9、CFI(=.917) > .9、chi-square/df <3、RMSEA < .08，配適度頗為理想。而「溝通技能 16」的因素負荷量為 .63，雖未達 .7 的標準，但仍是可接受的範圍，其餘各項目均超過 .7 以上且未超過 .95 以上。

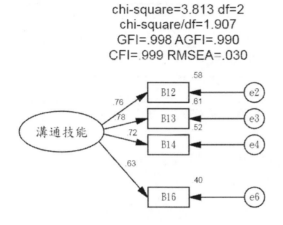

圖 3-15 溝通技能向度一階驗證性修正後分析圖

溝通技能向度驗證性因素分析如表3-43。由表3-43溝通技能向度驗證性因素分析得知參數顯著性估計均為正數且顯著，顯見無違犯估計。組合信度為 .815，超過 .7的標準；平均變異數萃取量為 .526，超過.5的標準，配適度均在可接受的範圍，因此將刪除後的四個題項予以保留至下一階段的分析，溝通技能向度驗證性因素分析後題目內容如表3-44。

表 3-43 溝通技能向度驗證性因素分析表

構面	題目	參數顯著性估計				因素負荷量	題目信度	標準化殘差	組成信度	收斂效度
		Unstd.	S.E.	t-value	P	std.	SMC	1-SMC	CR	AVE
溝通技能	B12	1.000				.760	.578	.422	.815	.526
	B13	1.082	.050	21.552	***	.778	.605	.395		
	B14	1.028	.050	20.559	***	.724	.524	.476		
	B16	.772	.043	18.097	***	.629	.396	.604		

*** $p < .001$

表 3-44 溝通技能向度驗證性因素分析後題目內容

向度	新題號	題目內容
溝通技能	B7	在與不同文化背景的學生溝通時，我知道在什麼情況下可以分享自己的個人感受。
	B8	在與不同文化背景的學生溝通時，我知道何時該轉換話題、何時該結束談話。
	B9	在與不同文化背景的學生溝通時，我能準確地理解對方的感受。
	B10	在與不同文化背景的學生溝通時，我能夠根據對方的溝通方式來調整自己。

（四）跨文化溝通構面之二階驗證性因素分析

　　跨文化溝通包括「接收訊息」、「理解意義」與「溝通技能」三個向度，進行二階驗證性因素分析後，其結果如圖 3-16 跨文化溝通二階驗證性因素分析所示。

chi-square=123.276 df=32
chi-square/df=3.852
GFI=.976 AGFI=.959
CFI=.978 RMSEA=.053

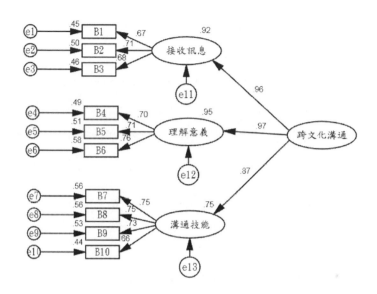

圖 3-16 跨文化溝通二階驗證性因素分析圖

　　以下分別就基本配適度指標、模式內在結構配適度指標、整體模式配適度指標及區別效度加以分析。首先,就基本配適度指標而言,如表 3-45 跨文化溝通構面二階驗證性分析所示,誤差變異並沒有出現負值,符合建議值;因素負荷量介於 .866~ .973 之間,均符合建議值,誤差變異亦都達顯著水準。因此就基本適配指數而言,模式並未發生違反估計情形。

　　就模式內在結構配適度指標而言,由表 3-45 可知,個別項目的信度介於 .750~ .947 之間均達≧ .5 的標準;組合信度為 .953 符合建議值≧ .7;平均變異數萃取量為.871 符合建議值≧ .5。因此,就模式內在結構配適度來看,大都符合配適程度,代表模式內在結構配適度良好。

表 3-45 跨文化溝通構面二階驗證性分析表

構面	向度	Unstd	S.E.	t-value	P	Std	SMC	CR	AVE
	接收訊息	1.000				.957	.916	.953	.871
跨文化溝通	理解意義	1.192	.069	17.172	***	.973	.947		
	溝通技能	1.114	.064	17.477	***	.866	.750		

*** $p < .001$

其次，就整體模式配適度指標而言，由圖 3-16 可知，$\chi 2$ 值比率≦5、GFI 為 .976、

AGFI 為 .959、CFI 為 .978，三者均達大於 .90 的建議值，；SRMR 為 .053，小於 .08

的建議值，在可接受的範圍內，配適度尚可。因此，就整體模式配適度而言，本模式

具有良好的配適度。

最後，跨文化溝通區別效度分析如表 3-46 所示，跨文化溝通各向度之 AVE 平方根

介於.688--.725 之間，且均大於各構面間的相關係數，顯示本量表具有良好的區別效度。

表 3-46 跨文化溝通區別效度分析表

	AVE	溝通技能	理解意義	接收訊息
溝通技能	.526	**.725***		
理解意義	.525	.722	**.725***	
接收訊息	.473	.628	.631	**.688***

註：* 表示 AVE 平方根大於各構面間的相關係數

經上述的模型評鑑過程後，從模型的配適度、各題項的標準化迴歸系數、收斂效

度、區別效度的驗證，整體而言本模型的外在品質與內在品質頗佳，亦即模式之徑路

圖與實際觀察資料之配適度良好，研究者所提的跨文化溝通建構效度之驗證性因素分

析之模式圖，獲得統計上的支持，適合進行下一步驟的結構模型分析。

三、教學效能構面之驗證性因素分析

（一）教學計畫向度之驗證性因素分析

　　教學計畫向度共有六個項目，自由度為 6×7/2=21df，共估計 6 個殘差加上 1 個變

異數及 5 個因素負荷量，自由度大於估計參數，模型屬於過度辨識，符合理論上模型

正定的要求。執行 CFA 後，由圖 3-17 教學計畫向度一階驗證性因素修正前分析可知，

GFI (=.959) > .9、AGFI(=.904) >. 9、CFI(=.960) > .9，但 chi-square/df (=13.641)>3、

RMSEA(= .112)> .08，未達標準值，必須進行刪題修正。

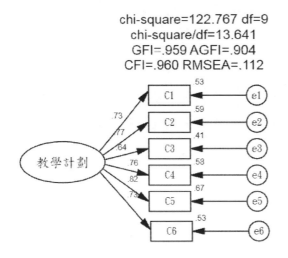

圖 3-17 教學計畫向度一階驗證性因素修正前分析圖

　　依據修正指標刪除 MI 值較高之題項，依序刪除教學計畫 C1、C6 後各項指標均符

合標準，刪題後如圖 3-18 教學計畫向度一階驗證性修正後分析，GFI≧ .9、AGFI≧ .9、

CFI(=.917) > .9、chi-square/df <3、RMSEA < .08，配適度頗為理想。而「教學計畫 3」

的因素負荷量為 .65，雖未達 .7 的標準，但仍是可接受的範圍，其餘各項目均超過 .7

以上且未超過 .95 以上。

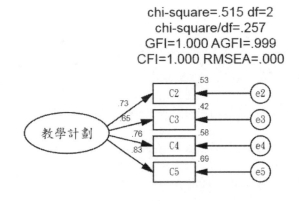

chi-square=.515 df=2
chi-square/df=.257
GFI=1.000 AGFI=.999
CFI=1.000 RMSEA=.000

圖 3-18 教學計畫向度一階驗證性修正後分析圖

　　教學計畫向度驗證性因素分析如表3-47。由表3-47教學計畫向度驗證性因素分析得

知參數顯著性估計均為正數且顯著，顯見無違犯估計。組合信度為 .834，超過 .7的標

準；平均變異數萃取量為 .558，超過.5的標準，配適度均在可接受的範圍，因此將刪

除後的四個題項予以保留至下一階段的分析，教學計畫向度驗證性因素分析後題目內

容如表3-48。

表 3-47　教學計畫向度驗證性因素分析表

構面	題目	參數顯著性估計				因素負荷量	題目信度	標準化殘差	組成信度	收斂效度
		Unstd.	S.E.	t-value	P	std.	SMC	1-SMC	CR	AVE
教學計劃	C2	1.000				.729	.531	.469	.834	.558
	C3	.791	.042	18.820	***	.652	.425	.575		
	C4	1.114	.051	21.759	***	.765	.585	.415		
	C5	1.140	.050	22.832	***	.831	.691	.309		

*** $p < .001$

表 3-48　教學計畫向度驗證性因素分析後題目內容

向度	新題號	題目內容
教學計畫	C1	我會針對不同文化背景的學生依據教學目標來設計教學活動，以有效掌握目標。
	C2	我會融入不同的文化資料來豐富教材內容。
	C3	我會事先安排不同文化背景的學生或學習小組的任務，以掌握教學流程及學習進度。
	C4	我面對不同文化背景的學生會先做好教學計劃並精熟教學內容後，再進行教學。

（二）教學策略向度之驗證性因素分析

　　教學策略向度共有五個項目，自由度為 5×6/2=15df，共估計 5 個殘差加上 1 個變異數及 4 個因素負荷量，自由度大於估計參數，模型屬於過度辨識，符合理論上模型正定的要求。執行 CFA 後，由圖 3-19 教學策略向度一階驗證性因素修正前分析可知，GFI (=.986) > .9、AGFI(=.958) >. 9、CFI(=.984) > .9、RMSEA(= .077)< .08，但 chi-square/df

(=6.959)>3，未達標準值，須進行刪題修正。

chi-square=34.793 df=5
chi-square/df=6.959
GFI=.986 AGFI=.958
CFI=.984 RMSEA=.077

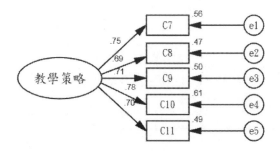

圖 3-19 教學策略向度一階驗證性因素修正前分析圖

依據修正指標刪除 MI 值較高之題項，依序刪除教學策略 C1、C6 後各項指標均符

合標準，刪題後如圖 3-20 學策略向度一階驗證性修正後分析，GFI≧ .9、AGFI≧ .9、

CFI(=.917) > .9、chi-square/df <3、RMSEA < .08，配適度頗為理想。而「教學策略 3」

的因素負荷量為 .65，雖未達 .7 的標準，但仍是可接受的範圍，其餘各項目均超過 .7

以上且未超過 .95 以上。

chi-square=4.999 df=2
chi-square/df=2.499
GFI=.998 AGFI=.988
CFI=.998 RMSEA=.039

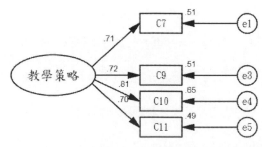

圖 3-20 教學策略向度一階驗證性修正後分析圖

　　教學策略向度驗證性因素分析如表3-49。由表3-49教學策略向度驗證性因素分析得

知參數顯著性估計均為正數且顯著，顯見無違犯估計。組合信度為 .824，超過 .7的標

準；平均變異數萃取量為 .541，超過.5的標準，配適度均在可接受的範圍，因此將刪

除後的四個題項予以保留至下一階段的分析，教學策略向度驗證性因素分析後題目內

容如表3-50。

表 3-49 教學策略向度驗證性因素分析表

構面	題目	參數顯著性估計				因素負荷量	題目信度	標準化殘差	組成信度	收斂效度
		Unstd.	S.E.	t-value	P	std.	SMC	1-SMC	CR	AVE
教學策略	C7	1.000				.714	.510	.490	.824	.541
	C9	1.124	.057	19.746	***	.716	.513	.487		
	C10	1.145	.054	21.338	***	.808	.653	.347		
	C11	1.044	.054	19.337	***	.698	.487	.513		

*** $p < .001$

表 3-50 教學策略向度驗證性因素分析後題目內容

向度	新題號	題目內容
教學策略	C5	我會以問題形式，由淺而深探詢不同文化背景的學生是否真正瞭解教學內容。
	C6	我會配合教學的需要，針對不同文化背景的學生以分組活動的方式進行教學。
	C7	我會改變教學活動的方式以維持不同文化背景的學生的學習注意力。
	C8	我會依據不同文化背景的學生評量的結果，調整教學的進度、難易度或方法。

（三）師生互動向度之驗證性因素分析

　　師生互動向度共有五個項目，自由度為 5×6/2=15df，共估計 5 個殘差加上 1 個變

異數及 4 個因素負荷量，自由度大於估計參數，模型屬於過度辨識，符合理論上模型

正定的要求。執行 CFA 後，由圖 3-21 師生互動向度一階驗證性因素修正前分析可知，

GFI (=.990) > .9、AGFI(=.969) >. 9、CFI(=.988) > .9、RMSEA(= .064)< .08，但 chi-square/df

(=5.169)>3，未達標準值，須進行刪題修正。

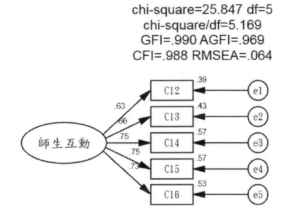

chi-square=25.847 df=5
chi-square/df=5.169
GFI=.990 AGFI=.969
CFI=.988 RMSEA=.064

圖 3-21 師生互動向度一階驗證性因素修正前分析圖

　　依據修正指標刪除 MI 值較高之題項，依序刪除師生互動 C16 後各項指標均符合

標準，刪題後如圖 3-22 師生互動向度一階驗證性修正後分析，GFI≧ .9、AGFI≧ .9、

CFI(=.917) > .9、chi-square/df <3、RMSEA < .08，配適度頗為理想。而「師生互動 12」、

「師生互動 13」的因素負荷量分別為 .63、.67，雖未達 .7 的標準，但仍是可接受的範

圍，其餘各項目均超過 .7 以上且未超過 .95 以上。

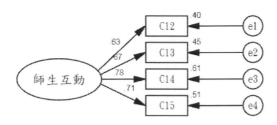

chi-square=3.542 df=2
chi-square/df=1.771
GFI=.998 AGFI=.991
CFI=.999 RMSEA=.028

圖 3-22 師生互動向度一階驗證性修正後分析圖

師生互動向度驗證性因素分析表3-51。由表3-51師生互動向度驗證性因素分析得知參數顯著性估計均為正數且顯著，顯見無違犯估計。組合信度為 .824，超過 .7的標準；平均變異數萃取量為 .541，超過.5的標準，配適度均在可接受的範圍，因此將刪除後的四個題項予以保留至下一階段的分析，師生互動向度驗證性因素分析後題目內容如表3-52。

表 3-51 師生互動向度驗證性因素分析表

構面	題目	參數顯著性估計				因素負荷量	題目信度	標準化殘差	組成信度	收斂效度
		Unstd.	S.E.	t-value	P	std.	SMC	1-SMC	CR	AVE
師生互動	C12	1.000				.630	.397	.603	.794	.492
	C13	1.131	.069	16.342	***	.673	.453	.547		
	C14	1.158	.066	17.577	***	.779	.607	.393		
	C15	1.139	.067	16.941	***	.714	.510	.490		

*** $p < .001$

表 3-52 師生互動向度驗證性因素分析後題目內容

向度	新題號	題目內容
師生互動	C9	我會給予不同文化背景的學生足夠的時間進行發問和討論。
	C10	我會迅速排除不同文化背景的學生在課堂中所突發的問題。
	C11	我會對不同文化背景的學生的行為表現建立合宜的期望。
	C12	我會發掘不同文化背景的學生的優勢能力及興趣並鼓勵他們進一步學習或研究。

（四）學習氣氛向度之驗證性因素分析

學習氣氛向度共有六個項目，自由度為 6×7/2=21df，共估計 6 個殘差加上 1 個變異數及 5 個因素負荷量，自由度大於估計參數，模型屬於過度辨識，符合理 論上模型正定的要求。執行 CFA 後，由圖 3-23 學習氣氛向度一階驗證性因素修正前分析可知，GFI (=.948) > .9、CFI(=.950) > .9，但 AGFI(=.878) < .9、RMSEA(= .125) > .08、chi-square/df (=16.863)>3，未達標準值，必須進行刪題修正。

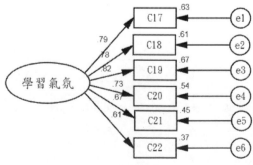

chi-square=151.764 df=9
chi-square/df=16.863
GFI=.948 AGFI=.878
CFI=.950 RMSEA=.125

圖 3-23 學習氣氛向度一階驗證性因素修正前分析圖

依據修正指標刪除 MI 值較高之題項，依序刪除學習氣氛 C21、C18 後各項指標均符合標準，刪題後如圖 3-24 學習氣氛向度一階驗證性修正後分析，GFI≧ .9、AGFI ≧ .9、CFI(=.917) > .9、chi-square/df <3、RMSEA < .08，配適度頗為理想。而「學習氣氛 22」的因素負荷量分別為 .61，雖未達 .7 的標準，但仍是可接受的範圍，其餘各項目均超過 .7 以上且未超過 .95 以上。

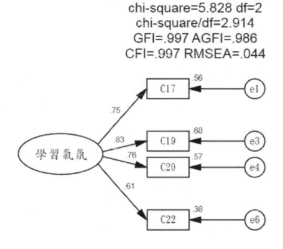

圖 3-24 學習氣氛向度一階驗證性修正後分析圖

學習氣氛向度驗證性因素分析如表3-53所示。由表3-53學習氣氛向度驗證性因素分析得知參數顯著性估計均為正數且顯著，顯見無違犯估計。組合信度為 .827，超過 .7 的標準；平均變異數萃取量為 .547，超過.5的標準，配適度均在可接受的範圍，因此將刪除後的四個題項予以保留至下一階段的分析，學習氣氛向度驗證性因素分析後題目內容如表3-54。

表 3-53 學習氣氛向度驗證性因素分析表

構面	題目	參數顯著性估計				因素負荷量 std.	題目信度 SMC	標準化殘差 1-SMC	組成信度 CR	收斂效度 AVE
		Unstd.	S.E.	t-value	P					
學習氣氛	C17	1.000				.747	.558	.442	.827	.547
	C19	1.128	.049	23.051	***	.825	.681	.319		
	C20	1.039	.047	21.918	***	.757	.573	.427		
	C22	.937	.052	17.957	***	.614	.377	.623		

*** $p < .001$

表 3-54 學習氣氛向度驗證性因素分析後題目內容

向度	新題號	題目內容
學習氣氛	C13	我會對有特殊學習困難的不同文化背景的學生，表達善意和幫助。
	C14	我會提醒學生相互尊重不同文化，共同維護融洽的學習環境。
	C15	我會營造教室裡和諧愉快的學習氣氛。
	C16	我會提供實例讓學生瞭解文化偏見如何影響人們的行為。

（五）教學效能構面之二階驗證性因素分析

教學效能包括「教學計畫」、「教學策略」、「師生互動」與「學習氣氛」四個向度，進行二階驗證性因素分析後，其結果如圖 3-25 教學效能二階驗證性因素分析所示。

chi-square=500.924 df=100
chi-square/df=5.009
GFI=.939 AGFI=.916
CFI=.948 RMSEA=.063

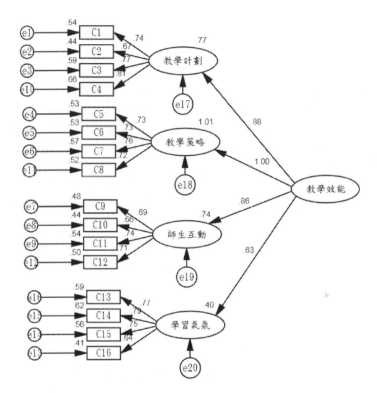

圖 3-25 教學效能二階驗證性因素分析圖

　　以下分別就基本配適度指標、模式內在結構配適度指標、整體模式配適度指標及區別效度加以分析。首先，就基本配適度指標而言，如表 3-55 教學效能構面二階驗證性分析所示，誤差變異並沒有出現負值，符合建議值；因素負荷量介於 .631~ 1.003 之間，大部分符合建議值，誤差變異亦都達顯著水準。因此就基本適配指數而言，模式並未發生違反估計情形。

就模式內在結構配適度指標而言，由表 3-55 可知，個別項目的信度介於.398~ 1.000

之間，大部分都≥ .5 的標準；組合信度為 .912 符合建議值≥ .7；平均變異數萃取量

為.727 符合建議值≥ .5。因此，就模式內在結構配適度來看，大都符合配適程度，代

表模式內在結構配適度良好。

表 3-55 教學效能構面二階驗證性分析表

構面	向度	Unstd.	S.E.	t-value	P	Std	SMC	CR	AVE
	教學計劃	1.000				.876	.767	.912	.727
教學效能	教學策略	.980	.050	19.688	***	1.000	1.000		
	師生互動	.819	.049	16.687	***	.858	.736		
	學習氣氛	.612	.042	14.591	***	.631	.398		

*** $p < .001$

其次，就整體模式配適度指標而言，由圖 3-25 可知，$\chi 2$ 值比率接近≦5、GFI

為 .939、AGFI 為 .916、CFI 為 .948，三者均達大於 .90 的建議值，；SRMR 為 .063，

小於 .08 的建議值，在可接受的範圍內，配適度尚可。因此，就整體模式配適度而言，

本模式具有良好的配適度。

最後，教學效能區別效度分析如表 3-56 所示，教學效能各向度之 AVE 平方根介

於.701-.747 之間，且均大於各構面間的相關係數，顯示本量表具有良好的區別效度。

表 3-56 教學效能區別效度分析表

	AVE	學習氣氛	師生互動	教學策略	教學計劃
學習氣氛	.547	**.740***			
師生互動	.492	.700	**.701***		
教學策略	.541	.599	.649	**.736***	
教學計劃	.558	.504	.612	.700	**.747***

註：* 表示 AVE 平方根大於各構面間的相關係數

　　經上述的模型評鑑過程後，從模型的配適度、各題項的標準化回歸系數、收斂效度、區別效度的驗證，整體而言本模型的外在品質與內在品質頗佳，亦即模式之徑路圖與實際觀察資料之配適度良好，研究者所提的教學效能建構效度之驗證性因素分析之模式圖，獲得統計上的支持，適合進行下一步驟的結構模型分析。

第六節　資料處理

　　為探究國民小學教師多元文化素養、跨文化溝通與教學效能之關係，本研究進行之統計分析模式包括因素分析、描述性統計、獨立樣本 t 檢定、變異數分析（ANOVA）、皮爾森積差相關(Pearson's product-momentcorr.;*r*)與結構方程模式(Structural Equation Modeling)，使用之資料分析方法分述如下：

壹、因素分析

　　主要做為工具效度分析之用。本研究測量調查樣本教師多元文化素養、跨文化溝

通與教學效能的量表題目總共為 70 題，為了更簡潔描述這些題目之間的交互關係，並

將變項予以概念化，本研究運用探索性因素分析，找出這些題目之間的共同因素，以

利進行後續的統計分析。

貳、描述性統計

以次數分配、平均數、標準差與百分比等描述性統計，做為調查樣本的個人背景

（包括性別、年齡、最高學歷與在校擔任職務）、學校背景變項（包括學校位置、規模

與區域）等之描述統計分析，以呈現本研究調查樣本的分配情形，並進一步比較母群

體分配情形。

參、獨立樣本 t 檢定

以受試者的基本資料為自變項，以「教師多元文化素養」、「跨文化溝通」及「教

學效能」為依變項，進行 t 檢定，分析不同性別之國民小學教師多元文化素養、跨文化

溝通與教學效能整體及各層面是否有差異。同時針對有差異的變項進行事後比較。

肆、變異數分析（one-way ANOVA）

用以比較不同背景變項（年齡、最高學歷、在校擔任職務、學校位置、學校規模、

學校區域）在國民小學教師在多元文化素養、跨文化溝通與教學效能各分量表之差異

情形。其中，單因子變異數分析若差異達顯著水準，再以雪費事後比較法（scheffe' method）

進行事後比較;而若在變異數同質性檢定中發現變異數為不同質時，則以 Games-Howell

法進行事後比較。

伍、皮爾森積差相關(Pearson'sproduct-momentcorr.;*r*)

　　以皮爾森積差相關探討國民小學教師在多元文化素養與跨文化溝通、跨文化溝通與教學效能以及國民小學教師在多元文化素養與教學效能等之相關情形。

陸、結構方程模式（Structural Equation Modeling）

　　做為探討國民小學教師多元文化素養、跨文化溝通與教學效能的可能影響結構，本研究以 AMOS(Analysis of Moment Structure) 20 統計軟體進行潛在變項路徑分析（path analysis with latent variables,PA-LV）。分析模型包括多元文化素養、跨文化溝通與教學效能的測量模式（measurement model），以及多元文化素養、跨文化溝通對教學效能影響的結構模式（structural model）。

第四章 實證研究結果分析與討論

本章依據本研究架構分為四節，第一節教師多元文化素養、跨文化溝通與教學效能現況分析；第二節教師多元文化素養、跨文化溝通與教學效能之差異情形；第三節教師多元文化素養、跨文化溝通與教學效能之相關分析；第四節教師多元文化素養、跨文化溝通與教學效能之結構方程模式影響效果分析，依序探討如下。

第一節　教師多元文化素養、跨文化溝通與教學效能現況分析

本節藉由問卷調查所得之資料，以各構面或各題平均分數及標準差作為分析比較之依據，以探討國民小學教師在教師多元文化素養、跨文化溝通與教學效能之現況。

壹、研究樣本特性之現況分析

在回收樣本資料部分，研究者利用 SPSS 20.0 統計軟體中描述性統計的次數分配表，透過有效樣本的個人與學校背景資料之填答整理成研究樣本背景資料分析表如表4-1。

表 4-1　研究樣本背景資料分析表

背景變項	分項	次數（人）	百分比（%）
性別	男	335	33.2
	女	675	66.8
年齡	20 以上未滿 30 歲	98	9.7
	30 以上未滿 40 歲	268	26.5
	40 以上未滿 50 歲	519	51.4
	50 歲以上	125	12.4
最高學歷	師專、師範或教育大學	177	17.5

（續下頁）

背景變項	分項	次數（人）	百分比（％）
	一般大學	170	16.8
	碩士以上	663	65.6
教學年資	未滿 10 年	211	20.9
	10 年以上未滿 15 年	190	18.8
	15 年以上未滿 20 年	251	24.9
	20 年以上	358	35.4
在校擔任職務	科任教師	241	23.9
	級任導師	419	41.5
	教師兼行政	350	34.7
學校位置	都市區	334	33.1
	一般鄉鎮	432	42.8
	偏遠	244	24.2
學校規模	12 班以下	371	36.7
	13-48 班	465	46.0
	49 班以上	174	17.2
學校區域	北部	268	26.5
	中部	329	32.6
	南部	308	30.5
	東部	105	10.4

n=1,010

　　從表 4-1 中可以發現，個人背景資料方面，性別的部分，女性人數多於男性，女性為 66.8%，男生為 33.2 %；在年齡部分，未滿 30 歲者佔 9.7 %，30 歲以上未滿 40 歲者佔 26.5%，40 歲以上未滿 50 歲者佔 51.4%，50 歲以上者佔 12.4%；在最高學歷的部分，以碩士以上者為最多，佔 65.6%，師專、師範或教育大學次之，佔 17.5%，一般大學佔 16.8%最少；在教學年資的部分，以 20 年以上者為最多，佔 35.4%，15 年以上未滿 20 年佔 24.9%，未滿 10 年佔 20.9%，10 年以上未滿 15 年佔 18.8%。

在校擔任職務的部分，級任導師佔 41.5%，教師兼行政佔 34.7%，科任教師佔 23.9%；在學校背景資料方面，學校位置的部分，一般鄉鎮 42.8%，都市區 33.1%，偏遠 28.8%；在學校規模的部分，「13-48 班」、「12 班以下」、「49 班以上」所佔百分比分別為 46.0%、36.7%及 17.2%；在學校區域部分，中部 32.6%，南部 30.5%，北部 26.5%，東部 10.4%。

依據教育部（2018）教育統計資料顯示，國民小學男女教師比率，男教師 29.50%、女教師 70.50%；年齡比率方面，40 以上未滿 50 歲 45.87%、50 歲以上 12.01%；最高學歷方面，碩士以上 47.82%、一般大學 14.39%；教學年資方面，20 年以上 29.95%、未滿 10 年 23.32%；將此資料與本研究分析樣本分布相互對照，本研究的樣本是有其代表性存在。

貳、國民小學教師多元文化素養現況分析

國民小學教師在教師多元文化素養現況分析討論如下。

一、 教師多元文化素素養各構面現況分析討論

本研究將教師多元文化素養之構面因素分成多元文化認知、多元文化情意及多元文化技能等三個分構面，國民小學教師多元文化素養量表各構面分析如表 4-2 所示。

表 4-2 國民小學教師多元文化素養量表各構面分析摘要表

構面名稱	平均數	標準差	題數
多元文化認知	4.45	.46	5
多元文化情意	4.36	.50	3
多元文化技能	3.84	.51	4
整體平均數	4.23	.40	12

n=1,010

從表 4-2 中發現對於之國民小學教師多元文化素養現況分析討論如下：

(一)整體而言，國民小學教師多元文化素養總量表平均為 4.23，可見國民小學教師多元文化素養屬於高程度。各構面平均得分介 3.84—4.45 之間，與平均值 3 分相較，屬中上程度與高程度之間，在五點量表中即介於同意與非常同意之間。

綜合上述分析，國民小學教師在整體多元文化素養之平均為高程度，此研究結果與蔡純純（2006）、賴怡珮（2007）、朱嬿蓉（2007）、陳淑玲（2008）、郭阿月（2008）、洪巧珣（2010）、彭逸芳（2011）、余明仁（2012）等研究結果相類似。

(二)從各子構面分析結果的原始分數看來，以「多元文化認知」(M=4.45)之得分最高，依次為「多元文化情意」(M=4.36)、「多元文化技能」(M=3.84)。雖然多元文化技能得分較低，但仍高於平均數 3 以上，屬於中上程度。

在多元文化素養各層面以多元文化認知高於多元文化情意，而多元文化情意高於多元文化技能，此研究結果與朱嬿蓉（2007）、陳淑玲（2008）、徐紹知（2011）的研究結果相似。在「多元文化技能」層面較低，但也達中上程度，與楊玉珠（2010）、顏任珮（2012）之研究結果相似，均顯示國民小學教師多元文化素養現況良好。

二、教師多元文化素養各分構面題項現況分析討論

本研究針對教師多元文化素養各分構面題項現況分析，其結果如表 4-3。

表 4-3 教師多元文化素養量表各題項分析

構面	題目內容	平均數	標準差
多元文化認知	在教學過程中，教師應該確保不同文化學生的學習權利。	4.55	.59
	提供不同文化背景的學生共同學習或相處的機會，增加學生的文化包容力。	4.49	.57
	教師應以客觀的立場去瞭解班上不同文化背景的學生。	4.57	.56
	即使課程時間有限，仍然會提供比較好且有效的訊息及資源給不同文化的學生。	4.14	.67
	教師應引導學生對不同文化持正面評價。	4.49	.57
多元文化情意	我能察覺自身的言行與價值觀，不會因族群文化的不同而有偏見與刻板印象。	4.29	.61
	對於不同族群文化所造成的差異，我能以同理心看待並予以尊重。	4.43	.57
	我能參與多元文化議題的討論並尊重別人的意見。	4.36	.57
多元文化技能	我對教學內容的解釋及舉例，能顧及文化差異及多元性。	3.96	.60
	我能因應不同族群文化學生的學習表現調整教學標準及評量方式。	3.81	.69
	我能設計讓不同文化背景的學生共同參與之學習活動。	3.76	.68
	我會找出讓少數族群兒童融入教室的方法，而不去改變其文化。	3.85	.63

n=1,010

從表 4-3 中發現多元文化認知構面各題平均得分都在平均數 4 以上，可見國民小學教師多元文化認知在高程度；在多元文化情意構面各題平均得分都在平均數 4 以上，可見國民小學教師多元文化情意在高程度；在多元文化技能構面各題平均得分都在平均數 3 以上，可見國民小學教師多元文化認知在中上程度。

在多元文化認知構面各題中,以「教師應以客觀的立場去瞭解班上不同文化背景的學生」得分最高(M=4.57),其次為「在教學過程中,教師應該確保不同文化學生的學習權利」(M=4.55),「提供不同文化背景的學生共同學習或相處的機會,增加學生的文化包容力」(M=4.49)、「教師應引導學生對不同文化持正面評價」(M=4.49);而得分較低的為「我能設計讓不同文化背景的學生共同參與之學習活動」(M=3.76)、「我能因應不同族群文化學生的學習表現調整教學標準及評量方式」(M=3.81)、「我會找出讓少數族群兒童融入教室的方法,而不去改變其文化」(M=3.85)。

多元文化情意構面各題中,以「對於不同族群文化所造成的差異,我能以同理心看待並予以尊重。」得分最高(M=4.43),其次為「我能參與多元文化議題的討論並尊重別人的意見。」(M=4.36);而得分較低的為「我能察覺自身的言行與價值觀,不會因族群文化的不同而有偏見與刻板印象。」(M=4.29)。

在多元文化技能構面各題中,以「我對教學內容的解釋及舉例,能顧及文化差異及多元性。」得分最高(M=3.96),其次為「我會找出讓少數族群兒童融入教室的方法,而不去改變其文化。」(M=3.85),「我能因應不同族群文化學生的學習表現調整教學標準及評量方式。」(M=3.81);而得分較低的為「我能設計讓不同文化背景的學生共同參與之學習活動。」(M=3.76),亦都在中上程度。

本研究就單題國民小學教師多元文化素養以「教師應以客觀的立場去瞭解班上不同文化背景的學生」得分最高(M=4.57),其次為「在教學過程中,教師應該確保不同文化學生的學習權利」(M=4.55),可見國民小學教師面對班級中不同族群的學生,均能以客觀的立場、均等的學習權力去面對學生與教導學生。在多元文化技能方面以「我

能因應不同族群文化學生的學習表現調整教學標準及評量方式。」(M=3.81)、「我能設計讓不同文化背景的學生共同參與之學習活動。」(M=3.76)得分較低但屬於中上程度，研究顯示國民小學教師對於文化差異學生課程活動設計與教學評量的方式仍有進步的空間；例如，活動設計能配合不同族群的習慣或想法，採取更活潑化活動設計等。教學評量能採取更有彈性的作法，諸如，一對一的評量方式等。

三、小結

　　綜上所述，國民小學教師多元文化素養中「多元文化認知」、「多元文化情意」構面均達高程度，究其原因可能是教育機會均等的持續推動下，國民小學教師重視少數族群及弱勢團體的受教權力。加上近年來婚姻移民的現象日益普遍，台灣已成為多元族群與文化的社會，身為教育第一現場的教師，每天必須面對多元文化的學生族群，故必須具備多元文化素養，尊重每一個學生的差異，接納學生為不同的獨立個體，儘可能摒除偏見或刻板印象，方能有助於提升教師在教學現場的成效，也因此提升了教師的多元文化素養，在多元文化技能部分，因教師略為無法兼顧個別化教學與評量方式，故仍有強化的空間；例如，教師可以綜合活動學習領域採取較活潑生動的教學，將知識轉化為能力，將學習與生活結合。隨著教學生動化、活潑化，評量亦必須納入遊戲化評量，讓學生在遊戲中學習、遊戲中評量。

參、國民小學教師跨文化溝通現況分析討論

一、跨文化溝通各構面現況分析討論

　　本研究將跨文化溝通之構面因素分成接收訊息、理解意義及溝通技能等三個分構面，跨文化溝通量表各構面分析如表 4-4 所示。

表 4-4 跨文化溝通量表各構面分析

構面名稱	平均數	標準差	題數
接收訊息	3.98	.50	3
理解意義	3.80	.56	3
溝通技能	3.84	.50	4
整體平均數	3.87	.46	10

n=1,010

　　從表 4-4 中發現對於跨文化溝通之現況分析討論如下：

(一) 整體而言，國民小學教師跨文化溝通總量表平均數為 3.87，可見國民小學教師跨文化溝通屬於中上程度。各構面平均得分介 3.80-3.98 之間，與平均值 3 分相較，屬中上程度，在五點量表中屬於同意程度。

　　綜合上述分析，國民小學教師在整體跨文化溝通之平均為中上程度，此研究結果與 Spinthourakis（2009）、Lieser 與 Willoughby（2013）、顏任珮（2012）等研究結果相類似。

(二)從各分構面分析結果的原始分數看來，以「接收訊息」之得分最高(M=3.98)， 依次為「溝通技能」(M=3.84)、「理解意義」(M=3.80)。雖然理解意義得分較低，但仍高於平均數 3 以上，屬於中上程度。

　　在跨文化溝通各層面以接收訊息高於溝通技能，而溝通技能高於理解意義，此研究結果與黃玫珍、黃雪貞（2014）的研究結果相似。雖然理解意義的構面平均數較低，但亦達中上程度，顯示國民小學教師跨文化溝通現況良好。

二、跨文化溝通各向度題項現況分析討論

本研究針對跨文化溝通各題項現況分析如表 4-5。

表 4-5 跨文化溝通量表各題項分析

構面	題目內容	平均數	標準差
接收訊息	在跨文化情境中,我知道根據不同情境選擇合適的溝通方式和態度。	4.10	.56
	在與不同文化背景的學生溝通時,我能看出對方的行為是有其文化背景因素。	3.92	.66
	在與不同文化背景的學生溝通時,對方能夠清楚理解我要表達的意思。	3.91	.63
理解意義	在與不同文化背景的學生溝通時,如果學生遇到理解上的困難,我能即時覺察出來。	3.85	.64
	在與不同文化背景的學生溝通時,我非常注意觀察文化上的差異。	3.94	.68
	在與文化截然不同的學生談話時,我能敏銳地察覺對方表達中的微妙含義。	3.62	.72
溝通技能	在與不同文化背景的學生溝通時,我知道在什麼情況下可以分享自己的個人感受。	3.87	.62
	在與不同文化背景的學生溝通時,我知道何時該轉換話題、何時該結束談話。	3.79	.65
	在與不同文化背景的學生溝通時,我能準確地理解對方的感受。	3.71	.67
	在與不同文化背景的學生溝通時,我能夠根據對方的溝通方式來調整自己。	3.97	.58

從表 4-5 中發現接收訊息構面各題平均得分介於 3.91-4.10 之間,可見國民小學教師接收訊息方面在中上程度與高程度之間;在理解意義構面各題平均得分介於

3.62-3.94 之間，可見國民小學教師理解意義方面在中上程度；在溝通技能構面各題平均得分介於 3.71-3.97 之間，可見國民小學教師溝通技能方面在中上程度。

在接收訊息構面各題中，以「在跨文化情境中，我知道根據不同情境選擇合適的溝通方式和態度。」得分最高(M=4.10)，其次為「在與不同文化背景的學生溝通時，我能看出對方的行為是有其文化背景因素。」(M=3.92)，而得分較低的為「在與不同文化背景的學生溝通時，對方能夠清楚理解我要表達的意思。」(M=3.91)。

在理解意義構面各題中，以「在與不同文化背景的學生溝通時，我非常注意觀察文化上的差異。」得分最高(M=3.94)，其次為「在與不同文化背景的學生溝通時，如果學生遇到理解上的困難，我能即時覺察出來。」(M=3.85)；而得分較低的為「在與文化截然不同的學生談話時，我能敏銳地察覺對方表達中的微妙含義。」(M=3.62) 。

在溝通技能構面各題中，以「在與不同文化背景的學生溝通時，我能夠根據對方的溝通方式來調整自己。」得分最高(M=3.97)，其次為「在與不同文化背景的學生溝通時，我知道在什麼情況下可以分享自己的個人感受。」(M=3.87)，「在與不同文化背景的學生溝通時，我知道何時該轉換話題、何時該結束談話。」(M=3.79)；而得分較低的為「在與不同文化背景的學生溝通時，我能準確地理解對方的感受。」(M=3.71)，亦都在中上程度。

本研究就單題而言國民小學教師跨文化溝通以「在跨文化情境中，我知道根據不同情境選擇合適的溝通方式和態度。」得分最高(M=4.10)，其次為「在與不同文化背景的學生溝通時，我能夠根據對方的溝通方式來調整自己。」 (M=3.97)，可見國民小學教師面對班級不同族群的學生，均能選擇合適的溝通方式，並能夠根據對方的溝通

方式來調整自己，以達成良好的溝通效果。

本研究在「理解意義」與「溝通技能」方面以「在與文化截然不同的學生談話時，我能敏銳地察覺對方表達中的微妙含義。」(M=3.62)、「在與不同文化背景的學生溝通時，我能準確地理解對方的感受。」(M=3.71)得分較低但屬於中上程度，研究顯示國民小學教師面對文化差異學生表達中的微妙含義及準確地理解對方的感受方面仍有進步的空間；例如，教師應具同理心，站在學生的角度看待問題，在給學生認同感的同時，也會培養教師對不同族群學生的認識，如此更能理解學生的感受，達到更好的溝通成效。

三、小結

綜上所述，國民小學教師跨文化溝通整體構面僅達中上程度，不如多元文化素養構面，在子構面中「接收訊息」、「理解意義」與「溝通技能」構面均僅達中上程度，但在各構面的表現均趨於積極正向。究其原因可能是由於近年新住民與外籍人口比例的增加，國民小學教師面對不同文化背景的學生與家長的機會日益增多，亦增進了理解不同文化族群的生活方式及溝通的機會。因此國民小學教師大多能抱持開放的心胸看待文化差異，接納與尊重不同文化所持的價值觀，樂於與不同文化背景的人進行溝通互動，並能在互動過程中感覺愉悅，也因此提升了教師的跨文化溝通能力，唯相較多元文化素養構面低，故仍有努力的空間；例如，教師應引導學生多視角、多方位了解和學習不同族群文化知識，以提高跨文化溝通能力；教師本身要不斷進修以溝通語言教學為基礎的跨文化溝通教學，並利用網絡、電視等多媒體手段，廣泛學習其他國家和民族文化、習俗等知識，拓寬對不同族群文化的了解與掌握，提高跨文化溝通成

效。

肆、國民小學教師教學效能現況分析討論

一、教學效能各構面現況分析討論

本研究將教學效能之構面因素分成教學計畫、教學策略、師生互動及學習氣氛等

四個分構面，教學效能量表各構面分析如表 4-6 所示。

表 4-6 教學效能量表各構面分析摘要表

構面名稱	平均數	標準差	題數
教學計畫	3.80	.55	4
教學策略	3.90	.51	4
師生互動	3.96	.48	4
學習氣氛	4.32	.47	4
整體平均數	3.99	.42	16

從表 4-6 中發現對於教學效能之現況分析討論如下：

(一) 整體而言，國民小學教師教學效能總量表平均數為 3.99，可見國民小學教師教學

效能屬於中上程度。各構面平均得分介 4.32-3.80 之間，與平均值 3 分相較，屬中上程

度與高程度之間，在五點量表中即介於同意與非常同意之間。

綜合上述分析，國民小學教師在整體教學效能之平均為中上程度，此研究結果與

楊豪森（2008）、陳玫良（2009）、曾信榮（2010）、楊玉珠（2010）、施俊名（2011）、

周明潔（2014）、郭福豫（2015）、鄭雅婷（2017）等研究結果相類似。

(二)從教學效能各子構面分析結果的原始分數看來，以「學習氣氛」之得分最高

(M=4.32)，依次為「學習氣氛」(M=3.96)、「教學策略」(M=3.90)、「教學計畫」(M=3.80)。

雖然教學計畫得分較低，但仍高於平均數 3 以上，屬於中上程度。

而在教學效能各分構面以學習氣氛高於師生互動，此研究結果與周明潔（2014）、鄭雅婷（2017）的研究結果相似。而教學策略高於教學計畫，此研究結果與楊素綾（2011）的研究結果相似。雖然教學計畫的構面平均數較低，但亦達 M=3.80 中上程度，顯示國民小學教師教學效能現況良好。

二、教學效能各分構面題項現況分析討論

本研究針對教學效能各分構面題項分析如表 4-7。

表 4-7 教學效能量表各分構面題項分析

構面	題目內容	平均數	標準差
教學計畫	我會針對不同文化背景的學生依據教學目標來設計教學活動，以有效掌握目標。	3.73	.69
	我會融入不同的文化資料來豐富教材內容。	4.00	.61
	我會事先安排不同文化背景的學生或學習小組的任務，以掌握教學流程及學習進度。	3.67	.73
	我面對不同文化背景的學生會先做好教學計劃並精熟教學內容後，再進行教學。	3.80	.69
教學策略	我會以問題形式，由淺而深探詢不同文化背景的學生是否真正瞭解教學內容。	3.95	.59
	我會配合教學的需要，針對不同文化背景的學生以分組活動的方式進行教學。	3.81	.67
	我會改變教學活動的方式以維持不同文化背景的學生的學習注意力。	3.92	.60
	我會依據不同文化背景的學生評量的結果，調整教學的進度、難易度或方法。	3.93	.64
師生	我會給予不同文化背景的學生足夠的時間進行發問和討論。	3.95	.62

構面	題目內容	平均數	標準差
互動	我會迅速排除不同文化背景的學生在課堂中所突發的問題。	3.88	.65
	我會對不同文化背景的學生的行為表現建立合宜的期望。	3.99	.58
	我會發掘不同文化背景的學生的優勢能力及興趣並鼓勵他們進一步學習或研究。	4.02	.62
學習氣氛	我會對有特殊學習困難的不同文化背景的學生，表達善意和幫助。	（續下頁）	﹒6
	我會提醒學生相互尊重不同文化，共同維護融洽的學習環境。	4.40	.57
	我會營造教室裡和諧愉快的學習氣氛。	4.42	.57
	我會提供實例讓學生瞭解文化偏見如何影響人們的行為。	4.20	.64

從表 4-7 中發現教學計畫構面各題平均得分介於 4.00-3.67 之間，可見國民小學教師教學計畫方面介於中上程度與高程度之間。其中以「我會融入不同的文化資料來豐富教材內容。」得分最高(M=4.00)，其次為「我面對不同文化背景的學生會先做好教學計劃並精熟教學內容後，再進行教學。」(M=3.80)、「我會針對不同文化背景的學生依據教學目標來設計教學活動，以有效掌握目標。」(M=3.73)，而得分較低的為「我會事先安排不同文化背景的學生或學習小組的任務，以掌握教學流程及學習進度。」(M=3.67)。

在教學策略構面各題平均得分介於 3.95-3.81 之間，可見國民小學教師教學計畫方面屬於中上程度。其中以「我會以問題形式，由淺而深探詢不同文化背景的學生是否真正瞭解教學內容。」得分最高(M=3.95)，其次為「我會依據不同文化背景的學生評量的結果，調整教學的進度、難易度或方法。」(M=3.93)、「我會改變教學活動的方式以維持不同文化背景的學生的學習注意力。」(M=3.92)，而得分較低的為「我會配合教學的需要，針對不同文化背景的學生以分組活動的方式進行教學。」(M=3.81)。

在師生互動構面各題平均得分介於 4.02-3.88 之間，可見國民小學教師師生互動方面介於中上程度與高程度之間。其中以「我會發掘不同文化背景的學生的優勢能力及興趣並鼓勵他們進一步學習或研究。」得分最高(M=4.02)，其次為「我會對不同文化背景的學生的行為表現建立合宜的期望。」(M=3.99)、「我會給予不同文化背景的學生足夠的時間進行發問和討論。」(M=3.95)，而得分較低的為「我會迅速排除不同文化背景的學生在課堂中所突發的問題。」(M=3.88)。

在學習氣氛構面各題平均得分介於 4.42-4.20 之間，可見國民小學教師學習氣氛方面在高程度。其中以「我會營造教室裡和諧愉快的學習氣氛。」得分最高(M=4.42)，其次為「我會提醒學生相互尊重不同文化，共同維護融洽的學習環境。」(M=4.40)，「我會對有特殊學習困難的不同文化背景的學生，表達善意和幫助。」(M=4.24)；而得分較低的為「我會提供實例讓學生瞭解文化偏見如何影響人們的行為。」(M=4.20)，亦都在中高程度。

本研究就單題國民小學教師教學效能以「我會營造教室裡和諧愉快的學習氣氛。」得分最高(M=4.42)，其次為「我會提醒學生相互尊重不同文化，共同維護融洽的學習環境。」(M=4.40)，可見國民小學教師面對班級不部同族群的學生，均能營造教室裡和諧愉快的學習氣氛，並能提醒學生相互尊重不同文化，共同維護融洽的學習環境，以達成良好的學習效果。

本研究在「教學計畫」方面以「我會事先安排不同文化背景的學生或學習小組的任務，以掌握教學流程及學習進度。」(M=3.67)、「我會針對不同文化背景的學生依據教學目標來設計教學活動，以有效掌握目標。」(M=3.73)得分較低但屬於中上程度，

研究顯示國民小學教師面對文化差異學生在依據教學目標來設計教學活動、安排學習小組的任務，以掌握教學流程方面仍有努力的空間；例如，教師於教學的師生間雙向互動的歷程中，以眼神、肢體語言的情感接觸，拉近師生距離，促進良好互動，構築情感溝通的情境；以巧思的方法，設計有效教學的教案與活動，並於教學活動中產生新的創意，發展新的教學技巧，同時學生亦同步成長，在整個學習領域上，有自我的發揮空間。

三、小結

綜上所述，國民小學教師教學效能整體構面僅達中上程度，但平均數達 3.99 接近高程度，在各分構面中「學習氣氛」達高程度，「師生互動」、「教學策略」與「教學計畫」構面均達中上程度，在各構面的表現均趨於積極正向。究其原因可能是由於教育部積極推動教師專業發展評鑑、教師專業社群、教師精進教學計劃的政策；且各縣市政府教育局進行校務評鑑，推動公開課、入班觀課，重視教師的進修、研習等。加上近年來少子化的影響，家長重視子女的教育，強調教育選擇權，使教師重視自己教學專業能力的增能，也因此提升了教師的教學效能，唯相較多元文化素養構面低，故仍有努力的空間；例如，教師應重視班級師生及學生之間互動關係，注重互動的歷程，強調師生互動，給予適當的學習楷模和示範，以增強正向的學習效果；在教學過程中，靈活運用教學原理與方法，提供完整的課程、教材知識架構，及各項相關資訊，讓學生有效建構學習意義；教師與學生在教學歷程中不斷地成長，並教學相長以帶動整個教學活動，學生與教師共同合作來完成教學計畫的內容，並能依教案的內容來互相評量，使教學成效得以提升。

第二節 教師多元文化素養、跨文化溝通與教學效能之差異分析

本節旨在探討不同背景變項（教師性別、年齡、最高學歷、教學年資、擔任職務、學校位置、學校規模、學校區域）在教師多元文化素養、跨文化溝通與教學效能之整體及分構面得分上的差異情形，資料呈現分為兩大部分：一、結果分析；二：綜合討論。本部份之統計方法為 t 考驗、單因子獨立樣本變異數分析（One-way ANOVA），並由平均數與 Scheffé's 法進行事後比較。分述如下茲說明如下：

壹、不同性別教師在多元文化素養、跨文化溝通與教學效能之差異分析

本研究針對不同性別之國民小學教師分別進行多元文化素養、跨文化溝通與教學效能之差異分析，其結果如表 4-8。

表 4-8 不同性別在多元文化素養、跨文化溝通與教學效能之差異分析

構面	男（平均）	女（平均）	t 值	p 值
多元文化認知	4.437	4.455	-.590	.556
多元文化情意	4.360	4.361	-.039	.969
多元文化技能	3.848	3.843	.152	.879
多元文化素養	4.221	4.228	-.227	.820
接收訊息	4.004	3.962	1.252	.211
理解意義	3.855	3.779	2.019*	.044
溝通技能	3.878	3.815	1.878	.061
跨文化溝通	3.909	3.849	1.973*	.049
教學計畫	3.837	3.779	1.570	.117
教學策略	3.928	3.894	1.004	.316
師生互動	4.013	3.931	2.538*	.011
學習氣氛	4.307	4.320	-.419	.675
教學效能	4.021	3.981	1.425	.155

n=男 335，女 675　*p<.05

依據表 4-8 統計結果，茲分析如下：

一、不同性別在多元文化素養的差異分析討論

(一)整體差異性分析討論

表 4-8 是不同性別教師在多元文化素養、跨文化溝通與教學效能總分及其分構面差異之 t 考驗。由表 4-8 可知，不同性別教師在整體多元文化素養之得分平均情形，男性得分平均數為 4.22，女性得分平均數 4.23，t 考驗值-.227，結果未達顯著水準，亦即不同性別教師在整體多元文化素養的得分上，無顯著差異。此研究結果與李雅妮（2008）、陳淑玲（2009）、蔡蕙如（2010）、湯心怡（2010）、洪巧珣（2010）、楊玉珠（2010）、顏任珮（2012）、余明仁（2012）、蔡政忠（2017）等人的研究結果相近，但與蔡純純（2006）女教師多元文化素養高於男教師、周明潔(2014）男教師多元文化素養高於女教師的研究結果不同。

不同性別教師在整體多元文化素養的得分表現上無顯著差異，推究其原因可能在於各構面的表現上各有其不同的高低表現，因此，整體總和而言就無顯著差異。

(二)構面差異性分析討論

不同性別教師在「多元文化認知」、「多元文化情意」與「多元文化技能」等構面上，未達顯著差異水準，亦即不同性別教師在多元文化素養各分構面的得分上，無顯著差異。

在「多元文化認知」、「多元文化情意」與「多元文化技能」構面的得分表現上，亦呈現無顯著差異水準，代表男性教師和和女性教師在多元文化素養的「多元文化認知」、「多元文化情意」與「多元文化技能」構面表現上是一致的。此結果與楊玉珠

（2010）、顏任珮（2012）、余明仁（2012）的研究結果相似。

但「多元文化技能」與蔡純純（2006）、周明潔(2014)的研究結果不同，造成這種不同結果的可能因素在蔡純純（2006）與周明潔(2014)的研究對象均是特殊教育班教師，特教班教師面對的學生與普通班教師略有不同有關。

（三）小結

綜上所述，性別在教師在多元文化素養的整體與各構面上並沒有顯著的差異存在，可能因素是無論任一性別的教師幾乎都受過大學教育或研究所以上之專業進修，而且相關政策與執行，如教育優先區、性別平權教育、特殊教育、新住民教育等，已經執行多年的狀況下，教師們在多元文化素養的知覺上，不同性別的教師就顯示沒顯著差異的存在。

二、不同性別在跨文化溝通的差異分析討論

(一)整體差異性分析討論

不同性別教師在整體跨文化溝通之得分平均情形，男性得分平均數為 3.91，女性得分平均數為 3.85，t 考驗值 1.973，結果達顯著水準，亦即男性教師在整體跨文化溝通的得分表現顯著高於女性教師。

不同性別的國民小學教師在整體「跨文化溝通」感受上達顯著差異水準，男性教師在整體跨文化溝通的得分表現顯著高於女性教師,此研究結果 Kim(2005)的研究結果相近，雖然不同性別在整體「跨文化溝通」感受有差異，但 Kim 的研究結果是女教師跨文化溝通高於男教師。而與 Spinthourakis（2009）、Lieser 與 Willoughby（2013）、顏任珮（2012）等人不同性別在整體「跨文化溝通」感受上未達顯著差異水準研究結果

不同。

不同性別教師在整體跨文化溝通的得分表現上有顯著差異，推究其原因可能是不同性別面對溝通對象、看待事情角度及溝通技能、態度不同使然，男性教師通常較為樂觀豁達，對於溝通內容較容易掌握重點有關。

(二)構面差異性分析討論

不同性別教師在「理解意義」構面得分上，男性得分平均數為 3.86，女性得分平均數為 3.78，t 考驗值 2.019，達顯著水準，男教師的理解意義略高於女教師;而在「接收訊息」與「溝通技能」等構面上，未達顯著差異水準。

在「接收訊息」與「溝通技能」構面的得分表現上，亦呈現無顯著差異水準，代表男性教師和和女性教師在跨文化溝通的「接收訊息」與「溝通技能」構面表現上是一致的。但「理解意義」構面的得分表現上，達顯著差異水準，此結果與顏任珮（2012）的研究結果相似。

（三）小結

綜上所述，性別在教師在跨文化溝通的整體構面與「理解意義」構面上達顯著差異水準，即男女教師有顯著的差異存在，可能因素是跨文化溝通中，很多人都認為對方也用與自己相同的方式進行思維。正是這種錯誤認知，常常使跨文化溝通難以順利進行。因為，由一種思維方式組織起來的一套語言資訊發出之後，接受者以另外一種思維方式去詮釋或者重新組織，可能發生歧義或誤解。因男性教師的「理解意義」構面優於女教師，所以在跨文化溝通中發生歧義或誤解的可能性降低，所以男教師們在跨文化溝通的知覺上，就與女教師有顯著差異的存在；故女性教師應多參與溝通技能

與態度的訓練與培養，根據特殊需求學生的溝通性質與能力表現，決定達成溝通的水準。選取能力目標時，宜根據特殊需求學生的功能性表現與生態環境需求，納入該學習階段之主軸與次項目。此外，應根據特殊需求學生前一階段目標能力評量是否完備，予以補充或調整，以提供不同溝通需求之學生適度學習的機會，提升跨文化溝通的知覺。

三、不同性別在教學效能的差異分析討論

(一)整體差異性分析討論

　　不同性別教師在整體教學效能之得分平均情形，男性得分平均數為 4.02，女性得分平均數 3.98，t 考驗值 1.425，結果未達顯著水準，亦即不同性別教師在整體教學效能的得分上，無顯著差異。

　　不同性別的國民小學教師在整體「教學效能」感受上並無顯著的差異，此研究結果與蔡喬育（2008）、楊豪森（2008）、駱奕穎（2011）、楊素綾（2011）、周明潔(2014)、郭福豫（2015）、鄭雅婷（2017）等人的研究結果相近，但與陳玫良（2009）、柯麗卿（2009）、曾信榮（2010）的研究，男教師教學效能高於女教師的研究結果不同。

　　不同性別教師在整體教學效能的得分表現上無顯著差異，推究其原因可能在於各構面的表現上各有其不同的高低表現，因此，整體總和而言就無顯著差異。

(二)構面差異性分析討論

　　不同性別教師在「師生互動」構面得分上，男性得分平均數為 4.01，女性得分平均數為 3.93，t 考驗值 2.538，達顯著水準，男教師的師生互動略高於女教師;而在「教學計畫」、「教學策略」與「學習氣氛」等構面上，未達顯著差異水準。

在「教學計畫」、「教學策略」與「學習氣氛」構面的得分表現上，亦呈現無顯著差異水準，代表男性教師和和女性教師在教學效能的教學計畫、教學策略與學習氣氛構面表現上是一致的，此結果與楊豪森（2008）、楊玉珠（2010）、周明潔(2014)、郭福豫（2015）的研究結果相似。但「師生互動」構面的得分表現上達顯著差異水準，與陳玫良（2009）的研究結果男教師師生互動高於女教師的研究結果相同。

(三)小結

綜上所述，性別在教師在教學效能的整體構面上並沒有顯著的差異存在，可能因素是現在的國民小學教師往往須扮演多重角色，包含教學、評量、輔導及親師溝通等工作，因此無論男性或女性教師，在落實教學上皆須運用到有效教學能力，因此本研究之結果顯示，不同性別的國民小學教師在上教學效能整體構面上，未達顯著差異。

但「師生互動」構面的得分表現上達顯著差異水準，且男教師高於女教師，可能是男性教師對於學生的小細節較不會去要求，能以朋友的角色與學生相處，相對於班級經營或學生輔導上易於產生良好的師生互動；女性教師可能受到家庭因素影響，故應注意隨時配合學生的個別差異，多了解學生之間的次級文化，盡量參與學生的課內外活動，安排與學生個別談話來增進自己與學生的互動，進入到學生的團體生活之中，進一步讓學生接納自己。而在溝通技巧上，女性教師可學習向學生表達自己的經驗和感受，同時亦鼓勵學生表達自己的經驗與感受，接納學生的意見和不滿的態度，塑造輕鬆的氣氛使學生能與教師自在交談，利用各種可以溝通的管道和學生長期互動。

貳、不同年齡教師在多元文化素養、跨文化溝通與教學效能之差異分析

本研究針對不同年齡的國民小學教師分別進行多元文化素養、跨文化溝通與教學

效能之差異比較，將回收有效有效問卷資料進行單因子變異數分析、雪費法（Scheffé）

事後比較，結果如下述：

一、　　不同年齡教師在多元文化素養的差異分析討論

不同年齡教師在多元文化素養之差異分析結果如表 4-9。

表 4-9 不同年齡教師在多元文化素養之差異分析

構面	組別	個數	平均數	標準差	變異來源	平方和	自由度	平均平方和	F
多元	1	98	4.51	.45	組間	.88	3	.29	1.39
文化	2	268	4.45	.45					
認知	3	519	4.43	.48	組內	211.81	1006	.21	
	4	125	4.49	.39					
	總和	1010	4.45	.46	總和	212.68	1009		
多元	1	98	4.37	.52	組間	.17	3	.06	.22
文化	2	268	4.36	.48					
情意	3	519	4.35	.50	組內	249.28	1006	.25	
	4	125	4.39	.51					
	總和	1010	4.36	.50	總和	249.45	1009		
多元	1	98	3.86	.55	組間	.92	3	.31	1.18
文化	2	268	3.88	.51					
技能	3	519	3.82	.51	組內	260.04	1006	.26	
	4	125	3.87	.47					
	總和	1010	3.84	.51	總和	260.95	1009		
多元	1	98	4.26	.40	組間	.56	3	.19	1.15
文化	2	268	4.24	.39					
素養	3	519	4.20	.42	組內	164.09	1006	.16	
	4	125	4.26	.37					
	總和	1010	4.23	.40	總和	164.65	1009		

表格說明：

＊「組別」中的「1」代表「20 以上未滿 30 歲」組、「2」代表「30 以上未滿 40 歲」組、「3」代表「40 以上未滿 50 歲」組、「4」代表「50 歲以上」組

(一)整體差異性分析討論

　　表 4-9 為不同年齡的受試者在教師在多元文化素養整體及其構面差異之 F 考驗。由表 4-9 可知，不同年齡的受試者在教師多元文化素養整體的得分平均情形：「20 以上未滿 30 歲」組(M=4.26)；「30 以上未滿 40 歲」組(M=4.24)；「40 以上未滿 50 歲」組(M=4.20)；「50 歲以上」組(M=4.26)。其結果未達顯著差異，亦即在整體教師多元文化素養的得分表現上，不因教師年齡不同而有所差異。

　　不同年齡的國民小學教師在「多元文化素養」感受上無顯著差異的結果，不同年齡教師在多元文化素養上無顯著差異情形，本研究結果與湯心怡(2010)、陳薇如(2011)，林金玉(2012)等人相似，但與張家蓉（2000）、張麗質（2007）、盧以萍（2006)等人主張有顯著差異不同。推究其原因可能與不論任何年齡身為教育第一現場的教師，每天必須面對多元文化的學生族群，故必須具備多元文化素養，尊重每一個學生的差異，接納學生為不同的獨立個體，儘可能摒除偏見或刻板印象，方能有助於提升教師在教學現場的成效，也因此提升了各年齡層教師的多元文化素養，因此在整體多元文化素養的知覺上與教師年齡自然無顯著關係。

(二)構面差異性分析討論

　　不同年齡的受試國民小學教師，其在多元文化素養的「多元文化認知」、「多元文化情意」與「多元文化技能」三構面中，均未達顯著差異。即教師年齡的不同，對其在多元文化素養各構面的得分表現上，不會有顯著差異。

另不同年齡層教師在多元文化素養的多元文化認知、多元文化情意與多元文化技能等構面上,亦未達顯著差異水準,本研究結果與湯心怡(2010)、陳薇如(2011)等人的研究結果相近。從資料分析顯示,不同年齡的國民小學教師,其在多元文化素養各構面知覺均為中上到高程度,且差距不大,因此,教師年齡對其在多元文化素養各構面的表現上,自然無顯著差異。

(三)小結

綜上所述,不同年齡的國民小學教師,其在多元文化素養整體及所有構面的知覺上,均未呈現顯著差異水準,代表教師年齡對多元文化素養,在統計上不會造成顯著差異,無論教師年齡的老少,都有一定的多元文化素養,面對校園裡的多元族群學生,均能一視同仁,不由得對這些肩負著教育成敗關鍵的第一線教師,肅然起敬。

二、 不同年齡教師在跨文化溝通的差異分析討論

不同年齡教師在跨文化溝通的差異分析結果如表 4-10。

表 4-10 不同年齡教師在跨文化溝通之差異分析

構面	組別	個數	平均數	標準差	變異來源	平方和	自由度	平均平方和	F
接收訊息	1	98	4.04	.51	組間	.97	3	.32	1.32
	2	268	4.00	.52					
	3	519	3.95	.49	組內	247.57	1006	.25	
	4	125	4.00	.44					
	總和	1010	3.98	.50	總和	248.54	1009		
理解意義	1	98	3.83	.58	組間	.46	3	.15	.49
	2	268	3.83	.58					
	3	519	3.78	.56	組內	316.08	1006	.31	
	4	125	3.81	.51					
	總和	1010	3.80	.56	總和	316.54	1009		

構面	組別	個數	平均數	標準差	變異來源	平方和	自由度	平均平方和	F
溝通技能	1	98	3.93	.45	組間	1.13	3	.38	1.48
	2	268	3.82	.53					
	3	519	3.82	.50	組內	255.13	1006	.25	
	4	125	3.86	.51					
	總和	1010	3.84	.50	總和	256.26	1009		
跨文化溝通	1	98	3.93	.45	組間	.68	3	.23	1.07
	2	268	3.88	.48					
	3	519	3.85	.45	組內	211.30	1006	.21	
	4	125	3.89	.43					
	總和	1010	3.87	.46	總和	211.98	1009		

表格說明：

＊「組別」中的「1」代表「20 以上未滿 30 歲」組、「2」代表「30 以上未滿 40 歲」組、「3」代表「40 以上未滿 50 歲」組、「4」代表「50 歲以上」組

(一)整體差異性分析討論

　　表 4-10 為不同年齡的教師在跨文化溝通整體及其構面差異之 F 考驗。由表 4-10 可知，不同年齡的教師在整體跨文化溝通的得分平均情形：「20 以上未滿 30 歲」組 (M=3.93)；「30 以上未滿 40 歲」組(M=3.88)；「40 以上未滿 50 歲」組(M=3.85)；「50 歲以上」組(M=3.89)。然其結果未達顯著差異，亦即在整體跨文化溝通的得分表現上，不因教師年齡不同而有所差異。

　　不同年齡的國民小學教師在「跨文化溝通」感受上無顯著差異的結果，即不同年齡教師在跨文化溝通上無顯著差異情形，因無相關跨文化溝通文獻可資對照。然從跨文化溝通的內涵與個人能夠認識到對方的信仰、態度和價值觀的差異，能容忍、承認不同的信仰、態度和價值觀，並能同理心的接納他們的綜合內在知覺有關，與教師年齡似乎較無直接關係。因此，不同年齡教師在跨文化溝通整體表現上，就不易有顯著

差異存在。

(二)構面差異性分析討論

　　不同年齡的受試國民小學教師，其在跨文化溝通的「接收訊息」、「理解意義」與「溝通技能」三構面中，均未達顯著差異。即教師年齡的不同，對其在跨文化溝通各構面的得分表現上，不會有顯著差異。

　　不同年齡教師在跨文化溝通的接收訊息、理解意義及溝通技能等構面上，亦未達顯著差異水準，因無相關跨文化溝通文獻可資對照；溝通問題產生的原因與多寡則隨著溝通雙方文化背景的差異性大小而有所不同，文化差異性小，雙方共享的前提或是共識較多，也就不易產生溝通問題，因此，不同年齡教師在跨文化溝通的接收訊息、理解意義及溝通技能等構面上，就不易有顯著差異存在。

(三)小結

　　綜上所述，不同年齡的國民小學教師，其在跨文化溝通整體及接收訊息、理解意義、溝通技能等構面表現上，均呈現無顯著差異存在，但整體構面都達到中上程度，代表無論任何年齡的教師，面對多元族群學生溝通時能夠體會多元族群學生的感受，通過對多元族群學生的語言、動作等理解，分享他們的觀點，把握他們沒有表達的疑惑和情感，並採用適當的語言說明自己和多元族群學生表達情感。

三、　　不同年齡教師在教學效能的差異分析討論

　　不同年齡教師在教學效能之差異分析結果如 4-11。

表 4-11 不同年齡教師在教學效能之差異分析

構面	組別	個數	平均數	標準差	變異來源	平方和	自由度	平均平方和	F	Scheffé 事後比較
教學計畫	1	98	3.88	.58	組間	1.24	3	.41	1.35	
	2	268	3.83	.52						
	3	519	3.77	.55	組內	307.89	1006	.31		
	4	125	3.79	.59						
	總和	1010	3.80	.55	總和	309.13	1009			
教學策略	1	98	3.98	.48	組間	2.69	3	.90	3.54*	1＞3
	2	268	3.95	.46						2＞3
	3	519	3.86	.53	組內	255.06	1006	.25		4＞3
	4	125	3.96	.49						
	總和	1010	3.90	.51	總和	257.75	1009			
師生互動	1	98	3.99	.47	組間	.67	3	.22	.97	
	2	268	3.96	.49						
	3	519	3.94	.49	組內	233.87	1006	.23		
	4	125	4.01	.46						
	總和	1010	3.96	.48	總和	234.55	1009			
學習氣氛	1	98	4.35	.48	組間	.25	3	.08	.38	
	2	268	4.30	.47						
	3	519	4.31	.47	組內	226.09	1006	.22		
	4	125	4.33	.48						
	總和	1010	4.32	.47	總和	226.34	1009			
教學效能	1	98	4.05	.42	組間	.80	3	.27	1.52	
	2	268	4.01	.41						
	3	519	3.97	.43	組內	178.01	1006	.18		
	4	125	4.02	.42						
	總和	1010	3.99	.42	總和	178.81	1009			

表格說明：

1.「組別」中的「1」代表「20 以上未滿 30 歲」組、「2」代表「30 以上未滿 40 歲」組、「3」代表「40 以上未滿 50 歲」組、「4」代表「50 歲以上」組

2.* p＜.05

(一)整體差異性分析討論

　　表 4-11 為不同年齡的受試者在教學效能整體及其構面差異之 F 考驗。由表 4-11 可知，不同年齡的受試者在整體教學效能的得分平均情形：「20 以上未滿 30 歲」組(M=4.05)；「30 以上未滿 40 歲」組(M=4.01)；「40 以上未滿 50 歲」組(M=3.97)；「50 歲以上」組(M=4.02)。然其結果未達顯著差異，亦即在整體教學效能的得分表現上，不因教師年齡的不同而有所差異。

　　不同年齡的國民小學教師在「教學效能」知覺上無顯著差異的結果，本研究結果與楊豪森(2008)、曾信榮（2010）、楊素綾(2011)、郭福豫（2015)等人相似，但卻與倪靜宜 (2016)研究的結果不同。其可能主要是由於無論任何年齡的教師對自己本身的教學專業能力表現以及預期自身能影響學生學習信念的程度都非常良好，並能於實際進行有效的教學活動中，促使學生達成多元文化學習的目標，增進學生學習的成效，在整體教學效能就不易有顯著差異存在。

(二)構面差異性分析討論

　　不同年齡的國民小學教師，其在「教學計畫」、「師生互動」與「學習氣氛」三構面的得分表現上，均未達顯著差異，亦即教師年齡的不同，並不會對教師在其教學計畫、師生互動與學習氣氛的得分表現上有所差異；然卻在教學策略構面上，「20 以上未滿 30 歲」組(M=4.05)；「30 以上未滿 40 歲」組(M=4.01) ；「50 歲以上」組(M=4.02)的得分表現卻顯著高於「40 以上未滿 50 歲」組(M=3.97)，並達顯著水準。亦即不同年

齡的國民小學教師在教學策略構面上，「20 以上未滿 30 歲」組、「30 以上未滿 40 歲」組、「50 歲以上」組的教師，其得分表現顯著優於「40 以上未滿 50 歲」組的教師。

在教學效能的教學計畫、師生互動與學習氣氛等構面表現上，亦未達顯著差異水準，但在教學策略構面表現上顯示，「20 以上未滿 30 歲」組、「30 以上未滿 40 歲」組與「50 歲以上」組均顯著高於「40 以上未滿 50 歲」組。此結果與倪靜宜 (2016)研究「41 歲至 50 歲」教師之平均數，在整體現況與教學評量亦顯著高於 31 歲至 40 歲」之教師的結果不同。

(三)小結

綜上所述，不同年齡的國民小學教師，其在教學效能整體及教學計畫、師生互動與學習氣氛等構面表現上，均呈現無顯著差異存在。但在教學策略構面表現上有顯著差異存在。可能因素是由於「20 以上未滿 30 歲」組教師剛從學校畢業，有較新的教學新知；「30 以上未滿 40 歲」組教師因經歷了一些教學歷練，使教學策略更熟練；「50 歲以上」組教師因可以達到退休年齡，也經歷了不少教學歷練，為了當年輕教師的楷模而不斷精進，致使教學策略提升；而「41 歲至 50 歲」教師可能因教學倦怠感又受年金改革影響，亦可能因家庭因素如兒女青春期的叛逆或升學因素的影響，其真正原因尚待後續研究加入探究。

參、不同學歷教師在多元文化素養、跨文化溝通與教學效能之差異分析

本研究針對不同學歷的國民小學教師分別進行多元文化素養、跨文化溝通與教學效能之差異比較，將回收有效有效問卷資料進行單因子變異數分析、雪費法事後比較，結果如下述：

一、 不同學歷教師在多元文化素養的差異分析討論

不同學歷教師在多元文化素養之差異分析結果如表 4-12。

表 4-12 教師學歷在多元文化素養之差異分析

構面	組別	個數	平均數	標準差	變異來源	平方和	自由度	平均平方和	F	Scheffé 事後比較
多元文化認知	1	177	4.42	.45						
	2	170	4.47	.46	組間	.25	2	.13	.60	
	3	663	4.45	.46	組內	212.43	1007	.21		
	總和	1010	4.45	.46	總和	212.68	1009			
多元文化情意	1	177	4.30	.51						
	2	170	4.36	.49	組間	1.30	2	.65	2.64*	3>1
	3	663	4.43	.49	組內	248.15	1007	.25		3>2
	總和	1010	4.36	.50	總和	249.45	1009			
多元文化技能	1	177	3.80	.50						
	2	170	3.86	.51	組間	.38	2	.19	.74	
	3	663	3.85	.51	組內	260.57	1007	.26		
	總和	1010	3.84	.51	總和	260.95	1009			
多元文化素養	1	177	4.18	.40						
	2	170	4.25	.40	組間	.46	2	.23	1.41	
	3	663	4.23	.40	組內	164.19	1007	.16		
	總和	1010	4.23	.40	總和	164.65	1009			

表格說明：

1.「組別」中的「1」代表「師專、師範或教育大學」組、「2」代表「一般大學」組、「3」代表「碩士以上」組

2.* p＜.05

(一)整體差異性分析討論

　　表 4-12 為不同學歷的受試者在教師在多元文化素養整體及其構面差異之 F 考驗。由表 4-12 可知，不同學歷的受試者在教師多元文化素養整體的得分平均情形：「師專、師範或教育大學」組(M=4.18)；「一般大學」組(M=4.25)；「碩士以上」組(M=4.23)。其結果未達顯著差異，亦即在整體教師多元文化素養的得分表現上，不因教師學歷不同而有所差異。

　　不同學歷的國民小學教師在「多元文化素養」感受上無顯著差異的結果，不同學歷教師在多元文化素養上無顯著差異情形，與蔡蕙如（2010）、湯心怡（2010）、洪巧珣（2010）、楊玉珠（2010）、陳薇如（2011）、蔡政忠（2017）等人的研究結果相似，但與李雅妮（2008）、陳淑玲（2009）、余明仁（2012）、周明潔（2014）等人研究發現有顯著差異不同。

　　推究其原因可能與教師均接受過多元文化等專業課程，參與相關的研習，且教育單位重視教師專業成長，鼓勵教師進修以精進教學能力，所以不論任何學歷的教師，每天面對多元文化的學生族群，均能理解與尊重接納學生文化差異，具備批判反思之教學實踐的能力。包括教師對自己文化的了解與認同、對不同文化的認知與支持的程度以及無偏見與刻版印象等，因此在整體多元文化素養的知覺上與教師學歷自然無顯著關係。

(二)構面差異性分析討論

　　不同學歷的受試國民小學教師，其在多元文化素養的「多元文化認知」、與「多元文化技能」二個構面中，均未達顯著差異；但在「多元文化情意」構面中，「碩士以上」組顯著高於「師專、師範或教育大學」組與「一般大學」。即教師學歷的不同，對其在多元文化技能構面的得分表現上，有顯著差異。

　　在不同學歷教師在多元文化素養的多元文化認知與多元文化技能等構面上，亦未達顯著差異水準，與湯心怡(2010)、楊玉珠（2010）、陳薇如(2011)等人的研究結果相近。在多元文化情意構面上，「碩士以上」組顯著高於「師專、師範或教育大學」組與「一般大學」，與周明潔（2014）的研究結果相似。從資料分析顯示，不同學歷的國民小學教師，其在多元文化素養各構面知覺均為高程度，但在多元文化情意方面，研究所畢業的教師顯著高於其他兩組教師，推論其原因是，教師在研究所進修時，可能接觸到較多的不同族群、不同國籍的同學，加上參與國際研討會、國際參訪的機會較多，故多元文化情意顯著高於其他兩組教師。

(三)小結

　　綜上所述，不同學歷的國民小學教師，其在多元文化素養整體及多元文化認知、多元文化技能構面的知覺上，均未呈現顯著差異水準，僅在多元文化情意方面，研究所畢業的教師顯著高於其他兩組教師，代表教師學歷對多元文化素養，在統計上不會造成顯著差異，無論教師的最高學歷如何，都有一定的多元文化素養，面對校園裡的多元族群學生，均能理解不同文化族群學生，故教師不會因學歷的不同而影響其多元文化素養。

二、　　不同學歷教師在跨文化溝通的差異分析討論

不同學歷教師在跨文化溝通之差異分析結果如表 4-13。

表 4-13 教師學歷在跨文化溝通之差異分析

構面	組別	個數	平均數	標準差	變異來源	平方和	自由度	平均平方和	F
接收	1	177	3.95	.49					
訊息	2	170	4.02	.50	組間	.56	2	.28	1.13
	3	663	3.97	.50	組內	247.98	1007	.25	
	總和	1010	3.98	.50	總和	248.54	1009		
理解	1	177	3.78	.55					
意義	2	170	3.81	.58	組間	.10	2	.05	.15
	3	663	3.81	.56	組內	316.44	1007	.31	
	總和	1010	3.80	.56	總和	316.54	1009		
溝通	1	177	3.85	.48					
技能	2	170	3.85	.50	組間	.07	2	.04	.15
	3	663	3.83	.51	組內	256.18	1007	.25	
	總和	1010	3.84	.50	總和	256.26	1009		
跨文	1	177	3.86	.44					
化溝	2	170	3.89	.47	組間	.08	2	.04	.20
通	3	663	3.87	.46	組內	211.89	1007	.21	
	總和	1010	3.87	.46	總和	211.98	1009		

表格說明：

＊「組別」中的「1」代表「師專、師範或教育大學」組、「2」代表「一般大學」組、「3」代表「碩士以上」組

(一)整體差異性分析討論

　　表 4-13 為不同學歷的受試者在跨文化溝通整體及其構面差異之 F 考驗。由表 4-13

可知，不同學歷的教師在整體跨文化溝通的得分平均情形：「師專、師範或教育大學」組(M=3.86)；「一般大學」組(M=3.89)；「碩士以上」組(M=3.87)。然其結果未達顯著差異，亦即在整體跨文化溝通的得分表現上，不因教師學歷不同而有所差異。

不同學歷的國民小學教師在「跨文化溝通」感受上無顯著差異的結果，即不同學歷教師在跨文化溝通上無顯著差異情形，因無相關跨文化溝通文獻可資對照。然影響跨文化溝通效果的重要因素是教師的素質，但目前臺灣的國民小學教師素質都很高，幾乎都受過大學或研究所的專業教育，所以都能接納文化差異的存在並給予尊重，並能同理心的接納他們的綜合內在知覺。因此，不同學歷教師在跨文化溝通整體表現上，就不易有顯著差異存在。

(二)構面差異性分析討論

不同學歷的受試國民小學教師，其在跨文化溝通的「接收訊息」、「理解意義」與「溝通技能」三構面中，均未達顯著差異。即教師學歷的不同，對其在跨文化溝通各構面的得分表現上，不會有顯著差異。

不同學歷教師在跨文化溝通的接收訊息、理解意義及溝通技能等構面上，亦未達顯著差異水準，因無相關跨文化溝通文獻可資對照；溝通問題產生的原因與多寡則隨著溝通雙方文化背景的差異性大小而有所不同，目前臺灣的國民小學教師常常有機會出國，而臺灣許多縣市早已成為國際化的城市，教師常會面對不同族群的交流對象，已習慣跨文化溝通的模式，所以面對不同族群的學生也就不易產生溝通障礙問題，因此，不同學歷教師在跨文化溝通的接收訊息、理解意義及溝通技能等構面上，就不易有顯著差異存在。

(三)小結

綜上所述，不同學歷的國民小學教師，其在跨文化溝通整體及接收訊息、理解意義、溝通技能等構面表現上，均呈現無顯著差異存在，但整體構面都達到中上程度，代表無論任何學歷的教師，面對多元族群學生溝通時能夠體會多元族群學生的感受，通過對多元族群學生的語言、動作等理解，分享他們的觀點，把握他們沒有表達的疑惑和情感，並採用適當的語言說明自己和多元族群學生表達情感。

三、　　不同學歷教師在教學效能的差異分析討論

不同學歷教師在教學效能之差異分析結果如表 4-14。

表 4-14 教師學歷在教學效能之差異分析

構面	組別	個數	平均數	標準差	變異來源	平方和	自由度	平均平方和	F
教學	1	177	3.76	.52					
計畫	2	170	3.80	.62	組間	.29	2	.15	.48
	3	663	3.81	.55	組內	308.84	1007	.31	
	總和	1010	3.80	.55	總和	309.13	1009		
教學	1	177	3.88	.48					
策略	2	170	3.90	.56	組間	.16	2	.08	.32
	3	663	3.91	.50	組內	257.59	1007	.26	
	總和	1010	3.90	.51	總和	257.75	1009		
師生	1	177	3.93	.47					
互動	2	170	3.97	.51	組間	.18	2	.09	.38
	3	663	3.96	.48	組內	234.37	1007	.23	
	總和	1010	3.96	.48	總和	234.55	1009		
學習	1	177	4.31	.45					
氣氛	2	170	4.38	.46	組間	.79	2	.39	1.76
	3	663	4.30	.48	組內	225.55	1007	.22	
	總和	1010	4.32	.47	總和	226.34	1009		

構面	組別	個數	平均數	標準差	變異來源	平方和	自由度	平均平方和	F
教學	1	177	3.97	.40					
效能	2	170	4.01	.46	組間	.13	2	.07	.37
	3	663	4.00	.42	組內	178.68	1007	.18	
	總和	1010	3.99	.42	總和	178.81	1009		

表格說明：

＊「組別」中的「1」代表「師專、師範或教育大學」組、「2」代表「一般大學」組、「3」代表「碩士以上」組

(一)整體差異性分析討論

　　表 4-14 為不同學歷的受試者在教學效能整體及其構面差異之 F 考驗。由表 4-14 可知，不同學歷的受試者在整體教學效能的得分平均情形：「師專、師範或教育大學」組(M=3.97)；「一般大學」組(M=4.01)；「碩士以上」組(M=4.00)。然其結果未達顯著差異，亦即在整體教學效能的得分表現上，不因教師學歷的不同而有所差異。

　　不同學歷的國民小學教師在「教學效能」知覺上無顯著差異的結果，與楊豪森(2008)的研究結果相似，但卻與蔡喬育（2008）、柯麗卿（2009）、曾信榮，（2010）、駱奕穎（2011）、郭福豫（2015）等人的研究結果不同。

(二)構面差異性分析討論

　　不同學歷的國民小學教師，其在「教學計畫」、「教學策略」、「師生互動」與「學習氣氛」四構面的得分表現上，均未達顯著差異，亦即教師學歷的不同，對其在教學效能各構面的得分表現上，不會有顯著差異。

　　在教學效能的教學計畫、教學策略、師生互動與學習氣氛等四個構面表現上，亦未達顯著差異水準，亦即教師學歷的不同，對其在教學效能各構面的得分表現上，沒

有顯著差異。

　　推論其原因可能是由於無論任何學歷的教師均非常重視在職進修，學校亦經常辦理各項研習，其專業能力、教學技能等均可藉由研習、同儕互動討論而有所提升，增進學生學習的成效，故不同學歷教師在整體教學效能就不易有顯著差異存在。

(三)小結

　　綜上所述，不同學歷的國民小學教師，其在教學效能整體及教學計畫、師生互動與學習氣氛等四構面表現上，均呈現無顯著差異存在。在教學計畫、教學策略與師生互動構面，平均分數都達中上程度；在學習氣氛構面與整體教學效能構面平均分數都達高程度，顯示國民小學教師不論學歷高低，平日教學教學效能都極佳，推論原因可能是少子化，家長重視子女的學習成就，加上要成為正式的國民小學教師難度很高，所以教師會精進自己的專業能力，提升教學效能。

肆、不同教學年資教師在多元文化素養、跨文化溝通與教學效能之差異分析

　　本研究針對不同教學年資的國民小學教師分別進行多元文化素養、跨文化溝通與教學效能之差異比較，將回收有效有效問卷資料進行單因子變異數分析、雪費法事後比較，結果如下：

一、　　不同教學年資教師在多元文化素養的差異分析討論

　　不同教學年資在多元文化素養之差異分析結果如表 4-15。

表 4-15 教學年資在多元文化素養之差異分析

構面	組別	個數	平均數	標準差	變異來源	平方和	自由度	平均平方和	F
多元文化認知	1	211	4.48	0.44	組間	.25	3	.08	.39
	2	190	4.44	0.46					
	3	251	4.44	0.45	組內	212.43	1006	.21	
	4	358	4.44	0.48					
	總和	1010	4.45	0.46	總和	212.68	1009		
多元文化情意	1	211	4.37	0.50	組間	.26	3	.09	.34
	2	190	4.38	0.48					
	3	251	4.37	0.47	組內	249.19	1006	.25	
	4	358	4.34	0.53					
	總和	1010	4.36	0.50	總和	249.45	1009		
多元文化技能	1	211	3.85	0.52	組間	.79	3	.26	1.02
	2	190	3.90	0.49					
	3	251	3.84	0.53	組內	260.16	1006	.26	
	4	358	3.82	0.49					
	總和	1010	3.84	0.51	總和	260.95	1009		
多元文化素養	1	211	4.24	0.39	組間	.25	3	.08	.50
	2	190	4.25	0.40					
	3	251	4.22	0.41	組內	164.40	1006	.16	
	4	358	4.21	0.41					
	總和	1010	4.23	0.40	總和	164.65	1009		

表格說明：

＊「組別」中的「1」代表「未滿 10 年」組、「2」代表「10 年以上未滿 15 年」組、「3」

代表「15 年以上未滿 20 年」組、「4」代表「20 年以上」組

(一)整體差異性分析討論

　　表 4-15 為不同教學年資的受試者在教師在多元文化素養整體及其構面差異之 F 考

驗。由表 4-15 可知，不同教學年資的受試者在教師多元文化素養整體的得分平均情形：
「未滿 10 年」組(M=4.24)；「10 年以上未滿 15 年」組(M=4.25)；「15 年以上未滿 20
年」組(M=4.22) ；「20 年以上」組(M=4.21)。其結果未達顯著差異，亦即在整體教師
多元文化素養的得分上，不因教師教學年資不同而有所差異。

　　不同教學年資的國民小學教師在「多元文化素養」感受上的結果無顯著差異，本
研究結果與李雅妮（2008）、陳淑玲（2009）、蔡蕙如（2010）、湯心怡（2010）、陳薇
如（2011）、楊玉珠（2010）、余明仁（2012）、蔡政忠（2017）等人的研究結果相似，
但與洪巧珣（2010）、周明潔（2014）等人研究發現有顯著差異不同。

　　推究其原因可能與教師在職前訓練或教學生涯過程中均接受過多元文化等專業課
程，參與相關的研習，所以不論任何教學年資的教師，均能提升自我多元文化教育的
知能、覺察並反省個人偏見及刻板印象、妥善設計多元文化教育課程並實施於教學中、
有效運用多元文化教育的策略於班級經營，並本著尊重差異、接納多元的多元文化教
育精神，以身作則並且引導學生尊重彼此的差異，肯定文化多樣性的價值，能理解與
尊重接納學生文化差異，具備批判反思之教學實踐的能力，因此在整體多元文化素養
的知覺上與教師教學年資自然無顯著關係。

(二)構面差異性分析討論

　　不同教學年資的受試國民小學教師，其在多元文化素養的「多元文化認知」、「多
元文化情意」與「多元文化技能」三構面中，均未達顯著差異。即教師教學年資的不
同，對其在多元文化素養各構面的得分表現上，不會有顯著差異。

　　另不同教學年資教師在多元文化素養的多元文化認知、多元文化情意與多元文化

技能等構面上，亦未達顯著差異水準，與陳淑玲（2009）、湯心怡(2010)、陳薇如(2011)、林金玉（2012）等人的研究結果相近。從資料分析顯示，不同教學年資的國民小學教師，其在多元文化素養各構面知覺均為高程度，且差距不大，因此，教師教學年資對其在多元文化素養各構面的表現上，自然無顯著差異。

(三)小結

綜上所述，不同教學年資的國民小學教師，其在多元文化素養整體及所有構面的知覺上，均未呈現顯著差異水準，代表教師教學年資對多元文化素養，在統計上不會造成顯著差異，無論教師的教學年資如何，都有一定的多元文化素養。推論其原因是近年來正值多元族群與多元文化受到重視，在學校環境中常接觸到多元族群的學生，無論教師的教學年資深淺的教師都能認真修正與改善教學技巧，以提升教學效能，故教師不會因教學年資的不同而影響其多元文化素養。

二、 不同教學年資教師在跨文化溝通的差異分析討論

不同教學年資在跨文化溝通之差異分析結果如表 4-16。

表 4-16 教學年資在跨文化溝之差異分析

構面	組別	個數	平均數	標準差	變異來源	平方和	自由度	平均平方和	F
接收	1	211	3.97	0.53	組間	.57	3	.19	.77
訊息	2	190	4.02	0.49					
	3	251	3.99	0.50	組內	247.97	1006	.25	
	4	358	3.95	0.47					
	總和	1010	3.98	0.50	總和	248.54	1009		
理解	1	211	3.78	0.59	組間	1.66	3	.55	1.76
意義	2	190	3.89	0.55					

（續下頁）

構面	組別	個數	平均數	標準差	變異來源	平方和	自由度	平均平方和	F
	3	251	3.79	0.55	組內	314.88	1006	.31	
	4	358	3.79	0.56					
	總和	1010	3.80	0.56	總和	316.54	1009		
溝通技能	1	211	3.84	0.50	組間	.28	3	.09	.37
	2	190	3.87	0.50					
	3	251	3.82	0.52	組內	255.97	1006	.25	
	4	358	3.83	0.50					
	總和	1010	3.84	0.50	總和	256.26	1009		
跨文化溝通	1	211	3.86	0.48	組間	.59	3	.20	.93
	2	190	3.92	0.46					
	3	251	3.86	0.45	組內	211.39	1006	.21	
	4	358	3.85	0.45					
	總和	1010	3.87	0.46	總和	211.98	1009		

表格說明：

＊「組別」中的「1」代表「未滿10年」組、「2」代表「10年以上未滿15年」組、「3」代表「15年以上未滿20年」組、「4」代表「20年以上」組

(一)整體差異性分析討論

　　表4-16為不同教學年資的受試者在跨文化溝通整體及其構面差異之 F 考驗。由表4-16可知，不同教學年資的教師在整體跨文化溝通的得分平均情形：「未滿10年」組(M=3.86)；「10年以上未滿15年」組(M=3.92)；「15年以上未滿20年」組(M=3.86)　；「20年以上」組(M=3.85)。然其結果未達顯著差異，亦即在整體跨文化溝通的得分表現上，不因教師教學年資不同而有所差異。

　　不同教學年資的國民小學教師在「跨文化溝通」感受上無顯著差異的結果，即不同教學年資教師在跨文化溝通上無顯著差異情形。然影響跨文化溝通效果的因素之一

是接觸不同文化的經驗，越有機會接觸不同文化的經驗會使跨文化溝通表現的較好，目前國民小學校園裡，幾乎都有不同族群、不同文化的學生，教師每天與他們生活在一起，所以都能接納文化差異的存在並給予尊重，並能同理心的接納他們，因此不同教學年資教師在跨文化溝通整體表現上，就不易有顯著差異存在。

(二)構面差異性分析討論

不同教學年資的受試國民小學教師，其在跨文化溝通的「接收訊息」、「理解意義」與「溝通技能」三構面中，均未達顯著差異。即教師教學年資的不同，對其在跨文化溝通各構面的得分表現上，不會有顯著差異。

不同教學年資教師在跨文化溝通的接收訊息、理解意義及溝通技能等構面上，亦未達顯著差異水準；溝通雙方若對於彼此的文化系統有某種程度的認識及了解，將會有助於其彼此之間的溝通，因國民小學校園裡，幾乎都有不同族群、不同文化的學生，不同教學年資的教師與學生溝通時都盡可能地超越文化界線，正確的解讀彼此之間所傳達的訊息內容，減少誤會產生的機會，增加跨文化溝通成功的機會，所以面對不同族群的學生也就不易產生溝通障礙問題，因此，不同教學年資教師在跨文化溝通的接收訊息、理解意義及溝通技能等構面上，就不易有顯著差異存在。

(三)小結

綜上所述，不同教學年資的國民小學教師，其在跨文化溝通整體及接收訊息、理解意義、溝通技能等構面表現上，均呈現無顯著差異存在，但整體構面都達到中上程度，代表無論任何教學年資的教師，面對多元族群學生溝通時能夠體會多元族群學生的感受，不但重視教師與學生互動的有效性與適當性外，也注重師生與溝通環境之間

的互動以及雙方的文化認同，分享他們的觀點，並採用適當的語言説明自己和多元族

群學生表達情感。因此，不同教學年資教師在跨文化溝通上，就不易有顯著差異存在。

三、　　不同教學年資教師在教學效能的差異分析討論

　　不同教學年資在教學效能之差異分析結果如表 4-17。

表 4-17 教學年資在教學效能之差異分析

構面	組別	個數	平均數	標準差	變異來源	平方和	自由度	平均平方和	F
教學	1	211	3.80	0.56	組間	1.57	3	.52	1.72
計畫	2	190	3.88	0.52					
	3	251	3.77	0.58	組內	307.56	1006	.31	
	4	358	3.77	0.55					
	總和	1010	3.80	0.55	總和	309.13	1009		
教學	1	211	3.92	0.50	組間	.69	3	.23	.89
策略	2	190	3.95	0.44					
	3	251	3.89	0.53	組內	257.07	1006	.26	
	4	358	3.89	0.52					
	總和	1010	3.90	0.51	總和	257.75	1009		
師生	1	211	3.93	0.50	組間	.49	3	.16	.70
互動	2	190	4.00	0.46					
	3	251	3.96	0.48	組內	234.06	1006	.23	
	4	358	3.95	0.48					
	總和	1010	3.96	0.48	總和	234.55	1009		
學習	1	211	4.28	0.50	組間	.85	3	.28	1.27
氣氛	2	190	4.33	0.48					
	3	251	4.36	0.47	組內	225.49	1006	.22	
	4	358	4.30	0.46					
	總和	1010	4.32	0.47	總和	226.34	1009		

（續下頁）

構面	組別	個數	平均數	標準差	變異來源	平方和	自由度	平均平方和	F
教學	1	211	3.98	0.44	組間	.49	3	.16	.93
效能	2	190	4.04	0.40					
	3	251	3.99	0.42	組內	178.32	1006	.18	
	4	358	3.98	0.42					
	總和	1010	3.99	0.42	總和	178.81	1009		

表格說明：

＊「組別」中的「1」代表「未滿 10 年」組、「2」代表「10 年以上未滿 15 年」組、「3」代表「15 年以上未滿 20 年」組、「4」代表「20 年以上」組

(一)整體差異性分析討論

　　表 4-17 為不同教學年資的受試者在教學效能整體及其構面差異之 F 考驗。由表 4-17 可知，不同教學年資的受試者在整體教學效能的得分平均情形：「未滿 10 年」組(M=3.98)；「10 年以上未滿 15 年」組(M=4.04)；「15 年以上未滿 20 年」組(M=3.99)；「20 年以上」組(M=3.98)。然其結果未達顯著差異，亦即在整體教學效能的得分表現上，不因教師教學年資的不同而有所差異。

　　不同教學年資的國民小學教師在「教學效能」知覺上無顯著差異的結果，與楊豪森(2008)、陳玫良（2009）、曾信榮（2010）、郭福豫（2015）的研究結果相似，但卻與蔡喬育（2008）、柯麗卿（2009）、駱奕穎（2011）、鄭雅婷（2017）等人的研究結果不同。

(二)構面差異性分析討論

　　不同教學年資的國民小學教師，其在「教學計畫」、「教學策略」、「師生互動」與「學習氣氛」四構面的得分表現上，均未達顯著差異，亦即教師教學年資的不同，對其在教學效能各構面的得分表現上，不會有顯著差異。

在教學效能的教學計畫、教學策略、師生互動與學習氣氛等四個構面表現上，亦未達顯著差異水準，亦即教師教學年資的不同，對其在教學效能各構面的得分表現上，沒有顯著差異。

推論其原因可能是由於年資較淺的教師可能自己在學生時代已經有接觸到多元族群之故，所以在年資方面與資深教師並沒有差異；無論任何教學年資的教師面對於文化背景不同的學生進行教學時，都能因應來自不同種族、族群和社會階級學生，去瞭解不同族群的學生其學習形式有何差異，並試著改進自己的教學方式，以符合每個不同需求的學生，使用合適的教學法，以促進學生們的學業成就，故不同教學年資教師在整體教學效能就不易有顯著差異存在。

(三)小結

綜上所述，不同教學年資的國民小學教師，其在教學效能整體及教學計畫、教學策略、師生互動與學習氣氛等四構面表現上，均呈現無顯著差異存在。在教學計畫、教學策略與師生互動構面，平均分數都達中上程度；在學習氣氛構面與整體教學效能構面平均分數都達高程度，顯示國民小學教師不論教學年資的長短，平日教學教學效能都極佳，推論原因是現階段國民小學教師均具備專業知能、教學熱忱、熟悉各項知識的教學方法及能夠瞭解學生的能力，故不同教學年資教師在整體教學效能上沒有顯著差異存在。

伍、不同職務教師在多元文化素養、跨文化溝通與教學效能之差異分析

本研究針對不同職務的國民小學教師分別進行多元文化素養、跨文化溝通與教學效能之差異比較，將回收有效有效問卷資料進行單因子變異數分析、雪費法事後比較，

結果如下：

一、不同職務教師在多元文化素養的差異分析討論

不同職務在多元文化素養之差異分析結果如表 4-18。

表 4-18 不同職務在多元文化素養之差異分析

構面	組別	個數	平均數	標準差	變異來源	平方和	自由度	平均平方和	F	Scheffé 事後比較
多元	1	241	4.46	.51						
文化	2	419	4.43	.44	組間	.17	2	.08	.39	
認知	3	350	4.46	.44	組內	212.52	1007	.21		
	總和	1010	4.45	.46	總和	212.68	1009			
多元	1	241	4.36	.54						
文化	2	419	4.37	.48	組間	.02	2	.01	.03	
情意	3	350	4.36	.49	組內	249.43	1007	.25		
	總和	1010	4.36	.50	總和	249.45	1009			
多元	1	241	3.90	.55						
文化	2	419	3.80	.50	組間	1.54	2	.77	2.99*	1＞2
技能	3	350	3.86	.49	組內	259.41	1007	.26		
	總和	1010	3.84	.51	總和	260.95	1009			
多元	1	241	4.25	.45						
文化	2	419	4.21	.39	組間	.30	2	.15	.91	
素養	3	350	4.23	.39	組內	164.35	1007	.16		
	總和	1010	4.23	.40	總和	164.65	1009			

表格說明：

1.「組別」中的「1」代表「科任教師」組、「2」代表「級任導師」組、「3」代表「教師兼行政」組。 2.*p＜.05

(一)整體差異性分析討論

表 4-18 為不同職務的受試者在教師在多元文化素養整體及其構面差異之 F 考驗。

245

由表 4-18 可知，不同職務的受試者在教師多元文化素養整體的得分平均情形：「科任教師」組(M=4.25)；「級任導師」組(M=4.21)；「教師兼行政」組(M=4.23)。其結果未達顯著差異，亦即在整體教師多元文化素養的得分表現上，不因教師職務不同而有所差異。

不同職務的國民小學教師在「多元文化素養」感受上的結果無顯著差異，本研究結果與余明仁（2012）的研究結果相似，但與李雅妮（2008）、陳淑玲（2009）、楊玉珠（2010）陳薇如（2011）等人研究發現有顯著差異不同。

推究其原因是無論擔任任何職務的教師均需面對不同族群的學生，在教學過程中均接受過多元文化等相關的研習，所以不論任何職務的教師，均能提升自我多元文化素養，並本著尊重差異、接納多元的多元文化教育精神，以身作則並且引導學生尊重彼此的差異，肯定文化多樣性的價值，能理解與尊重接納學生文化差異，並以學生的文化作為教學的基礎，因此在整體多元文化素養的知覺上與教師職務自然無顯著關係。

(二)構面差異性分析討論

不同職務的受試國民小學教師，其在多元文化素養的「多元文化認知」與「多元文化情意」二個構面中，均未達顯著差異；但在「多元文化技能」構面上達顯著差異，研究顯示科任教師多元文化技能總體平均高於級任導師，即教師職務的不同，對其在多元文化技能構面的得分表現上，有顯著差異，本研究結果與楊玉珠（2010）相近。

另不同職務教師在多元文化素養的多元文化認知、多元文化情意與多元文化技能等構面上，未達顯著差異水準，與湯心怡(2010)、陳薇如(2011)、林金玉（2012）、等人的研究結果不同。從資料分析顯示，不同職務的國民小學教師，其在多元文化素養各

構面知覺均為高程度，且差距不大，因此，教師教學年資對其在多元文化素養整體構面的表現上，無顯著差異，但在元文化技能構面的得分表現上科任教師優於級任教師。

(三)小結

綜上所述，不同職務的國民小學教師，其在多元文化素養整體構面及多元文化認知、多元文化情意構面的知覺上，均未呈現顯著差異水準，代表教師職務對多元文化素養，在統計上不會造成顯著差異，無論教師的職務如何，都有一定的多元文化素養。推論其原因是近年來正值多元族群與多元文化受到重視，在學校環境中常接觸到多元族群的學生，無論擔任任何職務的教師都具備各種相應的知識來認識、適應期教育對象的文化多樣性與特殊性，故教師不會因職務的不同而影響其多元文化素養；但科任教師的多元文化技能高於級任導師，推論其原因是級任教師面對的僅是自己班上的學生，而科任教必須面對不同班級的學生，接觸不同文化族群學生的機會比較多，促使多元文化技能的提升。

二、不同職務教師在跨文化溝通的差異分析討論

不同職務在跨文化溝通之差異分析結果如表 4-19。

表 **4-19** 不同職務在跨文化溝通之差異分析

構面	組別	個數	平均數	標準差	變異來源	平方和	自由度	平均平方和	F
接收訊息	1	241	4.02	.51					
	2	419	3.97	.49	組間	.59	2	.30	1.20
	3	350	3.96	.50	組內	247.95	1007	.25	
	總和	1010	3.98	.50	總和	248.54	1009		
理解意義	1	241	3.81	.58					
	2	419	3.78	.56	組間	.52	2	.26	.82
	3	350	3.83	.55	組內	316.02	1007	.31	
	總和	1010	3.80	.56	總和	316.54	1009		
溝通技能	1	241	3.88	.50					
	2	419	3.81	.51	組間	.83	2	.42	1.64
	3	350	3.83	.50	組內	255.42	1007	.25	
	總和	1010	3.84	.50	總和	256.26	1009		
跨文化溝通	1	241	3.90	.47					
	2	419	3.85	.46	組間	.42	2	.21	.99
	3	350	3.87	.45	組內	211.56	1007	.21	
	總和	1010	3.87	.46	總和	211.98	1009		

表格說明：

＊「組別」中的「1」代表「科任教師」組、「2」代表「級任導師」組、「3」代表「教師兼行政」組

(1)整體差異性分析討論

　　表 4-19 為不同職務的受試者在跨文化溝通整體及其構面差異之 F 考驗。由表 4-19 可知，不同職務的教師在整體跨文化溝通的得分平均情形：「科任教師」組(M=3.90)；「級任導師」組(M=3.85)；「教師兼行政」組(M=3.87)。然其結果未達顯著差異，亦即在整體跨文化溝通的得分表現上，不因教師職務不同而有所差異。

　　不同職務的國民小學教師在「跨文化溝通」感受上無顯著差異的結果，即不同職

務教師在跨文化溝通上無顯著差異情形。然影響跨文化溝通效果的因素之一是接觸不同文化的經驗，目前各縣市經常辦理國際交流活動，對於異文化的發現與學習、與異文化者的互動機會增多，越有機會接觸不同文化的經驗會使跨文化溝通表現的較好。擔任不同職務的教師都能參與交流活動，並能從多元角度詮釋所觀察到的現象，因此不同職務教師在跨文化溝通整體表現上，就不易有顯著差異存在。

(二)構面差異性分析討論

　　不同職務的受試國民小學教師，其在跨文化溝通的「接收訊息」、「理解意義」與「溝通技能」三構面中，均未達顯著差異。即教師職務的不同，對其在跨文化溝通各構面的得分表現上，不會有顯著差異。

　　不同職務教師在跨文化溝通的接收訊息、理解意義及溝通技能等構面上，亦未達顯著差異水準；溝通雙方若能跳脫個人的文化框架擴及涵蓋了其他文化的觀點，並能有意識地調整溝通模式來進行有效的溝通，將會有助於其彼此之間的跨文化溝通，因國民小學校園裡，幾乎都有不同族群的學生，不同職務的教師與學生都盡可能地在溝通過程中表現出真誠傾聽的態度，而不急於對他人評價，更能接受及認同文化差異，並在跨文化溝通的過程中經由與他人互動或建立良好關係而獲得滿足感，所以面對不同族群的學生也就不易產生溝通障礙問題，因此，不同職務教師在跨文化溝通的接收訊息、理解意義及溝通技能等構面上，就不易有顯著差異存在。

(三)小結

　　綜上所述，不同職務的國民小學教師，其在跨文化溝通整體及接收訊息、理解意義、溝通技能等構面表現上，均呈現無顯著差異存在，整體構面也都達到中上程度，

代表無論任何職務的教師，面對多元族群學生溝通時都能接受並尊重文化差異、尊重來自不同文化的人的價值觀，能有效接受及回應對方訊息的能力，和來自不同文化的人進行交流時，能敏感察覺出對方細微的含意，並採用適當的語言說明自己和多元族群學生表達情感。因此，不同職務教師在跨文化溝通上，就不易有顯著差異存在。

三、不同職務教師在教學效能的差異分析討論

不同職務在教學效能之差異分析結果如表 4-20。

表 4-20 不同職務在教學效能之差異分析

構面	組別	個數	平均數	標準差	變異來源	平方和	自由度	平均平方和	F
教學	1	241	3.86	.59					
計畫	2	419	3.77	.54	組間	1.31	2	.66	2.15
	3	350	3.79	.54	組內	307.82	1007	.31	
	總和	1010	3.80	.55	總和	309.13	1009		
教學	1	241	3.91	.55					
策略	2	419	3.90	.49	組間	.03	2	.01	.06
	3	350	3.90	.49	組內	257.72	1007	.26	
	總和	1010	3.90	.51	總和	257.75	1009		
師生	1	241	4.00	.52					
互動	2	419	3.94	.45	組間	.49	2	.25	1.06
	3	350	3.95	.49	組內	234.05	1007	.23	
	總和	1010	3.96	.48	總和	234.55	1009		
學習	1	241	4.32	.51					
氣氛	2	419	4.34	.45	組間	.41	2	.20	.91
	3	350	4.29	.48	組內	225.93	1007	.22	
	總和	1010	4.32	.47	總和	226.34	1009		
教學	1	241	4.02	.45					
效能	2	419	3.99	.40	組間	.25	2	.13	.72
	3	350	3.98	.42	組內	178.56	1007	.18	

構面	組別	個數	平均數	標準差	變異來源	平方和	自由度	平均平方和	F
	總和	1010	3.99	.42	總和	178.81	1009		

表格說明：

＊「組別」中的「1」代表「科任教師」組、「2」代表「級任導師」組、「3」代表「教師兼行政」組

(一)整體差異性分析討論

　　表 4-20 為不同職務的教師在教學效能整體及其構面差異之 F 考驗。由表 4-20 可知，不同職務的教師在整體教學效能的得分平均情形：「科任教師」組(M=4.02)；「級任導師」組(M=3.99)；「教師兼行政」組(M=3.98)。然其結果未達顯著差異，亦即在整體教學效能的得分表現上，不因教師職務的不同而有所差異。

　　不同職務的國民小學教師在「教學效能」知覺上無顯著差異的結果，與陳玫良（2009）的研究結果相似，但卻與楊豪森（2008）、曾信榮（2010）、駱奕穎（2011）、楊素綾（2011）、蔡金田（2014）、郭福豫（2015））等人的研究結果不同。

(二)構面差異性分析討論

　　不同職務的國民小學教師，其在「教學計畫」、「教學策略」、「師生互動」與「學習氣氛」四構面的得分表現上，均未達顯著差異，亦即教師職務的不同，對其在教學效能各構面的得分表現上，不會有顯著差異。

　　在教學效能的教學計畫、教學策略、師生互動與學習氣氛等四個構面表現上，亦未達顯著差異水準，亦即教師職務的不同，對其在教學效能各構面的得分表現上，沒有顯著差異。

　　推論其原因可能是由於無論任何職務的教師在教學前都有良好的準備，在教學時可以完整且以不同方式呈現內容讓學生有效的學習，也都能與學生的關係保持良好溝

通，能夠清楚了解學生的問題同時有效的解決學生問題，去瞭解不同族群的學生其學習形式有何差異，並改進自己的教學方式，以符合每個不同需求的學生，使用合適的教學法，以促進學生們的學業成就，故不同職務教師在整體教學效能就不易有顯著差異存在。

(三)小結

綜上所述，不同職務的國民小學教師，其在教學效能整體及教學計畫、教學策略、師生互動與學習氣氛等四構面表現上，均呈現無顯著差異存在，平均分數都達中上程度，顯示國民小學教師不論擔任任何職務，平日教學效能都極佳，推論原因是現階段國民小學教師均具備專業知能、教學熱忱、熟悉各項知識的教學方法及能夠瞭解學生的能力，故不同職務教師在整體教學效能上沒有顯著差異存在。

陸、不同學校位置教師在多元文化素養、跨文化溝通與教學效能之差異分析

本研究針對不同學校位置的國民小學教師分別進行多元文化素養、跨文化溝通與教學效能之差異比較，將回收有效有效問卷資料進行單因子變異數分析、雪費法事後比較，結果如下：

一、 不同學校位置教師在多元文化素養的差異分析討論

不同學校位置在多元文化素養之差異分析結果如表 4-21。

表 **4-21** 學校位置在多元文化素養之差異分析

構面	組別	個數	平均數	標準差	變異來源	平方和	自由度	平均平方和	F	Scheffé事後比較
多元	1	334	4.47	.46						
文化	2	432	4.41	.48	組間	1.11	2	.56	2.65*	1>2
認知	3	244	4.49	.41	組內	211.57	1007	.21		3>2
	總和	1010	4.45	.46	總和	212.68	1009			
多元	1	334	4.37	.49						
文化	2	432	4.34	.50	組間	.42	2	.21	.85	
情意	3	244	4.39	.50	組內	249.02	1007	.25		
	總和	1010	4.36	.50	總和	249.45	1009			
多元	1	334	3.86	.52						
文化	2	432	3.81	.52	組間	.79	2	.40	1.53	
技能	3	244	3.88	.48	組內	260.16	1007	.26		
	總和	1010	3.84	.51	總和	260.95	1009			
多元	1	334	4.24	.41						
文化	2	432	4.19	.42	組間	.81	2	.40	2.48*	1>2
素養	3	244	4.26	.36	組內	163.84	1007	.16		3>2
	總和	1010	4.23	.40	總和	164.65	1009			

表格說明：

1.「組別」中的「1」代表「都市區」組、「2」代表「一般鄉鎮」組、「3」代表「偏遠」組

2. *p＜.05

(一)整體差異性分析討論

　　表 4-21 為不同任職學校位置的教師在多元文化素養整體及其構面差異之 F 考驗。

由表 4-21 可知，不同任職學校位置的受試者在教師多元文化素養整體的得分平均情

形：「都市區」組(M=4.24)；「一般鄉鎮」組(M=4.19)；「偏遠」組(M=4.26)。其結果達

顯著差異，亦即在整體教師多元文化素養的得分表現上，因教師任職學校位置不同而有所差異，研究結果顯示，偏遠地區的教師的平均數高於一般鄉鎮教師。

不同任職學校位置的國民小學教師在「多元文化素養」感受上的結果有顯著差異，本研究結果與余明仁（2012）的研究結果相似，但與陳淑玲（2009）、湯心怡（2010）、楊玉珠（2010）等人研究發現無顯著差異不同。

推究其原因是目前臺灣偏鄉學校與一般鄉鎮學校原住民籍教師比率高較高，根據蔡政忠（2017）原住民籍教師多元文化素養顯著高於非原住民籍教師，加上偏遠鄉鎮居民娶外籍配偶的比率高於一般鄉鎮，且偏鄉地區本來就有較多的原住民、客家等族群學生，故任職學校於偏遠地區的教師，有較多與多元族群學生相處的機會，教師每天面對不同族群的學生，本著尊重差異、接納多元的多元文化精神，並能肯定文化多樣性的價值，能理解與尊重接納學生文化差異，並以學生的文化作為教學的基礎，因此在整體多元文化素養的知覺上，任職於偏遠地區學校的教師在多元文化素養上優於一般鄉鎮地區的教師，本研究結果與蔡政忠（2017）原住民籍教師多元文化素養顯著高於非原住民籍教師之研究相似。

(二)構面差異性分析討論

不同任職學校位置的受試國民小學教師，其在多元文化素養的「多元文化情意」與「多元文化技能」二個構面中，均未達顯著差異；但在「多元文化認知」構面上達顯著差異，研究顯示任職學校於偏遠地區的教師總體多元文化認知平均高於任職學校於一般鄉鎮地區的，本研究結果與余明仁（2012）相近，但與楊玉珠（2010）的研究在「多元文化認知」構面上顯示任職學校於一般鄉鎮地區的教師多元文化認知平均高

於任職學校於偏遠地區的教師恰好相反。綜合上述研究顯示教師任職學校位置的不同，對其在多元文化認知構面的得分表現上，有顯著差異，但哪個任職學校位置教師較高有待進一步的研究。

(三)小結

綜上所述，不同任職學校位置的國民小學教師，其在多元文化素養各構面知覺均為高程度，不同任職學校位置教師在多元文化素養整體構面的表現上與多元文化認知構面的得分表現上，結果均顯示偏遠地區教師優於一般鄉鎮教師。代表無論教師的任職學校位置如何，都有一定的多元文化素養，但偏遠地區教師優於一般鄉鎮教師。推論其原因是偏遠地區學校學生成員較多元，其原住民學生、客家族群學生與新住民子女比例高於一般鄉鎮學校。故在在學校環境中常接觸到多元族群的學生，所以偏遠地區教師都具備各種相應的知識來認識、適應期教育對象的文化多樣性與特殊性，故增進教師其多元文化素養，提升了多元文化認知的知能。

二、　　不同學校位置教師在跨文化溝通的差異分析討論

不同學校位置在跨文化溝通之差異分析結果如表 4-22。

表 4-22 學校位置在跨文化溝通之差異分析

構面	組別	個數	平均數	標準差	變異來源	平方和	自由度	平均平方和	F	Scheffé事後比較
接收訊息	1	334	4.02	.49						
	2	432	3.94	.50	組間	1.33	2	.66	2.71*	1>2
	3	244	3.98	.49	組內	247.21	1007	.25		
	總和	1010	3.98	.50	總和	248.54	1009			
理解意義	1	334	3.85	.57						
	2	432	3.77	.54	組間	1.14	2	.57	1.82	
	3	244	3.80	.57	組內	315.40	1007	.31		
	總和	1010	3.80	.56	總和	316.54	1009			
溝通技能	1	334	3.88	.49						
	2	432	3.81	.50	組間	.96	2	.48	1.89	
	3	244	3.82	.52	組內	255.30	1007	.25		
	總和	1010	3.84	.50	總和	256.26	1009			
跨文化溝通	1	334	3.91	.46						
	2	432	3.84	.46	組間	1.09	2	.55	2.60*	1>2
	3	244	3.86	.46	組內	210.88	1007	.21		
	總和	1010	3.87	.46	總和	211.98	1009			

表格說明：

1.「組別」中的「1」代表「都市區」組、「2」代表「一般鄉鎮」組、「3」代表「偏遠」組

2.* $p < .05$

(一)整體差異性分析討論

　　表 4-22 為不同學校位置的教師在跨文化溝通整體及其構面差異之 F 考驗。由表 4-22 可知，不同學校位置的教師在整體跨文化溝通的得分平均情形：「都市區」組(M=3.91)；「一般鄉鎮」組(M=3.84)；「偏遠」組(M=3.86)。其結果達顯著差異，教師任

256

職學校位置不同在整體跨文化溝通的得分表現上，有顯著差異，且都市區學校教師高於一般鄉鎮學校教師。

都市區學校的國民小學教師在「跨文化溝通」感受上顯著優於一般鄉鎮學校教師。跨文化溝通能力不是只有語文，而是能夠辨認不同文化的人的價值觀和傳統的能力，以致於在進行任何話題的溝通過程中，都能夠看懂、聽懂和理解對方的肢體語言、弦外之音，避免觸犯對方的禁忌或做出會讓對方會錯意的言行。都市區學校有較多辦理國際交流活動的機會，學校開設較多多元文化課程、雙語學習課程等比率較高，所以都市區學校的國民小學教師對於異文化的發現與學習、與異文化者的互動機會增多，越有機會接觸不同文化的經驗會使跨文化溝通表現得較好。

(二)構面差異性分析討論

不同學校位置的受試國民小學教師，其在跨文化溝通的「埋解意義」與「溝通技能」二個構面，均未達顯著差異，但在「接收訊息」構面，達顯著差異。即教師任職學校位置的不同，對其在跨文化溝通接收訊息得分表現上，都市區學校教師高於一般鄉鎮學校教師。

都市區學校教師在跨文化溝通的接收訊息構面上優於一般鄉鎮學校教師；跨文化溝通需要克服脈絡化暗示，即在語言溝通接收訊息過程中有很多表層的語言特徵是說話者用來告訴聽話者現在是什麼情形，而聽話者也必須要對那些特徵有所理解，如果那些語言特徵背後的語言意義無法被瞭解，或者是聽話者不知道這一席話和前後文有何關係，就很容易造成溝通誤會。都市區學校教師相較於一般鄉鎮學校教師，更能接受及認同文化差異，所以面對不同族群的學生也就不易產生溝通障礙問題。

（三）小結

　　綜上所述，不同學校位置的國民小學教師，在跨文化溝通整體及接收訊息構面表現上，都市區學校教師優於一般鄉鎮學校教師。不同學校位置的國民小學教師其在跨文化溝通整體構面都達到中上程度；且「理解意義」與「溝通技能」二個構面，均未達顯著差異，代表無論都市區、一般鄉鎮、偏遠地區學校的教師，面對多元族群學生溝通時都能接受並尊重文化差異、尊重，和來自不同文化的人進行交流時，能敏感察覺出對方細微的含意，並採用適當的語言說明自己和多元族群學生表達情感。

三、　　不同學校位置教師在教學效能的差異分析討論

　　不同學校位置在教學效能之差異分析結果如表 4-23。

表 4-23 學校位置在教學效能之差異分析

構面	組別	個數	平均數	標準差	變異來源	平方和	自由度	平均平方和	F	Scheffé 事後比較
教學	1	334	3.81	.53						
計畫	2	432	3.78	.57	組間	.18	2	.09	.29	
	3	244	3.80	.56	組內	308.95	1007	.31		
	總和	1010	3.80	.55	總和	309.13	1009			
教學	1	334	3.89	.51						
策略	2	432	3.90	.51	組間	.37	2	.18	.72	
	3	244	3.94	.48	組內	257.38	1007	.26		
	總和	1010	3.90	.51	總和	257.75	1009			
師生	1	334	3.96	.47						
互動	2	432	3.96	.48	組間	.01	2	.00	.02	
	3	244	3.96	.50	組內	234.54	1007	.23		
	總和	1010	3.96	.48	總和	234.55	1009			
學習	1	334	4.35	.48						
氣氛	2	432	4.32	.47	組間	1.14	2	.57	2.56*	1>3
	3	244	4.26	.48	組內	225.20	1007	.22		
	總和	1010	4.32	.47	總和	226.34	1009			
教學	1	334	4.00	.41						
效能	2	432	3.99	.42	組間	.04	2	.02	.12	
	3	244	3.99	.43	組內	178.77	1007	.18		
	總和	1010	3.99	.42	總和	178.81	1009			

表格說明：

1.「組別」中的「1」代表「都市區」組、「2」代表「一般鄉鎮」組、「3」代表「偏遠」組

2.* $p < .05$

(一)整體差異性分析討論

表 4-23 為不同學校位置的教師在教學效能整體及其構面差異之 F 考驗。由表 4-23 可知，不同學校位置的教師在整體教學效能的得分平均情形：「都市區」組(M=4.00)；「一般鄉鎮」組(M=3.99)；「偏遠」組(M=3.99)。然其結果未達顯著差異，亦即在整體教學效能的得分表現上，不因教師所在學校位置的不同而有所差異。

不同學校位置的國民小學教師在教學效能知覺上無顯著差異的結果，與曾信榮（2010）、楊玉珠（2010）的研究結果相似，但卻與謝百亮（2006）、駱奕穎（2011）、蔡金田（2014）、郭福豫（2015））等人的研究結果不同。

推論其原因可能是由於無論任何學校位置的教師對自己本身的多元文化教學專業能力表現都能自我肯定且能影響學生學習信念，並能於實際進行有效的教學活動中，且教師訂定適當教學計畫、建立師生良好的互動、運用多元的教學策略，促使學生達成多元文化學習的目標，增進學生學習的成效，故不同學校位置教師在整體教學效能就不易有顯著差異存在。

(二)構面差異性分析討論

不同學校位置的國民小學教師，其在「教學計畫」、「教學策略」與「師生互動」三構面的得分表現上，未達顯著差異，但在「學習氣氛」構面的得分表現上，達顯著差異；結果顯示都市區學校的國民小學教師在「學習氣氛」感受上顯著優於偏遠地區學校教師。

在「學習氣氛」感受上都市區學校的國民小學教師顯著優於偏遠地區學校教師，推論其原因是都市區學校的國民小學教師距離教育大學、師範大學等師資培育機構較近，教師容易參與各種進修及教學技巧的研習活動，所以在課堂上教義連連各種教學

技巧，營造溫馨的學習氣氛。

(三)小結

　　綜上所述，不同學校位置的國民小學教師，其在教學效能整體及教學計畫、教學策略師與生互動等構面表現上，均呈現無顯著差異存在，平均分數都達中上到高程度，顯示國民小學不論任何學校位置教師，平日教學效能都極佳；本研究在學習氣氛的營造上則是都市區學校的國民小學教師顯著優於偏遠地區學校教師，推論原因是都市區學校的國民小學教師距離教育大學、師範大學等師資培育機構較近，教師容易參與各種進修及教學技巧的研習活動，較容易取的教學資源，至於真正的影響因素如何？則有待進一步的研究。

柒、不同學校規模教師在多元文化素養、跨文化溝通與教學效能之差異分析

　　本研究針對不同學校規模的國民小學教師分別進行多元文化素養、跨文化溝通與教學效能之差異比較，將回收有效有效問卷資料進行單因子變異數分析、雪費法事後比較，結果如下述：

一、　　不同學校規模教師在多元文化素養的差異分析討論

　　不同學校規模在多元文化素養之差異分析結果如表 4-24。

表 4-24 學校規模在多元文化素養之差異分析

構面	組別	個數	平均數	標準差	變異來源	平方和	自由度	平均平方和	F
多元	1	371	4.46	.44					
文化	2	465	4.45	.47	組間	.14	2	.07	.32
認知	3	174	4.43	.48	組內	212.55	1007	.21	
	總和	1010	4.45	.46	總和	212.68	1009		
多元	1	371	4.37	.50					
文化	2	465	4.35	.51	組間	.10	2	.05	.20
情意	3	174	4.38	.47	組內	249.35	1007	.25	
	總和	1010	4.36	.50	總和	249.45	1009		
多元	1	371	3.86	.48					
文化	2	465	3.85	.52	組間	.24	2	.12	.46
技能	3	174	3.81	.53	組內	260.72	1007	.26	
	總和	1010	3.84	.51	總和	260.95	1009		
多元	1	371	4.24	.39					
文化	2	465	4.22	.41	組間	.09	2	.04	.27
素養	3	174	4.21	.42	組內	164.56	1007	.16	
	總和	1010	4.23	.40	總和	164.65	1009		

表格說明：

＊「組別」中的「1」代表「12 班以下」組、「2」代表「13-48 班」組、「3」代表「49 班以上」組

(一)整體差異性分析討論

　　表 4-24 為不同學校規模的受試者在教師在多元文化素養整體及其構面差異之 F 考驗。由表 4-24 可知，不同學校規模的受試者在教師多元文化素養整體的得分平均情形：「12 班以下」組(M=4.24)；「13-48 班」組(M=4.22)；「49 班以上」組(M=4.21)。其結果未達顯著差異，亦即在整體教師多元文化素養的得分表現上，不因學校規模不同而有

所差異。

　　不同學校規模的國民小學教師在「多元文化素養」感受上的結果無顯著差異，本研究結果與（蔡蕙如）2010、洪巧珣（2010）、楊玉珠（2010）、余明仁（2012）、周明潔（2014）、蔡政忠（2017）等人的研究結果相似，但與李雅妮（2008）、蔡金田（2014）的研究發現有顯著差異不同。

　　推究其原因可能與目前正式教師都受過教育專業課程畢業，且參與過多元文化的研習，在教育也接觸過許多不同族群的學生。且臺灣社會長期都存在文化多元的現象，近來隨著社會更加多元與開放，無論在政治、經濟或教育文化方面，也都努力於多元文化的融合，並致力於促進文化多樣性的特性與價值、促進人權觀念和尊重個體之間的差異、促進每個人都有不同生活抉擇的機會、促進全人類的社會公平與機會均等、促進不同族群間權力分配的均等，因此在整體多元文化素養的知覺上與學校規模自然無顯著關係。

(二)構面差異性分析討論

　　不同學校規模的受試國民小學教師，其在多元文化素養的「多元文化認知」、「多元文化情意」與「多元文化技能」三構面中，均未達顯著差異。即學校規模的不同，對其在多元文化素養各構面的得分表現上，不會有顯著差異。

　　從資料分析顯示，不同學校規模的國民小學教師，其在多元文化素養各構面知覺均為高程度，且差距不大，因此，學校規模對其在多元文化素養各構面的表現上，自然無顯著差異。

(三)小結

　　綜上所述，不同學校規模的國民小學教師，其在多元文化素養整體及所有構面的知覺上，均未呈現顯著差異水準，代表學校規模對多元文化素養，在統計上不會造成顯著差異，無論教師服務學校規模大小如何，都有一定的多元文化素養。推論其原因是近年來新住民子女人數急遽增加，原住民族群亦紛紛正名，客家族群地位提升，特殊教育、性別平權等普遍受到重視，故教師不會因學校規模的不同而影響其多元文化素養。

二、　　不同學校規模教師在跨文化溝通的差異分析討論

　　不同學校規模在跨文化溝通之差異分析結果如表 4-25。

表 4-25 學校規模在跨文化溝通之差異分析

構面	組別	個數	平均數	標準差	變異來源	平方和	自由度	平均平方和	F
接收	1	371	3.97	.49					
訊息	2	465	3.97	.50	組間	.02	2	.01	.03
	3	174	3.98	.50	組內	248.53	1007	.25	
	總和	1010	3.98	.50	總和	248.54	1009		
理解	1	371	3.82	.53					
意義	2	465	3.80	.57	組間	.26	2	.13	.42
	3	174	3.78	.61	組內	316.27	1007	.31	
	總和	1010	3.80	.56	總和	316.54	1009		
溝通	1	371	3.83	.51					
技能	2	465	3.85	.50	組間	.13	2	.07	.26
	3	174	3.82	.52	組內	256.13	1007	.25	
	總和	1010	3.84	.50	總和	256.26	1009		
跨文	1	371	3.87	.44					
化溝	2	465	3.87	.46	組間	.02	2	.01	.06
通	3	174	3.86	.49	組內	211.95	1007	.21	
	總和	1010	3.87	.46	總和	211.98	1009		

表格說明：

＊「組別」中的「1」代表「12 班以下」組、「2」代表「13-48 班」組、「3」代表「49 班以上」組

(一)整體差異性分析討論

　　表 4-25 為不同學校規模的受試者在跨文化溝通整體及其構面差異之 F 考驗。由表 4-25 可知，不同學校規模的教師在整體跨文化溝通的得分平均情形：「12 班以下」組 (M=3.87)；「13-48 班」組(M=3.87)；「49 班以上」組(M=3.86)。然其結果未達顯著差異，亦即在整體跨文化溝通的得分表現上，不因學校規模不同而有所差異。

　　不同學校規模的國民小學教師在「跨文化溝通」感受上無顯著差異的結果，即不同學校規模教師在跨文化溝通上無顯著差異情形。目前國民教育均將多元文化觀應用在教育課程設計中可提供一種跨文化溝通的橋樑，透過不同文化的理解與學習來開拓視野，培養宏大的世界觀，並以活潑的課程與教學，啟發學生文化思考與空間，賦與學生生活層面不可或缺的意義與價值。多元文化課程能夠幫助少數團體的學生了解他們與社會、他們與世界的關係。在多元文化觀的前提之下，教育的重點在於尊重與分享，並能同理心的接納他們，因此不同學校規模教師在跨文化溝通整體表現上，就不易有顯著差異存在。

(二)構面差異性分析討論

　　不同學校規模的受試國民小學教師，其在跨文化溝通的「接收訊息」、「理解意義」與「溝通技能」三構面中，均未達顯著差異。即學校規模的不同，對其在跨文化溝通各構面的得分表現上，不會有顯著差異。

　　不同學校規模教師在跨文化溝通的接收訊息、理解意義及溝通技能等構面上，亦

未達顯著差異水準；語言是跨文化溝通最重要的工具，能夠幫助我們正確的瞭解對方，迅速地建立良好的友誼。近年我國陸續加入各國的新成員，尤其是東南亞等國家人數眾多，在臺灣這個移民之島，增添許多新文化的活力。有鑑於此，近年來各縣市政府教育局開始實施母語傳承教學，除了補助學校開課外，另也積極推廣新住民在家自行教學，期待透過家庭共學方式從小學習語言，並增加在日常生活中使用的機會。在這過程中教師也扮演相當重要的角色，無論任何規模大小的學校教師都要參與相關的研習，無形中也增進了教師跨文化溝通的能力，所以面對不同族群的學生也就不易產生溝通障礙問題，因此，不同學校規模教師在跨文化溝通的接收訊息、理解意義及溝通技能等構面上，就不易有顯著差異存在。

(三)小結

　　綜上所述，不同學校規模的國民小學教師，其在跨文化溝通整體及接收訊息、理解意義、溝通技能等構面表現上，均呈現無顯著差異存在。跨文化溝通是個複雜的過程，因為溝通雙方存在著諸多差異，這些差異經常會使溝通遇到阻礙，差異越大，溝通起來越困難。溝通時造成誤解的主要原因是缺乏溝通的意識。以這種思維方式進行溝通，就會使資訊接收者在不瞭解背景的情況下，自行理解和解釋資訊，容易造成認識偏差，產生誤解，嚴重影響溝通的效果。要想解決問題，雙方都要有強烈的溝通意識，各自負起溝通的責任，彼此換位思考，互相尊重，資訊發送者應該站在對方的立場上，盡可能將要傳遞的資訊表述清楚，讓對方感受到言辭真正的內涵和用意。資訊接收者要從對方角度去理解和解讀資訊，這樣才能減少溝通中的無效行為。因國民小學教師在職前訓練、在教學生涯過程中，溝通都是一門必修的課程；在甄選擔任正式

教師時也都必經口試的關卡，因此，不同學校規模教師在跨文化溝通上，就不易有顯

著差異存在。

三、　　不同學校規模教師在教學效能的差異分析討論

　　　不同學校規模在教學效能之差異分析結果如表 4-26。

表 4-26 學校規模在教學效能之差異分析

構面	組別	個數	平均數	標準差	變異來源	平方和	自由度	平均平方和	F
教學	1	371	3.84	.55					
計畫	2	465	3.79	.56	組間	1.37	2	.69	2.24
	3	174	3.73	.55	組內	307.76	1007	.31	
	總和	1010	3.80	.55	總和	309.13	1009		
教學	1	371	3.94	.50					
策略	2	465	3.89	.52	組間	.95	2	.47	1.86
	3	174	3.87	.47	組內	256.80	1007	.26	
	總和	1010	3.90	.51	總和	257.75	1009		
師生	1	371	3.97	.48					
互動	2	465	3.94	.48	組間	.37	2	.18	.79
	3	174	3.98	.49	組內	234.18	1007	.23	
	總和	1010	3.96	.48	總和	234.55	1009		
學習	1	371	4.28	.47					
氣氛	2	465	4.33	.48	組間	.72	2	.36	1.61
	3	174	4.34	.45	組內	225.62	1007	.22	
	總和	1010	4.32	.47	總和	226.34	1009		
教學	1	371	4.01	.43					
效能	2	465	3.99	.42	組間	.14	2	.07	.40
	3	174	3.98	.41	組內	178.67	1007	.18	
	總和	1010	3.99	.42	總和	178.81	1009		

表格說明：

＊「組別」中的「1」代表「12 班以下」組、「2」代表「13-48 班」組、「3」代表「49

班以上」組

（一）整體差異性分析討論

　　表 4-26 為不同學校規模的受試者在教學效能整體及其構面差異之 F 考驗。由表 4-26 可知，不同學校規模的受試者在整體教學效能的得分平均情形：「12 班以下」組 (M=4.01)；「13-48 班」組(M=3.99)；「」組(M=3.98)。然其結果未達顯著差異，亦即在整體教學效能的得分表現上，不因學校規模的不同而有所差異。

　　不同學校規模的國民小學教師在「教學效能」知覺上無顯著差異的結果，與楊豪森(2008)、陳玫良（2009）、柯麗卿（2009）、曾信榮（2010）、駱奕穎（2011）、楊素綾（2011）、郭福豫（2015）的研究結果相似，但卻與謝百亮（2006）的研究結果不同。

(二)構面差異性分析討論

　　不同學校規模的國民小學教師，其在「教學計畫」、「教學策略」、「師生互動」與「學習氣氛」四構面的得分表現上，均未達顯著差異，亦即學校規模大小的不同，對其在教學效能各構面的得分表現上，不會有顯著差異。

　　在教學效能的教學計畫、教學策略、師生互動與學習氣氛等四個構面表現上，亦未達顯著差異水準，亦即學校規模的不同，對其在教學效能各構面的得分表現上，沒有顯著差異。

　　推論其原因可能是由於無論任何學校規模的教師在教學行為之歷程中，不僅都能強化教學的方法，其教學更需要以科學精神與方法為基礎，透過科學的求真、求實、系統化、組織化及客觀性的精神，作為教師教學活動的理論根據與基礎，並且經由科學新知與研究精神，使教學達到預定的效果。面對於文化背景不同的學生進行教學時，在教學歷程中，能運用科學精神與教學方法，激發學習者的學習動機，了解學習者的

學習特質，以不同而有效的教學方法，增進學習者之學習效果，故不同學校規模教師在整體教學效能就不易有顯著差異存在。

(三)小結

　　綜上所述，不同學校規模的國民小學教師，其在教學效能整體及教學計畫、教學策略、師生互動與學習氣氛等四構面表現上，均呈現無顯著差異存在。在教學計畫、教學策略與師生互動構面，平均分數都達中上程度；教師的教學行為是一種複雜且包含解決問題及作決定的認知過程。教師在教學歷程中扮演主動處理訊息的角色，能透過反省思考活動，使其對教學工作重新詮釋與體會，主動地分析自己的教學，是一個慎思熟慮的個體。目前不論學校規模大小的國民小學教師，在教學歷程中，都能運用教學的資源與教學方法，激發學習者的學習動機，並且了解學習者的基本能力與學習特質，以不同而有效的教學方法，強化並增進學習效果，以達到預定的教學目標，故不同學校規模教師在整體教學效能上沒有顯著差異存在。

捌、不同學校區域教師在多元文化素養、跨文化溝通與教學效能之差異分析

　　本研究針對不同學校區域的國民小學教師分別進行多元文化素養、跨文化溝通與教學效能之差異比較，將回收有效有效問卷資料進行單因子變異數分析、雪費法事後比較，結果如下述：

一、　　不同學校區域教師在多元文化素養的差異分析討論

　　不同學校區域在多元文化素養之差異分析結果如表 4-27。

表 4-27 學校區域在多元文化素養之差異分析

構面	組別	個數	平均數	標準差	變異來源	平方和	自由度	平均平方和	F
多元	1	268	4.42	.52	組間	1.12	3	.37	1.77
文化	2	329	4.42	.44					
認知	3	308	4.49	.43	組內	211.57	1006	.21	
	4	105	4.49	.45					
	總和	1010	4.45	.46	總和	212.68	1009		
多元	1	268	4.34	.53	組間	.85	3	.28	1.15
文化	2	329	4.34	.49					
情意	3	308	4.40	.47	組內	248.60	1006	.25	
	4	105	4.34	.47					
	總和	1010	4.36	.50	總和	249.45	1009		
多元	1	268	3.85	.49	組間	.92	3	.31	1.19
文化	2	329	3.81	.53					
技能	3	308	3.88	.50	組內	260.03	1006	.26	
	4	105	3.86	.52					
	總和	1010	3.84	.51	總和	260.95	1009		
多元	1	268	4.21	.43	組間	.86	3	.29	1.75
文化	2	329	4.20	.40					
素養	3	308	4.27	.39	組內	163.79	1006	.16	
	4	105	4.24	.41					
	總和	1010	4.23	.40	總和	164.65	1009		

表格說明：

＊「組別」中的「1」代表「北部」組、「2」代表「中部」組、「3」代表「南部」組、「4」代表「東部」組

(一)整體差異性分析討論

　　表 4-27 為不同學校區域任職的教師在多元文化素養整體及其構面差異之 F 考驗。

由表 4-27 可知，不同學校區域任職的受試者在教師多元文化素養整體的得分平均情

形:「北部」組(M=4.21);「中部」組(M=4.20);「南部」組(M=4.27);「東部」組(M=4.24)。其結果達顯著差異,亦即在整體教師多元文化素養的得分表現上,不會因教師任職學校區域不同而有所差異。

不同學校區域任職的國民小學教師在「多元文化素養」感受上的結果沒有顯著差異,本研究結果與蔡蕙如(2010)、洪巧珣(2010)等人的研究結果相似,但與湯心怡(2010)研究發現有顯著差異不同。

推究其原因是目前臺灣近年來新住民與外籍人口的比例的增加,教師面對不同文化背景的學生與家長的機會日益增多,且不論新住民、原住民或客家族群,都極力推廣其特色文化,整個社會價值觀的改變、多元文化社會逐漸成型,致使學校也重視多元文化的議題。教師每天面對不同族群的學生,本著尊重差異、接納多元的多元文化精神,並能肯定文化多樣性的價值,能理解與尊重接納學生文化差異;在課程內容呈現、教學活動的安排、師生關係建立、良好的親師互動等各方面,並以學生的文化作為教學的基礎,因此在整體多元文化素養的知覺上,任職於不同學校區域的教師在多元文化素養上沒有顯著差異。

(二)構面差異性分析討論

不同任職學校區域的受試國民小學教師,其在多元文化素養的「多元文化認知」、「多元文化情意」與「多元文化技能」三個構面中,均未達顯著差異,即不同任職學校區域的教師均能瞭解不同族群的文化,且敏感於個體的需求,繼而消除自身對不同文化的偏見與歧視,肯定及尊重不同族群存在的價值,創造平等的教育機會,以落實多元文化教育。

(三)小結

綜上所述，不同任職學校區域的國民小學教師，其在多元文化素養各構面知覺均為高程度，不同任職學校區域教師在多元文化素養整體及所有構面的知覺上，均未呈現顯著差異水準，代表學校區域對多元文化素養，在統計上不會造成顯著差異，無論教師服務於任何區域學校，都有一定的多元文化素養。推論其原因是近年來新住民子女人數急遽增加，原住民族群亦紛紛正名，客家族群地位提升，特殊教育、性別平權等普遍受到重視，故教師不會因學校規模的不同而影響其多元文化素養。

二、　　不同學校區域教師在跨文化溝通的差異分析討論

不同學校區域在跨文化溝通之差異分析結果如表 4-28。

表 4-28 學校區域在跨文化溝通之差異分析

構面	組別	個數	平均數	標準差	變異來源	平方和	自由度	平均平方和	F	Scheffé 事後比較
接收訊息	1	268	3.97	.50	組間	2.33	3	.78	3.17*	
	2	329	3.93	.47						3＞2
	3	308	4.04	.50	組內	246.21	1006	.24		3＞4
	4	105	3.93	.53						
	總和	1010	3.98	.50	總和	248.54	1009			
理解意義	1	268	3.81	.56	組間	1.38	3	.46	1.47	
	2	329	3.79	.54						
	3	308	3.84	.55	組內	315.16	1006	.31		
	4	105	3.71	.64						
	總和	1010	3.80	.56	總和	316.54	1009			
溝通技能	1	268	3.84	.51	組間	1.12	3	.37	1.47	
	2	329	3.81	.49						
	3	308	3.88	.50	組內	255.14	1006	.25		
	4	105	3.77	.54						
	總和	1010	3.84	.50	總和	256.26	1009			
跨文化溝通	1	268	3.87	.45	組間	1.41	3	.47	2.24	
	2	329	3.84	.44						
	3	308	3.92	.46	組內	210.57	1006	.21		
	4	105	3.80	.51						
	總和	1010	3.87	.46	總和	211.98	1009			

表格說明：

1.「組別」中的「1」代表「北部」組、「2」代表「中部」組、「3」代表「南部」組、「4」代表「東部」組

2.* p＜.05

(1)整體差異性分析討論

　　表 4-28 為不同學校區域的教師在跨文化溝通整體及其構面差異之 F 考驗。由表

273

4-28 可知，不同學校區域的教師在整體跨文化溝通的得分平均情形：「北部」組 (M=3.87)；「中部」組(M=3.84)；「南部」組(M=3.92)；「東部」組(M=3.80)。其結果未達顯著差異，教師任職學校區域不同在整體跨文化溝通的得分表現上，沒有顯著差異。

　　推論其原因是教師在與不同文化背景的家長跨文化溝通，對於部分受限於語文能力的新移民家長均能利用家庭訪問、定期性會議等方式主動認識家長，並分享彼此的文化經驗。從尊重及欣賞多元文化的角度出發，以主動與開放的態度向新移民女性家長釋出善意，搭起親師合作的心橋，共同關懷與陪伴子女學習成長。所以故教師不會因學校區域的不同而影響其跨文化溝通。

(二)構面差異性分析討論

　　不同學校區域的國民小學教師，其在跨文化溝通的「理解意義」與「溝通技能」二個構面，均未達顯著差異，但在「接收訊息」構面，達顯著差異。即教師任職學校區域的不同，對其在接收訊息得分表現上，南部地區學校教師高於中部地區與東部地區的學校教師。

　　跨文化溝通需要克服脈絡化暗示，南部地區教師相較於中、東部地區教師較具草根性，溝通時比較率直，較少用隱喻的溝通模式，即在語言溝通接收訊息過程中有很多表層的語言特徵是說話者用來告訴聽話者現在是什麼情形，而聽話者也必須要對那些特徵有所理解，如果那些語言特徵背後的語言意義無法被瞭解，或者是聽話者不知道這一席話和前後文有何關係，就很容易造成溝通誤會；另外是否南部是屬於農業或中小企業居多，故外籍移工與新住民較多?教師平常與外界不同文化背景的族群接觸較多，了解如何與他們溝通。故南部地區學校教師相較於中部、東部地區學校教師，更

能接受及認同文化差異，所以面對不同族群的學生也就不易產生溝通障礙問題。

(三)小結

　　綜上所述，不同學校區域的國民小學教師，在接收訊息構面表現上，南部地區學校教師優於中部、東部地區學校教師。不同學校區域的國民小學教師其在跨文化溝通整體構面都達到中上程度；且「理解意義」與「溝通技能」二個構面，均未達顯著差異，代表無論任何區域學校的教師，僅在接收訊息構面表現上有差異，但面對多元族群學生溝通時都能接受並尊重文化差異、尊重，和來自不同文化的人進行交流時，能敏感察覺出對方細微的含意，並採用適當的語言說明自己和多元族群學生表達情感。

三、　　不同學校區域教師在教學效能的差異分析討論

　　不同學校區域在教學效能之差異分析結果如表 4-29。

表 4-29 學校區域在教學效能之差異分析

構面	組別	個數	平均數	標準差	變異來源	平方和	自由度	平均平方和	F	Scheffé 事後比較
教學計畫	1	268	3.76	.57	組間	2.20	3	.73	2.40*	3>1
	2	329	3.78	.57						3>2
	3	308	3.87	.51	組內	306.94	1006	.31		3>4
	4	105	3.74	.56						
	總和	1010	3.80	.55	總和	309.13	1009			
教學策略	1	268	3.88	.53	組間	.64	3	.21	.83	
	2	329	3.91	.52						
	3	308	3.94	.48	組內	257.11	1006	.26		
	4	105	3.87	.46						
	總和	1010	3.90	.51	總和	257.75	1009			
師生互動	1	268	3.95	.50	組間	.10	3	.03	.14	
	2	329	3.95	.49						

275

（續下頁）

構面	組別	個數	平均數	標準差	變異來源	平方和	自由度	平均平方和	F	Scheffé 事後比較
	3	308	3.97	.46	組內	234.44	1006	.23		
	4	105	3.94	.49						
	總和	1010	3.96	.48	總和	234.55	1009			
學習氣氛	1	268	4.29	.52	組間	.58	3	.19	.87	
	2	329	4.33	.46						
	3	308	4.33	.46	組內	225.76	1006	.22		
	4	105	4.26	.44						
	總和	1010	4.32	.47	總和	226.34	1009			
教學效能	1	268	3.97	.45	組間	.63	3	.21	1.18	
	2	329	3.99	.43						
	3	308	4.03	.39	組內	178.18	1006	.18		
	4	105	3.95	.42						
	總和	1010	3.99	.42	總和	178.81	1009			

表格說明：

1.「組別」中的「1」代表「北部」組、「2」代表「中部」組、「3」代表「南部」組、「4」代表「東部」組

2.* $p < .05$

(一)整體差異性分析討論

　　表 4-29 為不同學校區域的受試者在教學效能整體及其構面差異之 F 考驗。由表 4-29 可知，不同學校區域的受試者在整體教學效能的得分平均情形：「北部」組 (M=3.97)；「中部」組(M=3.99)；「南部」組(M=4.03)；「東部」組(M=3.95)。然其結果未達顯著差異，亦即在整體教學效能的得分表現上，不因教師所在學校區域的不同而有所差異。

　　推論其原因可能是由於無論任何學校區域的教師對自己本身的多元文化教學專業能力表現都能自我肯定且能影響學生學習信念，並能於實際進行有效的教學活動中，且教師擬定適當教學計畫、建立師生良好的互動、運用多元的教學策略，促使學生達成多元文化學習的目標，增進學生學習的成效，故不同學校區域教師在整體教學效能就不易有顯著差異存在。

(二)構面差異性分析討論

　　不同學校區域的國民小學教師，其在「教學策略」、「師生互動」與「學習氣氛」三構面的得分表現上，未達顯著差異，但在「教學計畫」構面的得分表現上，達顯著差異；結果顯示南部地區學校的國民小學教師在「教學計畫」感受上顯著優於其他地區學校教師。

　　在「教學計畫」感受上南部地區學校的國民小學教師顯著優於北部、中部與東部地區學校教師，推論其原因是南部地區屬於農業或中小企業居多，故外籍移工與新住民較多?教師平常與外界不同文化背景的族群接觸教多，了解如何與他們溝通，因此在教學計畫的擬定上融入較多多元文化的要素，促使教師多元文化專業能力的提升，故在教學計畫的訂定上，具有顯著長足的優勢。

　(三)小結

　　綜上所述，不同學校區域的國民小學教師，其在教學效能整體及教學策略、師生互動與學習氣氛等構面表現上，均呈現無顯著差異存在，平均分數都達中上到高程度，顯示國民小學不論任何學校區域教師，平日教學效能都極佳；本研究在教學計畫的訂定上則是南部地區學校的國民小學教師顯著優於北部、中部與東部地區學校教師，推

論原因是是南部地區屬於農業或中小企業居多，故外籍移工與新住民較多?與外界不同

文化背景的族群接觸教多，了解如何與他們溝通，因此在教學計畫的訂定上融入較多

多元文化的要素，促使教師多元文化專業能力的提升，故在教學計畫的訂定上，具有

顯著長足的優勢，至於真正的影響因素如何？則有待進一步的研究。

第三節 教師多元文化素養、跨文化溝通與教學效能之相關分析

本節旨在探討國民小學教師多元文化素養、跨文化溝通與教學效能之相關情形。

國民小學教師多元文化素養包括多元文化認知、多元文化情意、多元文化技能等三個

構面；跨文化溝通包括接收訊息、理解意義與溝通技能等三個構面；教學效能包括教

學計畫、教學策略、師生互動與學習氣氛等四個構面。相關係數小於.4 為低度相關，

介於.4 -.8 為中度相關，大於.8 為高度相關（吳明隆、涂金堂，2016）。本部份之統計

方法為 Pearson 積差相關。以下分別探討這些構面間的相關情形。

壹、教師多元文化素養與跨文化溝通的相關分析與討論

一、教師多元文化素養與跨文化溝通的相關分析

為進一步釐清教師多元文化素養整體及各構面，對跨文化溝通整體及各構面的彼

此相關程度，茲整理多元文化素養與跨文化溝通之相關分析如表 4-30。

表 4-30 多元文化素養與跨文化溝通之相關分析摘要表

構面	接收訊息	理解意義	溝通技能	跨文化溝通
多元文化認知	.440[**]	.395[**]	.353[**]	.443[**]
多元文化情意	.508[**]	.444[**]	.392[**]	.500[**]

多元文化技能	.640**	.630**	.593**	.699**
多元文化素養	.633**	.588**	.537**	.657**

** *p* < .01

　　由表 4-30 顯示，多元文化認知與跨文化溝通總分相關為.443，達顯著水準；其與

各分構面相關係數由高而低依序為接收訊息.440、理解意義.395、溝通技能.353，均達

顯著水準，且皆為中度到臨界中度正相關。亦即國民小學教師多元文化素養的分構面

多元文化認知會中度正向影響其在跨文化溝通整體及其分構面(接收訊息、理解意義與

溝通技能)的表現。也就是多元文化認知對跨文化溝通整體及接收訊息有中度正向影

響；多元文化認知對理解意義與溝通技能有正向影響，但影響程度較輕微。。

　　多元文化情意與跨文化溝通總分相關為.500，達顯著水準，屬於中度正相關；其與

各分構面相關係數由高而低依序為接收訊息.508、理解意義.444、溝通技能.392，均達

顯著水準，且除溝通技能為低度正相關外，其餘均為中度正相關。亦即，多元文化認

知對跨文化溝通整體及接收訊息、理解意義與有中度正向影響；多元文化情意對溝通

技能有正向影響，但影響程度較輕微。

　　多元文化技能與跨文化溝通總分相關為.699，達顯著水準；其與各分構面相關係數

由高而低依序為接收訊息.640、理解意義.630、溝通技能.593，均達顯著水準，且皆為

中度正相關。亦即，多元文化情意對跨文化溝通整體及接收訊息、理解意義與溝通技

能有中度正向影響。

　　教師多元文化素養與跨文化溝通總分相關為.657，達顯著水準；其與跨文化溝通各

分構面相關係數由高而低依序為接收訊息.633、理解意義.588、溝通技能.537，均達顯

著水準，且皆為中度正相關。可見，教師多元文化素養整體相對而言，對跨文化溝通

整體及各分構面均有正向影響。

二、教師多元文化素養與跨文化溝通的相關分析討論

　　首先，根據本研究結果分析，發現整體教師多元文化素養與跨文化溝通間呈現顯著的中度正相關（r=.657，p<.001），即整體多元文化素養得分愈高的國民小學教師，其在整體跨文化溝通也會愈高。

　　再探討教師多元文化素養與跨文化溝通各分構面相關係數，均達顯著水準，且均為低度至中度正相關；而在教師多元文化素養各分構面與跨文化溝通整體及分構面的關係係數，亦均達顯著正相關，其中分構面間以「多元文化技能」與「接收訊息」的相關係數最高(.640)；而多元文化素養分構面「多元文化技能」與跨文化溝通整體的相關係數最高(.699)。

　　分析討論上述之研究結果，可以得知整體多元文化素養及各構面得分程度愈高之國民小學教師，其整體跨文化溝通及各構面效能亦愈高。推究其原因，可能與教師多元文化素養會影響教師的跨文化溝通，只是影響程度低度至中度程度，至於有關教師多元文化素養與跨文化溝通之相關實證研究尚未有研究涉及，更顯得本研究主題的重要性。

貳、教師多元文化素養與教學效能的相關分析與討論

一、教師多元文化素養與教學效能的相關分析

　　為進一步釐清教師多元文化素養整體及各構面，對教學效能整體及各構面的彼此相關程度，茲整理多元文化素養與教學效能之相關分析如表 4-31。

表 4-31 多元文化素養與教學效能之相關分析摘要表

構面	教學計畫	教學策略	師生互動	學習氣氛	教學效能
多元文化認知	.415**	.414**	.377**	.430**	.490**
多元文化情意	.400**	.368**	.355**	.451**	.471**
多元文化技能	.603**	.580**	.508**	.395**	.629**
多元文化素養	.572**	.553**	.501**	.508**	.640**

** $p <.01$

　　由表 4-31 顯示，多元文化認知與教學效能總分相關為.490，達顯著水準；其與各分構面相關係數由高而低依序為學習氣氛.430、教學計畫.415、教學策略.414、師生互動.377，均達顯著水準，且皆為低度到中度正相關。亦即國民小學教師多元文化素養的分構面多元文化認知會低度到中度正向影響其在教學效能整體及其分構面(教學計畫、教學策略、師生互動、學習氣氛)的表現。也就是多元文化認知對教學效能整體及教學計畫、教學策略、學習氣氛有中度正向影響；多元文化認知對師生互動有正向影響，但影響程度較輕微。

　　多元文化情意與教學效能總分相關為.471，達顯著水準，屬於中度正相關；其與各分構面相關係數由高而低依序為學習氣氛.451、教學計畫.400、教學策略.368、師生互動.355，均達顯著水準，且除教學策略與師生互動為低度正相關外，其餘學習氣氛、教學計畫均為中度正相關。亦即，多元文化情意對教學效能整體及與學習氣氛、教學計畫有中度正向影響；多元文化情意對教學策略與師生互動有正向影響，但影響程度較輕微。

　　多元文化技能與教學效能總分相關為.629，達顯著水準；其與各分構面相關係數由高而低依序為教學計畫.603、教學策略.580、師生互動.508、學習氣氛.395，均達顯著

水準，且皆為低度到中度正相關。亦即，多元文化技能對教學效能整體及與教學計畫、教學策略與師生互動有中度正向影響；多元文化技能對與學習氣氛有正向影響，但影響程度較輕微。

教師多元文化素養與教學效能總分相關為.640，達顯著水準；其與教學效能各分構面相關係數由高而低依序為教學計畫.572、教學策略.553、學習氣氛.508、師生互動.501，均達顯著水準，且皆為中度正相關。可見，教師多元文化素養整體相對而言，對教學效能整體及各分構面均有正向影響。

二、教師多元文化素養與教學效能的相關分析討論

首先，根據本研究結果分析，發現整體教師多元文化素養與教學效能間呈現顯著的中度正相關（r=.640，p<.001），即整體多元文化素養得分愈高的國民小學教師，其在整體教學效能也會愈高。

再探討教師多元文化素養與教學效能各分構面相關係數，均達顯著水準，且均為中度正相關；而在教師多元文化素養各分構面與教學效能整體及分構面的關係係數，亦均達顯著正相關，其中分構面間以「多元文化技能」與「教學計畫」的相關係數最高(.603)；而多元文化素養分構面「多元文化技能」與教學效能整體的相關係數最高(.629)。

分析討論上述之研究結果，可以得知整體多元文化素養及各構面得分程度愈高之國民小學教師，其整體教學效能及各構面效能亦愈高。推究其原因，可能多元文化素養越高的國民小學教師，越能抱持開放的心胸看待文化差異，接納與尊重不同文化所持的價值觀，樂於與不同文化背景的人進行溝通互動，能尊重每一個學生的差異，接

納學生為不同的獨立個體，儘可能摒除偏見或刻板印象，故能有助於提升教師在教學

現場的成效。

參、跨文化溝通與教學效能的相關分析與討論

一、跨文化溝通與教學效能的相關分析

　　為進一步釐清跨文化溝通整體及各構面，對教學效能整體及各構面的彼此相關程

度，茲將跨文化溝通與教學效能之相關分析整理如表 4-32。

表 4-32　跨文化溝通與教學效能之相關分析摘要表

構面	教學計畫	教學策略	師生互動	學習氣氛	教學效能
接收訊息	.536**	.545**	.506**	.460**	.614**
理解意義	.560**	.562**	.524**	.428**	.623**
溝通技能	.564**	.584**	.567**	.447**	.649**
跨文化溝通	.627**	.640**	.606**	.503**	.713**

** *p* <.01

　　由表 4-30 顯示，接收訊息與教學效能總分相關為.614，達顯著水準；其與教學效

能各分構面相關係數由高而低依序為教學策略.545、教學計畫.536、師生互動.506、學

習氣氛.460，均達顯著水準，且皆為低度到中度正相關。亦即國民小學教師跨文化溝通

的分構面接收訊息會中度正向影響其在教學效能整體及其分構面(教學計畫、教學策

略、師生互動、學習氣氛)的表現。也就是接收訊息對教學效能整體及教學計畫、教學

策略、師生互動、學習氣氛有中度正向影響。

　　理解意義與教學效能總分相關為.623，達顯著水準，屬於中度正相關；其與教學效

能各分構面相關係數由高而低依序為教學策略.562、教學計畫.560、師生互動.524、學

習氣氛.428，均達顯著水準，且均為中度正相關。亦即，理解意義對教學效能整體及與

教學計畫、教學策略、師生互動、學習氣氛各分構面有中度正向影響。

溝通技能與教學效能總分相關為.649，達顯著水準；其與教學效能各分構面相關係數由高而低依序為教學策略.584、師生互動.567、教學計畫.564、學習氣氛.447，均達顯著水準，且皆為低度到中度正相關。亦即，溝通技能對教學效能整體及與教學計畫、教學策略、師生互動與學習氣氛有中度正向影響。

跨文化溝通與教學效能總分相關為.713，達顯著水準，且達中度度相關；其與各分構面相關係數由高而低依序為教學策略.640、教學計畫.627、師生互動.606、學習氣氛.503，均達顯著水準，且皆為中度正相關。可見，跨文化溝通整體相對而言，對教學效能整體及各分構面均有正向影響。

二、跨文化溝通與教學效能的相關分析討論

首先，根據本研究結果分析，發現整體跨文化溝通與教學效能間呈現顯著的中度正相關（r=.713，p<.001），即整體跨文化溝通得分愈高的國民小學教師，其在整體教學效能也會愈高。

再探討跨文化溝通與教學效能各分構面相關係數，均達顯著水準，且均為中度正相關；而在跨文化溝通各分構面與教學效能整體及分構面的關係係數，亦均達顯著正相關，其中分構面間以「溝通技能」與「教學策略」的相關係數最高(.584)；而跨文化溝通分構面「溝通技能」與教學效能整體的相關係數最高(.649)。

分析討論上述之研究結果，可以得知整體跨文化溝通及各構面得分程度愈高之國民小學教師，其整體教學效能及各構面效能亦愈高。推究其原因，可能跨文化溝通越高的國民小學教師，面對班級不同族群的學生，越能選擇合適的溝通方式，並能夠根

據對方的溝通方式來調整自己,即時性的且合宜的教室互動與回饋、運用更寬廣的教育背景脈絡與策略融入課程與教學,給予學生更多元與豐富學習,故能有助於提升教師在教學現場的成效。

第四節 多元文化素養、跨文化溝通與教學效能之結構方程模式影響效果分析

本節旨在以 AMOS 結構方程模式進行模式的配適度及因果關係檢測,驗證國民小學教師「多元文化素養」、「跨文化溝通」與「教學效能」間的模式關係。

壹、整體模型結構與假設

本研究旨在探討教師多元文化素養、跨文化溝通與教學效能之關係,在實務教學經驗上教師多元文化素養會影響到教師跨文化溝通,也會影響到教學效能,教師多元文化素養會透過跨文化溝通影響教學效能,因而建立本研究教師多元文化素養、跨文化溝通與教學效能概念性結構模型假設,如表 4-33。

表 4-33 教師多元文化素養、跨文化溝通與教學效能概念性結構模型假設

假 設	內　　　容
H1	多元文化素養對知覺教學效能有正向影響
H2	多元文化素養知覺跨文化溝通有正向影響
H3	跨文化溝通對知覺教學效能有正向影響

在經過一階及二階驗證性因素分析後,教師多元文化素養構面、跨文化溝通構面與教學效能構面都具有良好的信度、收斂效度與區別效度,接下來進行結構模型分析,以驗證概念性架構的配適度與假設,並分析各構面的直接效果與間接效果。由於各構

面的信度、收斂效度及區別效度均已達可接受水準以上，故可以單一指標取代多重衡量指標，亦即以各子構面的題項得分之平均值，作為各子構面的得分，再由各子構面作為主構面的多重衡量指標，如教師多元文化素養為潛在變數時，其觀察變數包含多元文化認知平均分數、多元文化情意平均分數與多元文化技能平均分數等三個子構面，而以跨文化溝通為潛在變項時，其觀察變項為接收訊息平均分數、理解意義平均分數與溝通技能平均分數等三個子構面，而教學效能潛在變項則由教學計畫、教學策略、師生互動與學習氣氛等四個子構面，以測量教師多元文化素養、跨文化溝通與教學效能三者之間關係；教師多元文化素養構面、跨文化溝通構面與教學效能整體結構模型如圖 4-1。

其中在教師多元文化素養觀察指標中，多元文化認知代表多元文化認知各題平均分數、多元文化情意代表多元文化情意各題之平均分數、多元文化技能代表多元文化技能各題平均分數；跨文化溝通觀察指標中，接收訊息代表接收訊息各題平均分數、理解意義代表理解意義各題之平均分數、溝通技能代表溝通技能各題平均分數；而教學效能觀察指標中，教學計畫代表教學計畫各題平均分數、教學策略代表教學策略各題平均分數、師生互動代表師生互動各題平均分數、學習氣氛代表學習氣氛各題平均分數。

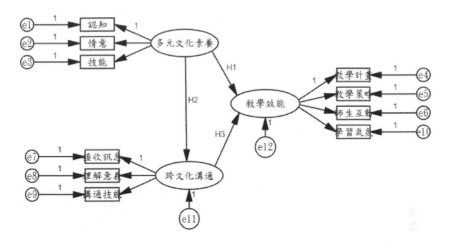

圖 4-1 教師多元文化素養構面、跨文化溝通構面與教學效能整體結構模型

貳、整體結構模型修正

經計算教師多元文化素養構面、跨文化溝通構面與教學效能各子構面的平均數

後,匯入教師多元文化素養構面、跨文化溝通構面與教學效能整體結構模型執行估計

後產出圖 4-2 修正前整體結構模型圖,發現整體結構模型的配適度情況不理想,

GFI=.914、AGFI=.851、CFI=.931 以上指標之標準必須大於.90,RMSEA=.112 而且

RMSEA 必須小於.08,因此必須進行整體結構模型修正。

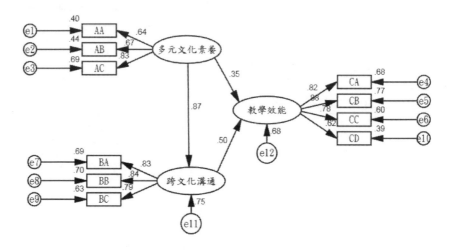

chi-square=437.385 df=32
chi-square/df=13.668
GFI=.914 AGFI=.851
CFI=.931 RMSEA=.112

圖 4-2 修正前整體結構模型圖

　　由於 SEM 為一大樣本分析，建議至少 200 個以上樣本，因此往往會造成模型卡方

值（χ^2=（n-1）Fmin）過大，n 為樣本數，Fmin 為樣本共變異數矩陣與模型期望共變

異數矩陣差異的最小值。因此當樣本數大的時候，卡方值自然就大，因此 p 值就容易

拒絕 Ho 假設：「樣本共變異數矩陣與模型期望共變異數矩陣是沒有差異的」。因此，

Boolen 與 Stine 於 1992 年提出利用 bootstrap 的方式加以修正（張偉豪，2011）。因本

研究有 1,010 樣本數，造成模型卡方值（χ^2=（n-1）Fmin）過大，故需利用 bootstrap

的方式加以修正。

　　經 Boolen–Stine p correction 分析後的卡方值為 38.404，而原來 ML 的卡方值為

437.385，由於 Boolen–Stine 計算的卡方值變小了，因此所有的配適度指標需重新計算，

計算結果如表 4-34 Boolen –Stine p correction 整體結構模型配適度指標，所有的指標均

符合一般 SEM 分析的準則，表示整體結構模型如圖 4-3 修正整體結構模型圖的配適度

達良好的標準。

表 4-34　Boolen –Stine p correction 整體結構模型配適度指標

Bollen-Stine Chi-square	38.404	DF of Default model	30
Indepedence Model Chi-square	5958.936	Number of Paramater (NPAR)	25
N of observed variables in a model	10.000	DF of Independence model	45
Goodness of Fit (GFI)	.994	Sample size	1010
Adjust Goodness of Fit (AGFI)	.961	Normed Chi-square (Chi^2/DF)	1.280
Normed Fit Index (NFI)	.994		
Non-Normed Fit Index (NNFI) Tucker-Lewis Indes (TLI)	.998	Akaike information criterion (AIC)	88.40
Icremental Fit Index (IFI)	.999	Bayes information criterion (BIC)	211.347
Related Fit index (RFI)	.990	Expected cross-validation index (ECVI)	.088
Comparitive Fit Index (CFI)	.999	Gamma hat	.998
RMSEA	.017	McDonald's NCI	.996
Hoelter's critical N	793.009		

chi-square=38.404　df=32

chi-square/df=1.280

GFI=.994　AGFI=.961

CFI=.999　RMSEA=.017

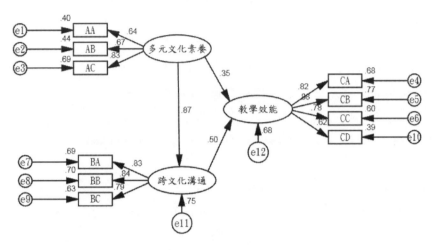

圖 4-3　修正整體結構模型圖

　　針對模型的絕對配適指標、增量配適指標與精簡配適指標顯示，這些指標都屬於

可接受的範圍，故整體模型配適度達良好的標準，整體模型配適度指標檢核表如表

4-35。

表 4-35　整體模型配適度指標檢核表

配適指標	標準值	檢定結果	模型配適判斷
χ^2	越小越好(P≧α 值)	38.404(p=.000)	是
χ^2/df	1~5 之間	1.280	是
GFI	大於 0.9	.994	是
AGFI	大於 0.9	.961	是
RMSE	小於 0.08	.017	是
NFI	大於 0.9	.994	是

（續下頁）

配適指標	標準值	檢定結果	模型配適判斷
NNFI	大於 0.9	.998	是
CFI	大於 0.9	.999	是
RFI	大於 0.9	.990	是
IFI	大於 0.9	.999	是
CN	大於 200	793.009	是
ECVI	越小越好	.088	是
AIC	越小越好	88.400	是
BIC	越小越好	211.347	是

叁、整體模型參數估計檢驗

整體模型參數估計乃在檢驗教師多元文化素養、跨文化溝通與教學效能三個構面(觀察變項)與各潛在變項之間的關係，茲分述說明如下：

一、教師多元文化素養構面

教師多元文化素養構面包含：多元文化認知、多元文化情意與多元文化技能等三個子構面，多元文化認知、多元文化情意之因素負荷估計值分別為 .64 與 .67，t 值也都大於 1.96 達到顯著水準，其 R^2 值分別為 .40、44，R^2 值大於 .4 表示解釋力較中等。而多元文化技能之因素負荷值為 .83，t 值也都大於 1.96 達到顯著水準，多元文化技能在 R^2 值方面為.69 大於 .5 者表示具高解釋力。此外，由各構面之因素負荷加以比較得知，教師多元文化素養的認知中，以多元文化技能 (.83)為最重要因素，其次為多元文化情意 (.67)、多元文化認知(.64)相對比較低，因此教師多元文化素養之重要因素排序為多元文化技能、多元文化情意、多元文化認知，因此，影響教師多元文化素養最重要的因素為多元文化技能。

二、跨文化溝通構面

跨文化溝通構面包含：接收訊息、理解意義與溝通技能等三個子構面，接收訊息、理解意義與溝通技能之因素負荷估計值分別為.83、.84 與 .79，t 值也都大於 1.96 達到顯著水準，其 R^2 值分別為.69、.70 與.63，R^2 值大於 .5 表示具高解釋力。此外，由各構面之因素負荷加以比較得知，跨文化溝通構面的認知中，以理解意義.84 為最重要因素，其次為接收訊息.83、溝通技能 .64，因此跨文化溝通構面之重要因素排序為理解意義、接收訊息、溝通技能，因此，影響跨文化溝通最重要的因素為理解意義。

三、教學效能構面

教學效能構面包含：教學計畫、教學策略、師生互動與學習氣氛等四個子構面，其中學習氣氛之因素負荷估計值分別為 .62，其 R^2 值為 .39，小於 .4 表示解釋力較低。教學計畫、教學策略與師生互動之因素負荷估計值分別為 .82、.88 與 .78，t 值也都大於 1.96 達到顯著水準，其 R^2 值分別為 .68、.77 與.60，R^2 值大於 .5 表示具高解釋力。此外，由各構面之因素負荷加以比較得知，教學效能的認知中，以教學策略.88 為最重要因素，其次為教學計畫.82、師生互動.78，學習氣氛 .62 相對比較低，因此教學效能之重要因素排序為教學策略、教學計畫、師生互動與學習氣氛，影響教師教學效能最重要的因素為教學策略，因此要提升教學效能，必須以提升教師的教學策略為最主要的關鍵因素。

肆、研究假設檢定

經由實證分析與檢定結果，本研究所建構之整體結構模型路徑分析圖如 4-4 所示，圖中實線代表檢定後之顯著路徑，無括號數值為路徑係數，括號中數值表示該路徑 t

值，因此本研究之三條路徑教師多元文化素養→跨文化溝通 (t=16.40)、教師多元文化素養→教學效能 (t=4.11)、跨文化溝通→教學效能(t=4.46)等三條路徑均為顯著(t > 1.96)。

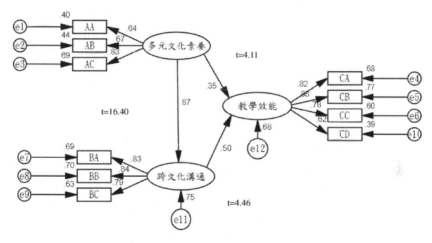

chi-square=38.404   df=32

chi-square/df=1.280

GFI=.994   AGFI=.961

CFI=.999   RMSEA=.017

圖 4-4 整體結構模型路徑分析圖

本研究依據圖 4-4 整體結構模型路徑分析結果，進行研究假設之檢定，詳如表 4-36 所示。

表 4-36 路徑關係檢定表

假設	路徑	假設關係	路徑值	假設成立與否
H1	教師多元文化素養→教學效能	正向	0.35*	成立
H2	教師多元文化素養→跨文化溝通	正向	0.87*	成立
H3	跨文化溝通→教學效能	正向	0.50*	成立

* p<.05

依據表 4-36 所獲得之結論如下：

(一)假設一：教師多元文化素養對教學效能有顯著正向影響

教師多元文化素養對教學效能之路徑係數值為 .35，t 值為 4.11 絕對值大於 1.96，顯示該路徑係數估計值為顯著，故本研究之假設一成立，表示若教師多元文化素養越高，則教師所感受的教學效能越高。

(二)假設二：教師多元文化素養對跨文化溝通有顯著正向影響

教師多元文化素養對跨文化溝通之路徑係數值為 .87，t 值為 16.40 大於 1.96，顯示該路徑係數估計值為顯著，故本研究之假設二成立，表示若多元文化素養越高，則教師所感受的跨文化溝通越高。

(三)假設三：跨文化溝通對教學效能有顯著正向影響

跨文化溝通對教學效能之路徑係數值為 .50，t 值為 4.46 大於 1.96，顯示該路徑係數估計值為顯著，故本研究之假設三成立，表示若教師跨文化溝通越高，則教師所感受的教學效能越高。

伍、影響效果分析

各潛在變數之影響效果，詳如表 4-37 所示，教師多元文化素養透過跨文化溝通對教學效能有直接及間接的影響效果，而「教師多元文化素養對教學效能」的直接效果

為.35，間接效果為.43(.87×.50＝.43)，顯示「教師多元文化素養對教學效能」透過跨文化溝通具有間接效果，亦即教師多元文化素養經由跨文化溝通對教學效能產生影響力，其整體影響力高達.78；其中教師多元文化素養對跨文化溝通有正向直接的影響效果，其效果值為 .87；此外跨文化溝通對教學效能亦有正向直接影響，其效果值為 .50。

由以上的效果分析中發現，對於教師的教學效能而言，影響最大的因素是跨文化溝通，其次是教師多元文化素養。

表 4-37 潛在變數之影響效果表

潛在自變數	潛在依變數	直接效果	間接效果	整體效果	假設成立否
多元文化素養		0.35*	.50×.87=.43*	0.78*	H1 成立
跨文化溝通	教學效能	0.50*	----	0.50*	H2 成立
多元文化素養	跨文化溝通	0.87*	----	0.87*	H3 成立

* p<.05　----表示無該效果

陸、綜合討論

本節旨在以 AMOS 結構方程模式進行模式的因果關係及配適度檢測，驗證國民小學教師多元文化素養、跨文化溝通與教學效能之間的模式關係，經檢驗結果教師多元文化素養、跨文化溝通與教學效能建構的整體模式適配度良好。教師多元文化素養、跨文化溝通之間的交互作用對教學效能具有顯著因果關係，本模型證明影響教師教學效能的重要因素為跨文化溝通，其次為多元文化素養，而且教師多元文化素養透過跨文化溝通影響教學效能。

綜合上述研究結果顯示：當國民小學教師擁有不同向度的多元文化素養時，就會展現不同的跨文化溝通而影響教學效能的成效；且多元文化素養對跨文化溝通有直接

的高影響力，國民小學教師跨文化溝通對教學效能的直接效果比多元文化素養對教學效能的直接效果大；多元文化素養透過跨文化溝通對於教學效能有更好的整體效果。所以，國民小學教師具有好的多元文化素養，就能展現適合的跨文化溝通，同時跨文化溝通也深受多元文化素養影響。

而從本研究結果證實，多元文化素養和跨文化溝通兩者有相關和影響力，國民小學教師多元文化素養透過跨文化溝通對教學效能具有間接效果，也就是說國民小學教師知覺教師多元文化素養經由跨文化溝通對教學效能會產生影響力。因此，本研究國民小學教師多元文化素養、跨文化溝通與教學效能的關係是有直接和間接效果的，也具有良好的適配度。

此研究發現與 Kratzke 與 Bertolo(2013)及楊育軒（2014）之研究結果相同「跨文化溝通活動產生高度的興趣並引發好奇心，因此在整體的學習態度方面有明顯的提升，是增進教學效能的最重要因素」。也與 Sox（2009）、Haworth（2009）、徐玉浩（2007）、郭阿月（2008）、陳薇如（2011）等之研究發現「教師多元文化素養越高，學生的學習效果愈好，教學效能也愈佳」之研究結果相同。

發展趨勢

第五章 國民小學教師多元文化素養、跨文化溝通與教學效能實證分析結論

　　本研究係以國民小學教師為研究對象，旨在探討教師多元文化素養、跨文化溝通與教學效能之關係，依據所蒐集的文獻，加以探討與分析，以了解國民小學教師多元文化素養、跨文化溝通與教學效能相關的內涵，以之作為本研究基礎，進而提出教師多元文化素養、跨文化溝通與教學效能的研究架構。在進行問卷的編製、修正、預測、項目分析、信度、效度考驗後，形成本研究正式的研究工具，最後進行實證性的研究。經由結構方程模式驗證性因素分析篩選因素負荷值高的題目作為模型建構和路徑分析之依據，以了解國民小學教師多元文化素養、跨文化溝通與教學效能之關係影響。

　　本章主要探討國民小學教師多元文化素養、跨文化溝通與教學效能實證分析結論，共分四個部分，第一部份為國民小學教師多元文化素養、跨文化溝通與教學效能現況分析結論，第二部分為不同背景變項之國民小學教師多元文化素養、跨文化溝通與教學效能分析結論，第三部分為國民小學教師多元文化素養、跨文化溝通與教學效能相關分析結論，第四部分為國民小學教師多元文化素養、跨文化溝通與教學效能之影響效果分析結論。

壹、國民小學教師多元文化素養、跨文化溝通與教學效能實證分析結論

　　本研究於正式問卷回收後，經由結構方程模式一階及二階驗證性因素分析，刪除因素負荷值較低之題項，然後再進行差異分析與徑路分析結果，所獲得的結論分述如下：

一、教師多元文化素養屬於高程度,其中以多元文化認知感受程度最高。

(一) 國民小學教師多元文化素養整體與各子構面平均分數均高於 3 分,教師多元文化素養整體層面得分平均為 4.23,就各構面來看多元文化認知較高(M=4.45),依次為多元文化情意 (M=4.36),以多元文化技能得分較低(M=3.84)。

(二) 國民小學教師多元文化素養在各題項平均得分介於 3.76—4.57 之間均高於平均數 3 以上,由此推論國民小學教師多元文化素養屬於高程度。

二、教師跨文化溝通屬於中上程度,其中以接收訊息感受程度最高。

(一) 國民小學教師跨文化溝通在整體構面平均得分為 3.87,在跨文化溝通子構面中以接收訊息得分較高(M=3.98),其次為溝通技能 (M=3.84),以理解意義層面較低(M=3.80)。

(二) 國民小學教師跨文化溝通在各題項平均得分介於 3.62—4.10 之間均高於平均數 3 以上,由此推論國民小學教師跨文化溝通屬於中上程度。

三、教師教學效能在中上程度,其中以學習氣氛感受程度最高。

(一) 國民小學教師教學效能整體面構平均得分為 3.99,以學習氣氛較高(M=4.32);依次為師生互動 (M=3.96)、教學策略 (M=3.90),教學計畫較低(M=3.80)。

(二) 國民小學教師教學效能在各題項平均得分介於 3.67—4.42 之間均高於平均數 3 以上,由此推論國民小學教師教學效能在中上程度。

貳、不同背景變項之國民小學教師多元文化素養、跨文化溝通與教學效能分析結論

一、不同性別之國民小學教師在整體多元文化素養及教學效能上沒有顯著差異,在整體跨文化溝通上達顯著差異。

（一）不同性別之國民小學教師在整體多元文化素養及多元文化認知、多元文化情意、多元文化技能各分面構上沒有顯著差異。

（二）不同性別之國民小學教師在整體跨文化溝通上達顯著差異，男性教師顯著高於女性教師。在接收訊息與溝通技能等分構面，沒有顯著差異；但在理解意義構面上達顯著差異，男性教師顯著高於女性教師。

（三）不同性別之國民小學教師在整體教學效能及教學計畫、教學策略與學習氣氛等分構面上沒有顯著差異；在師生互動構面上達顯著差異，男性教師顯著高於女性教師。

二、不同年齡之國民小學教師在整體多元文化素養、跨文化溝通及教學效能沒有顯著差異；在分構面上有差異存在。

（一）不同年齡之國民小學教師在整體多元文化素養及多元文化認知、多元文化情意、多元文化技能各分面構上沒有顯著差異。

（二）不同年齡之國民小學教師在整體跨文化溝通及接收訊息、理解意義與溝通技能等分構面上沒有顯著差異。

（三）不同年齡之國民小學教師在整體教學效能及教學計畫、師生互動與學習氣氛等分構面上沒有顯著差異；在教學策略構面上達顯著差異，「20 以上未滿 30 歲」組、「30 以上未滿 40 歲」組、「50 歲以上」組教師顯著高於「40 以上未滿 50 歲」組教師。

三、不同學歷之國民小學教師在整體多元文化素養、跨文化溝通及教學效能沒有顯著差異；在分構面上有差異存在。

（一）不同學歷之國民小學教師在整體多元文化素養及多元文化認知、多元文化技能各分面構上沒有顯著差異；在多元文化情意構面上達顯著差異，「碩士以上」組教師顯著高於「師專、師範或教育大學」組與「一般大學」組教師。

（二）不同學歷之國民小學教師在整體跨文化溝通及接收訊息、理解意義與溝通技能等分構面上沒有顯著差異。

（三）不同學歷之國民小學教師在整體教學效能及教學計畫、教學策略、師生互動與學習氣氛等分構面上沒有顯著差異。

四、不同教學年資之國民小學教師在整體多元文化素養、跨文化溝通及教學效能沒有顯著差異。

（一）不同教學年資之國民小學教師在整體多元文化素養及多元文化認知、多元文化情意、多元文化技能各分面構上沒有顯著差異。

（二）不同教學年資之國民小學教師在整體跨文化溝通及接收訊息、理解意義與溝通技能等分構面上沒有顯著差異。

（三）不同教學年資之國民小學教師在整體教學效能及教學計畫、教學策略、師生互動與學習氣氛等分構面上沒有顯著差異。

五、擔任不同職務之國民小學教師在整體多元文化素養、跨文化溝通及教學效能沒有顯著差異；在分構面上有差異存在。

（一）擔任不同職務之國民小學教師在整體多元文化素養及多元文化認知、多元文化情意各分面構上沒有顯著差異；在多元文化技能構面上達顯著差異，科任教師高於級任導師。

（二）擔任不同職務之國民小學教師在整體跨文化溝通及接收訊息、理解意義與溝通

技能等分構面上沒有顯著差異。

（三）擔任不同職務之國民小學教師在整體教學效能及教學計畫、教學策略、師生互

動與學習氣氛等分構面上沒有顯著差異。

六、不同學校位置之國民小學教師在整體多元文化素養有顯著差異、跨文化溝通及教

學效能沒有顯著差異；在分構面上有差異存在。

（一）不同學校位置之國民小學教師在整體多元文化素養及多元文化認知分面構有顯

著差異，偏遠地區的教師高於一般鄉鎮教師；在多元文化情意與多元文化技能二

個分構面，則無顯著差異。

（二）不同學校位置之國民小學教師在整體跨文化溝通及接收訊息分構面達顯著差

異，都市區學校教師高於一般鄉鎮學校教師；在理解意義與溝通技能等分構面上

沒有顯著差異。

（三）不同學校位置之國民小學教師在整體教學效能及教學計畫、教學策略、師生互

動等分構面上沒有顯著差異；在學習氣氛分構面則有顯著差異，都市區學校的國

民小學教師顯著優於偏遠地區學校教師。

七、不同學校規模之國民小學教師在整體多元文化素養、跨文化溝通及教學效能沒有

顯著差異。

（一）不同學校規模之國民小學教師在整體多元文化素養及多元文化認知、多元文化

情意、多元文化技能各分面構上沒有顯著差異。

（二）不同學校規模之國民小學教師在整體跨文化溝通及接收訊息、理解意義與溝通

技能等分構面上沒有顯著差異。

（三）不同學校規模之國民小學教師在整體教學效能及教學計畫、教學策略、師生互
　　　動與學習氣氛等分構面上沒有顯著差異。

八、不同學校區域之國民小學教師在整體多元文化素養、跨文化溝通及教學效能沒有

顯著差異；在分構面上有差異存在。

（一）不同學校區域之國民小學教師在整體多元文化素養及多元文化認知、多元文化
　　　情意、多元文化技能各分面構上沒有顯著差異。

（二）不同學校區域之國民小學教師在整體跨文化溝通及理解意義與溝通技能等分構
　　　面上沒有顯著差異；在接收訊息構面達顯著差異，南部地區學校教師高於中部地
　　　區與東部地區的學校教師。

（三）不同學校區域之國民小學教師在整體教學效能及教學策略、師生互動與學習氣
　　　氛等分構面上沒有顯著差異；在教學計畫構面達顯著差異，南部地區學校教師高
　　　於北部地區、中部地區與東部地區的學校教師。

叁、國民小學教師多元文化素養、跨文化溝通與教學效能相關分析結論

一、國民小學教師多元文化素養與跨文化溝通有顯著正相關，即多元文化素養會中度

正向影響跨文化溝通，強化教師多元文化素養有利於提升跨文化溝通能力。

　　　國民小學教師多元文化素養與跨文化溝通之相關中，以多元文化認知和溝通技能

的相關較低(r=.35)，以多元文化技能與接收訊息相關較高(r=.64)。

二、國民小學教師多元文化素養與教學效能間有顯著正相關，即多元文化素養會中度

正向影響教學效能，強化教師多元文化素養有利於提升教學效能。

　　國民小學教師多元文化素養與教學效能之相關中，以多元文化情意和師生互動的相關較低(r=.36)，以多元文化技能與教學計畫相關較高(r=.60)。

三、跨文化溝通與教學效能間有顯著正相關，即跨文化溝通高度正向影響教學效能，強化教師跨文化溝通知能有利於提升教學效能。

　　跨文化溝通與教學效能之相關中，以理解意義和學習氣氛的相關較低(r=.43)，以溝通技能與教學策略相關較高(r=.59)。

肆、國民小學教師多元文化素養、跨文化溝通與教學效能之影響效果分析結論

一、教師多元文化素養對教學效能有顯著正向影響效果，教師多元文化素養越高，則教師所感受的教學效能越高。

　　教師多元文化素養對教學效能之路徑係數值為 .35，t 值為 4.11 絕對值大於 1.96，顯示該路徑係數估計值為顯著；多元文化素養各子構面中，影響教師多元文化素養最重要的因素為多元文化技能，其因素負荷值為 .83，可解釋的變異量值為 69%，亦即影響教師多元文化素養最重要的關鍵因素為教師的多元文化技能。

二、教師多元文化素養對跨文化溝通有顯著正向影響效果，多元文化素養越高，則教師所感受的跨文化溝通越高。

　　教師多元文化素養對跨文化溝通之路徑係數值為 .87，t 值為 16.40 大於 1.96，顯示該路徑係數估計值為顯著；跨文化溝通各子構面中，影響跨文化溝通最重要的因素為理解意義，其因素負荷值為 .84，可解釋的變異量為 70%，亦即影響跨文化溝通最重要的關鍵因素為溝通時是否能理解意義。

三、跨文化溝通對教學效能有顯著正向影響效果，教師跨文化溝通越高，則教師所感

受的教學效能越高。

　　跨文化溝通對教學效能之路徑係數值為 .50，t 值為 4.46 大於 1.96，顯示該路徑係數估計值為顯著；教學效能各子構面中，影響教學效能最重要的因素為教學策略，其因素負荷值為 .88，可解釋的變異量為 77%，亦即影響教學效能最重要的關鍵因素為教師的教學策略。

四、教師多元文化素養透過跨文化溝通對教學效能有直接及間接的影響效果。

　　教師多元文化素養對教學效能有正向直接的影響效果，其效果值為 .35，間接效果為.43，其總影響效果為 .78。

第六章 國民小學教師多元文化素養、跨文化溝通與教學效能改進之建議

本節根據文獻分析、研究結果與討論後所得之結果，提出下列幾項建議，以作為教育行政機關、各級學校單位及未來相關研究之參酌，同時給予教育相關單位與國民小學教師，在對於未來探討「教師多元文化素養」、「跨文化溝通」與「教學效能」的相關議題上，能有更多省思空間或衍生出其它值得探究的相關議題。茲分別敘述如下：

壹、對於國民小學教師之建議

一、教師應自行系統規劃參與研習，提升教師多元文化素養

教師多元文化素養包含多元文化認知、多元文化情意與多元文化技能，參與教師研習或進修可以參考教師多元文化素養中，教師較為欠缺的部份；尤其應針對教師個別化教學與評量方面的增能研習，以提升教師多元文化技能。另教師多元文化素養會隨者時勢需求而改變，因此如何因應社會的快速變遷與開放，應系統規劃教師研習，以提升教師之多元文化素養，在現今時代脈動快速的教育潮流中格外重要。

二、教師應不斷進行多元文化素養自我省思，增進多元文化技能

本研究調查發現「我能設計讓不同文化背景的學生共同參與之學習活動」(M=3.76)、「我能因應不同族群文化學生的學習表現調整教學標準及評量方式」(M=3.81)、「我會找出讓少數族群兒童融入教室的方法，而不去改變其文化」(M=3.85)的得分較低，都是屬於多元文化技能的構面，因此，教師若能經常反思自己在設計學

習活動、調整教學標準與如何融入多元族群方式,更熟悉、接納、了解不同族群的學生,進而做出正確的專業決定,必能提升教師多元文化技能嘉惠學子。

三、積極探究跨文化溝通策略的運用,排除溝通障礙

在整體跨文化溝通上,男性教師顯著高於女性教師;在理解意義構面上男性教師也顯著高於女性教師。所以女性教師應積極探究跨文化溝通策略的運用,唯有教師的態度正確,接納多元文化,藉由跨文化溝通以健康的態度認識不同文化的差異,方能理解意義避免誤解及衝突。

國民小學教師在跨文化溝通相較低於多元文化素養,所以仍有強化的空間,雖然跨文化溝通的能力非一日可蹴,若在本身少有跨文化的經驗之下,就需透過培訓、影片、書籍或研討,時時修正自己的態度,再配合教學實務,必能提高跨文化溝通的能力。

四、進行同儕教學經驗之分享,以提升教學效能

本研究發現國民小學教師在教學效能相較低於多元文化素養,所以仍有進步的空間;且在不同年齡之國民小學教師在教學策略分構面上達顯著差異,「41歲至50歲」組教師顯著低於其他組別教師,其可能是教學上出現瓶頸或是教學疲乏有關。故應該定期或不定期與同儕進行教學經驗與心得的分享交流,或藉由教師專業學習社群的砥礪、公開課的觀摩學習,除了可以提升多元文化素養、跨文化溝通技能與教學效能外,更可以透過分享與交流彼此相互成長,亦能增進情感,使教學團對發揮最大的效能。

本研究亦發現在師生互動方面,女性教師表現不如男教師,因此女教師在與學生互動時,應多注意與學生間的心理接近程度,瞭解學生的想法與心情,讓學生願意跟

女教師有較良好緊密的互動關係。

貳、對於學校之建議

一、善用教師良性互動，建立知識分享平台

本研究發現在不同學校位置與不同學校區域的國民小學教師，在多元文化素養、跨文化溝通與教學效能整體構面或分構面上有顯著差異存在；不同學校位置教師在多元文化素養上，都市區組與偏遠組教師均優於一般鄉鎮組，在跨文化溝通上都市區組也優於一般鄉鎮組。不同學校區域教師在跨文化溝通接收訊息構面，南部地區教師優於中部地區與東部地區教師；在教學效能之教學計畫構面，南部地區教師均優於其他三區教師。因此各學校應建立一個全國教師互動平台，讓不同位置、區域學校教師，形塑一個優質知識分享的團隊模式，分享彼此教學經驗與教學教材，透過分享與交流彼此相互成長，分享城鄉教育資源。

二、 適時激勵教師士氣，正視校長正向領導

研究結果顯示在不同年齡之國民小學教師在教學策略分構面上達顯著差異，「41歲至50歲」組教師顯著低於其他組別教師，其可能是教學上出現瓶頸或是教學疲乏有關。故各學校應適時激勵教師士氣，尤其是針對校內在教學上出現瓶頸或是教學疲乏的教師，隨時給予關心與協助；學校校長亦應運用正向領導知能，在建立共同意義的目標下，展現正向的執行力與影響力，以營造正向氛圍與付出愛心關懷，進而提升組織成效與教師教學效能。

三、實施校際策略聯盟，進行標竿學習分享

研究發現不同學校區域教師在跨文化溝通接收訊息構面與教學效能之教學計畫構面，南部地區教師均優於其他地區教師。故學校應施校際策略聯盟，進行學校教育經驗分享，應鼓勵教師至不同區域學校進行標竿學習交流，或藉由行動研究發現差異產生的原因與解決方案，並在互動中擷取多樣的反省批判思維，以幫助不同區域教師增進自我的了解、提升專業及發展多元文化素養。

叁、對於教育行政機關之建議

一、辦理教師多元文化素養增能研習，提升教師多元文化素養，促進教學效能之增長

根據研究結果得知，國民小學教師多元文化素養對於教學效能存有部分正向且顯著的影響，在三個研究構面之中，多元文化認知、多元文化情意及多元文化技能對教學效能整體及與教學計畫、教學策略、師生互動及學習氣氛均有正向影響。由此可見，國民小學教師是否具備多元文化素養相關的先備認知、情意或技能，對於教學效能的表現優劣，具有舉足輕重的影響。因此，建議教育行政機關應重視國民小學教師多元文化素養培訓課程的規劃，配合 108 新課綱中多元文化核心素養及支持性教師專業發展，辦理教師多元文化素養相關的實務研習，以及安排卓越多元文化素養之教師的分享與觀摩，讓國民小學教師們互相進行深度匯談與專業對話，持續進行教師多元文化素養的專業成長，使教師擁有多元文化素養的相關知能，並實際將教師多元文化素養展現運用於班級教學中，以促進教學有優異效能的展現。

二、辦理教師跨文化溝通成長社群，強化教師之跨文化溝通知能

根據研究結果得知，「教師多元文化素養」、「跨文化溝通」與「教學效能」之間，皆達到顯著且中度以上的正相關，這表示除了「教師多元文化素養」會實際影響「教

學效能」,「跨文化溝通」能力也會實際影響「教學效能」;而「教師多元文化素養」亦會影響跨文化溝通。

　　基於此,教育行政機關除了應重視國民小學教師跨文化溝通能力培訓課程的妥善規劃之外,關於國民小學教師之跨文化溝通能力型塑與先備知識的建立,亦應提供友善資源,規劃教師多元文化素養、跨文化溝通之相關研習、諮詢、座談、分享、工作坊及觀摩見學等,同時提供教師回流教育,適時充電增廣教師多元文化素養及跨文化溝通專業知能,以提升教師教學效能。

三、師資職前課程中規劃教師多元文化素養、跨文化溝通與教學效能議題

　　根據研究結果得知,教師跨文化溝通能力對教學效能有實質的影響,然而,在我國教育人員的培育過程之中,雖然有語言溝通課程,但多元文化素養、跨文化溝通與教學效能的課程或相關議題,在師資培育的過程中尚少被安排,大多是進入教育實務現場後才逐漸觸及。因此,建議教育行政機關可規劃多元文化素養與跨文化溝通的課程於師資職前課程或新進教師訓練之中,讓教師在進入實際教學現場前,就熟悉多元文化素養、跨文化溝通與教學效能的相關議題,以運用所學在多元文化族群校園中,從容發揮教育專業,提升教學效能,為臺灣未來教育的發展增添競爭力。

肆、對於未來研究之建議

一、研究對象方面

　　本研究只針對公立國民小學教師對於教師多元文化素養、跨文化溝通及教學效能之關係進行探討,對於其它階段及類型的公私立教育組織如幼稚園、國中、高中職、大專校院等的教師並未納為研究對象,使得本研究在進行推論時有所限制,所以未來

的研究可將研究對象之範圍擴大，也可考慮不同族群學生較多的學校，更深入瞭解各

類學校在教師多元文化素養、跨文化溝通與教學效能的情形，以比較與各類教師看法

間的異同，以建立更完整的實證資料，使研究推論更具有參考價值。

二、研究方法方面

　　本研究採用調查研究法，以網路問卷作為分析的依據，雖然較能廣泛搜集各校資

料，但就方法論取向上仍有所不足。實際上，國民小學教師多元文化素養、跨文化溝

通與教學效能之現況或關係，仍需經由長期觀察才能深入瞭解。

　　另外，除了上述原因之外，本研究所採用分層隨機抽樣的問卷調查之研究方式，

在填答時恐也會因填答者的自我防衛機制而發生沒有據實以告的情形，進而無法掌握

填答者的心理知覺與實際感受，造成調查問卷不能真實反映學校場域的實況，影響了

調查問卷的品質，故建議未來研究者可採深度訪談、個案研究及焦點訪談等方法針對

教師進行資料蒐集，以進一步探討教師多元文化素養、跨文化溝通與教學效能彼此間

的關係，使資料的蒐集更加完備，研究結果具有更高的價值。

三、研究主題方面

　　目前大多數的研究僅針對教師多元文化素養或教學效能進行探討，對於教師跨文

化溝通的議題甚少論及。根據本研究的實證調查發現，教師在跨文化溝通的三個構面

接收訊息（M=3.98）、理解意義（M=3.80）與溝通技能（M=3.84）的得分均相對低於

教師多元文化素養與教學效能之分構面，顯示出教師在跨文化溝通這幾個構面上的表

現較為不足，環顧相關研究或研討會主題，這些構面亦甚少被探討。因此，未來不論

對國民小學教師的相關研究或辦理學術研討會，可擴及教師所具備跨文化溝通較不足

之處或被忽略的議題，如此不僅能提高研究的學術價值，對教師跨文化溝通能力的增

進或多元文化素養的提升亦有極大的助益。

四、研究構面方面

　　本研究共有三個研究變項，每個研究構面之各分構面均是參考相關文獻而斟酌採

用，所得結果可能會因後續研究者採用不同的分構面，而有不同的研究結果，未來研

究者可從不同構面進行探討如性別平權、教師專業發展、班級經營、課程領導、學校

氣氛、學校文化等相關構面。基於此，建議後續研究者可以採用不同分構面來進行探

討；此外，研究構面的多寡也間接影響問卷題項的數量，更會影響到受試者填答意願，

故建議未來的研究者在後續研究時，可詳加考慮變項、構面與題項數量，以獲得更具

代表性的資料，使研究結果更具價值。

五、研究設計方面

　　本研究結果顯示出教師多元文化素養、跨文化溝通對教學效能進提升的重要性，

但是教師多元文化素養、跨文化溝通與教學效能的發展是屬於連續不斷的歷程，如果

僅以橫斷式的研究大概只反映出實證調查時的現況，因此，未來在研究設計上若能針

對同一群樣本進行縱貫性的研究，那麼對於釐清教師多元文化素養、跨文化溝通與教

學效能狀況的演變將有莫大助益。

六、研究驗證方面

　　應持續檢驗國民小學教師多元文化素養、跨文化溝通與教學效能之結構模式，雖

然研究結果顯示當國民小學教師擁有不同向度的多元文化素養時，就會展現不同的跨

文化溝通而影響教學效能的成效；且多元文化素養對跨文化溝通有直接的高影響力，

國民小學教師跨文化溝通對教學效能的直接效果比多元文化素養對教學效能的直接效果大；多元文化素養透過跨文化溝通對於教學效能有更好的整體效果。但其結構模式仍有待後續相關研究進行檢驗，是以，建議未來研究可採此議題作為研究內容，持續建構三者間更多實證檢驗，進而獲致更為周詳的研究成果。

參考文獻

一、中文部分

王雅玄（2007）。多元文化素養評量工具及其應用：現況與展望。**教育研究與發展期刊，3**(4)，149-179。

王雅玄（2008）。進入情境與歷史：台灣原住民教師的多元文化素養及其實踐。**台東大學教育學報，19**（1），33-68。

王千倖（2013）。教師多元文化教育專業發展之可能途徑。**教育與多元文化研究，9**，37-69。

王衍（2014）。華語教師跨文他能力培訓之省思。**華語文教學研究，11**（1），127-149。

江雪齡（1997）。**多元文化教育**。台北：師大書苑。

江宜樺（2007）。通識教育與終身學習。**通識在線，8**，25-27。

朱嬿蓉（2007）。**新移民，新契機－臺北市國民中學教師多元文化教育信念與實踐之研究**（未出版之碩士論文）。銘傳大學教育研究所，台北。

沈六（1993）。多元文化教育的意識型態與理論。載於中國教育學會編：**多元文化教育**，47-70。台北：台灣書局。

呂木琳（1998）。**教學視導－理論與實務**。臺北：五南書局。

李茂興譯（1989）。**管理概論：理論與實務**。台北：曉園。

李元墩（1999）。組織溝通研究之回顧與展望。**中華管理評論。2**（5），121-131。

李耀鋒（2007）。社會學視角下大學生跨文化溝通能力的培養。**河北師範大學學報教育科學版，9**（3），81-84。

李雅妮（2008）。**國小教師多元文化教育中教學態度與教學效能之研究**（未出版之碩士論文）。國立屏東教育大學，屏東。

李美鶴（2009）。**多元文化學校本位課程實施之研究-以北市一所高級中學為例**（未出版之碩士論文）。國立台灣師範大學教育學系研究所，台北。

李美子（2010）。多元文化視野中的校長現代化素養。**延邊教育學院學報。24**(1)，54-56。

李榮榮（2010）。**跨文化溝通能力問卷的編制及測量**（未出版之碩士論文）。華東師範大學心理與認知科學學院，上海。

李坤崇（2013）。大學生通識核心素養量表之編製。**教育研究月刊，235**，137-155。

余明仁（2012）。**雲嘉地區國小教師多元文化教育素養、增能與實踐之相關研究**（未出版之碩士論文）。國立嘉義大學，嘉義。

何祥如、謝國斌、歐淑宜（2006）。多元文化教育之實踐─「跨文化了解與溝通策略」初探。**國際文化研究，2(1)**，79-98。

宋艷（2011）。**高中英語教學中跨文化交際意識培養的現狀調查與分析**（未出版之碩士論文）。山東師範大學外語所，曲阜市，中國。

吳清基（1989）。**教育與行政**。台北：師大書苑。

吳清山（1989）。**國民小學管理模式與學校效能關係之研究**（未出版之博士論文）。國立政治大學教育研究所，台北。

吳清山（1991）。**學校行政**。臺北：心理出版社。

吳清山（1998）。**學校效能研究**。台北市；五南。

吳明清（2000）。談組織效能之提昇與校長角色。**教師天地，46**，48-51。

吳清山、林天祐（2005）。**教育小辭書**。臺北市：五南。

吳顯英 （2006）。多元文化背景下大學生跨文化溝通能力的培養。**教學研究，30**（2），
　　140-142。

吳淑慧（2006）。**原住民學童族語教育與文化認同之研究－以銅門國小實施族語教學現**
　　況為例（未出版之碩士論文）。國立東華大學族群關係與文化研究所，花蓮。

吳雅玲（2007）。多元文化師資培育理論與實務之探討。**中正教育研究。6**（1）。61-93。

吳明隆、涂金堂（2016）。**SPSS 與統計應用分析**。臺北：五南圖書出版有限公司。

孟昭昶、賴毓潔（2010）外語能力與跨文化能力之探討-以南台灣大學生為例。**外國語**
　　文研究，12，99~123。

林海清（1996）。高中教師激勵模式與教學效能之研究。**教育與心理研究，19**，59-92。

林清江（1997）。多元文化教育與教育改革。載於國立臺灣師範大學主編：「多元文化
　　教育的理論與實際國際學術研討會論文集」，24-31，臺北市。

林明地（2002）。**學校與社區關係**。台北：五南。

林宜燕（2005）。**從跨文化溝通的觀點看翻譯問題－以《歐洲飲食文化》一書為例**（未
　　出版之碩士論文）。國立高雄第一科技大學應用德語系，高雄。

林盈男（2011）。**國民小學校長領導風格、教師溝通滿足與學校效能關係之研究－以臺**
　　南市為例（未出版之碩士論文）。長榮大學高階管理碩士在職專班，台南。

周明潔（2014）。**台北市國小資源班多元文化教育素養與有效教學能力之研究**（未出版
　　之碩士論文）。國立台北教育大學特殊教育學系，台北。

官孟璋（2003）。原住民班級在多元文化教育下的調適--以花蓮海星中學「原住民音樂

與文化專班」為例（未出版之碩士論文）。國立東華大學族群關係與文化研究所，花蓮。

柯麗卿（2009）。**獨立研究指導教師教學效能量表之發展及其相關因素之研究**（未出版之博士論文）。國立高雄師範大學，高雄市。

姚冬琳（2016）。全球視域下中小學生多元文化素養的培養策略。**教育行政論壇，8**（1），60-67。

洪巧珣（2010）。**國小階段身心障礙資源班教師多元文化教育素養及其相關因素之研究**（未出版之碩士論文）。國立彰化師範大學特殊教育研究所，彰化。

洪怡靜、陳紫玲（2015）。高中職餐旅群教師教學效能與幸福感之研究。**師資培育與教師專業發展期刊，8**（2），99-132。

施俊名（2011）。**國小教師內隱知識、教學效能信念與教學表現關聯性之研究：模式建構與驗證**（未出版之博士論文）。國立高雄師範大學教育學系，台南。

秦夢群、吳勁甫（2011)。國中校長教學領導、學校知識管理與教師教學效能之多層次分析。**教育與心理研究，34**(2)，1-31。

徐木蘭（1994）。**行為科學與管理**。臺北：三民書局。

徐玉浩（2007）。**桃園縣國民小學教師多元文化教學信念與多元文化教學效能感之研究**（未出版之碩士論文）。台北市立教育大學教育行政與評鑑研究所，台北。

徐笑君（2016）。外派人員跨文化溝通能力對工作績效的影響研究:專業知識學習的仲介效應。**研究與發展管理，28**（4），87-96。

夏曉鵑（2005）。**尋找光明—從「識字班」通往行政院的蜿蜒路**。台北：左岸文學。

夏明學（2013）。跨文化溝通中文化融合機制構建研究。**陝西青年職業學院學報，1**，68-72。

莊明貞（1997）。**道德教學與評量－多元文化教育觀點**。台北：師大書苑。

莊惟智（2009）。**探討護理人員與外籍看護工之跨文化溝通**（未出版之碩士論文）。慈濟大學公共衛生研究所，花蓮。

郭阿月（2008）。**高雄市國小教師多元文化教育素養與教學效能之相關研究**（未出版之碩士論文）。國立高雄師範大學成人教育研究所，高雄。

郭福豫（2015）。**高職校長課程領導、教師專業學習社群與教師教學效能關係之研究**（未出版之博士論文）。國立彰化師範大學工業教育與技術學系，彰化。

陳木金（1997）。國民小學教師教學效能評鑑量表編製之研究。**藝術學報，61**，221-253。

陳木金（1999）。**班級經營**。臺北市：揚智。

陳美如（1998）。多元文化學校的知識革命與教師重構：從「潛在課程」談起。**教育研究集刊，7(41)**，171-193。

陳伶艷（2000）。**花蓮縣國小校長多元文化教育認知與實際辦學情形之研究**（未出版之碩士論文）。花蓮師範學院多元文化所，花蓮。

陳美如（2000）。**多元文化課程的理念與實踐**。台北：師大書苑。

陳麗華（2000）。**族群關係課程發展研究**。台北：五南出版社。

陳國明（2003）。**文化間傳播學**。台北。五南。

陳淑玲（2009）。**國小教師多元文化素養與多元文化教學實踐之研究－以北臺灣為例**（未出版之碩士論文）。國立中正大學，嘉義市。

陳玟良（2009）**國中自然與生活科技教師課程領導、組織承諾和教學效能關係之研究**（未出版之博士論文）。國立臺灣師範大學工業科技教育學系，彰化市。

陳薇如（2011）。**教師之多元文化素養對新移民子女語言習得之影響的個案研究—以三所國小低年級教室為例**（未出版之博士論文）。國立嘉義大學教育學系，嘉義。

陳桂容（2011）。**影響南台科技大學俄語學習者跨文化敏感度及其相關因素**。南臺科技大學知識分享平台，台南。

陳慕能（2011）。**高職校長課程領導、教師改革支持與教師教學效能之關係**（未出版之博士論文）。國立彰化師範大學，彰化。

陳聖謨（2013）。國民核心素養與小學課程發展。**課程研究，8**（1），41-63。

彭逸芳（2012）。**新北市國小教師多元文化教育素養覺知與教師在職進修方式偏好之研究**（未出版之碩士論文）。國立臺灣師範大學社會教育學系，台北。

單維彰（2016）。素養、課程與教材—以數學為例。**國家教育研究院教育脈動電子期刊，5**， 1-19。

張潤書（1998）。**行政學**。台北市：三民。

張碧娟（1999）。**國民中學校長教學領導、學校教學氣氛與教師教學效能關係之研究**（未出版之博士論文）。國立政治大學，臺北。

張世彗（1999）。**國小一般智能優異班教師自我效能模式之驗證暨相關因素之研究**（未出版之博士論文）。國立臺灣師範大學特殊教育學系，臺北市。

張淑媚（2003）。**對話之誤解與澄清-以中文為使用語言之跨文化傳播研究**（未出版之碩士論文）。國立交通大學傳播研究所，新竹縣。

張秀雄（2004）。多元文化教育 VS.公民教育。**公民訓育學報，15**，37-60。

張鈿富（2006）。外籍配偶子女教育問題與因應策略。**教育研究月刊，141**，5-17。

張麗質（2008）。**臺北地區國民中學教師族群關係之多元文化教育態度的探討**（未出版
之碩士論文）。國立台灣師範大學教育學系，台北。

張美瑤（2009）。多元文化教育改革之省思。**正修通識教育學報，6**，320-339。

張偉豪（2011）。**論文寫作 SEM 不求人**。高雄市：三星統計服務有限公司。

張和然、江俊龍（2011）。學校組織文化及教師工作價值觀對教學效能影響之研究。**學
校行政，73**，83-102。

張媛甯、岳美秀（2012)。臺南市公立幼兒園教師覺知專業成長與教學效能之研究。**學
校行政，82**，70-89。

張德銳、張素偵（2012）。臺北市中小學校長轉型領導、教師領導與教學效能之研究。
市北教育學刊，41，59-97。

張志雄（2013）。**高中哈尼族與漢族教師教學效能感的跨文化研究**（未出版之碩士論
文）。四川師範大學，四川。

張瀞文（2015）。**臺南市國小教師多元文化教育素養之研究**（未出版之碩士論文）。國
立臺南大學教育學系，台南。

曾信榮（2010）。**高中職工業類科學校教師教學效能、教育專業承諾與學校效能關係之
研究**（未出版之博士論文）。國立彰化師範大學，彰化市。

曾信榮（2012）。高職（中）工業類科學校學生知覺教學效能之探討。**學校行政，79**，
58-72。

湯心怡（2010）。公民與社會科教師多元文化素養與教學信念（未出版之碩士論文）。
　　國立臺灣師範大學，臺北市。

游美惠（2001）。多元文化教育的理論基礎。載於空中大學主編，多元文化教育，33-55。

舒緒偉（1990）。國民小學教師溝通滿意與工作滿意之研究（未出版之碩士論文）。國
　　立臺灣師範大學教育研究所，臺北。

黃昆輝（1989）。教育行政學。臺北：東華書局。

黃政傑（1993）。多元文化教育的課程設計途徑。載於中國教育協會主編，多元文化教
　　育。台北：台灣書店。

黃政傑（1995）。多元社會課程取向。台北：師大書苑。

黃政傑（1997）。教學原理。臺北市：師大書苑。

黃明智（2005）。英語史懷哲跨文化溝通及英語教學之研究（未出版之碩士論文）。
　　嘉義大學國民教育研究所，嘉義市。

黃建翔、吳清山（2013）。國民中學教師專業發展、專業承諾與教學效能關係之研究-
　　以 TEPS 資料庫為例。師資培育與教師專業發展期刊，6(2)，117-140。

黃雅英（2013）。華語文教學之跨文化溝通能力指標研究 －以《歐洲共同語文參考架
　　構》為基礎（未出版之博士論文）。國立政治大學，台北。

黃思懿（2014）。基於跨文化溝通之移民華語教材建構：以臺灣北部之家庭文化為例
　　（未出版之博士論文）。國立台灣師範大學華語文教學系，台北。

黃郁婷、葉嘉瑜（2014）。國小教師的多元文化素養與新移民女性家長親師互動之研究。**學校行政雙月刊，93**，16-35。

黃文定（2015a）。融合跨文化溝通能力與全球公民素養的外語教育：評介《從外語教育邁向跨文化公民素養教育》。**課程研究，10**（2），97-106。

黃文定（2015b）。小學生國際交流跨文化能力指標之建構。**教育研究與發展期刊，11**（1），135-164。

黃文定（2015c）。評析儒家文化下 Deardorff 跨文化能力模式在我國小學國際交流之應用。**當代教育研究季，23**（3），125-167。

楊瑩（1993）。多元文化教育的發展過程與回應典範。載於中國教育學會，**多元文化教育**（p125-164）。臺北：臺灣書店。

楊豪森（2008）。**綜合高中校長課程領導、教師專業承諾與教師教學效能關係之研究**（未出版之博士論文）。國立彰化師範大學工業教育與技術學系，彰化市。

楊玉珠（2010）。**南投縣國小教師多元文化教育素養與教學效能之研究**（未出版之碩士論文）。國立嘉義大學教育學系，嘉義。

楊素綾（2011）。**技職校院教師教學信念、課程與教學決定和教學效能關係之研究**（未出版之博士論文）。國立彰化師範大學，彰化市。

楊育軒（2014）。**跨文化溝通融入英語教學對國小學童英語學習動機之研究**（未出版之碩士論文）。康寧大學應用外語學系，台南。

劉興漢（1985）。領導的理論及其在教育行政上的運用。中華民國比較教育學會主編，**教育行政比較研究**，389-409。臺北：臺灣書店。

劉見至（2002）。**原、漢族群關係課程方案在高越市國中實焦成效之研究**（未出版之碩士論文）。國立高雄師範大學教育研究所，高雄市。

劉瑞梅（2007）。**臺南縣市國民小學校長領導風格、行政溝通行為與學校效能之關係研究**（未出版之碩士論文）。國立臺南大學教育經營與管理研究所，臺南。

劉美慧主編（2009）。**多元文化教育名著導讀**。台北：學富文化。

鄭雅婷（2017）。**幼兒園教師多元文化素養、師生互動、園長領導行為對幼兒園教師教學效能的相關研究**（未出版之博士論文）。國立臺南大學教育學系教育經營與管理學系，台南。

蔡家廷（2004）。**國民小學學校本位管理、組織氣氛與教師教學效能關係之研究**（未出版之碩士論文）。國立臺東大學教育研究所，台東。

蔡喬育（2008）。**成人教師教學專業知能與教學效能關係模式建構之研究-以華語文教學為例**（未出版之博士論文）。國立中正大學成人及繼續教育所，嘉義。

蔡蕙如（2010）。**藝術與人文領域音樂教師多元文化素養探究**（未出版之碩士論文）。國立屏東教育大學音樂學系，屏東。

蔡清田（2014）。**國民核心素養:十二年國教課程改革的 DNA**，台北市:高等教育。

蔡金田（2014）。國民小學校長效能與教師效能對學生學習成就之影響。**南台人文社會學報，11**，69-107。

蔡政忠（2017）。**原住民重點國民中學教師專業素養、補救教學理念 與補救教學成效之探討**（未出版之博士論文）。國立暨南國際大學教育政策與行政學系，台中。

賴苑玲（2000）。**以資訊素養為基礎之國民小學圖書館利用教育課程之設**

計與實驗研究。台北市：五南圖書出版公司。

駱奕穎（2011）。**國民小學校長知識領導、教師學習社群與創新教學效能關係之研究**（未出版之博士論文）。國立臺北教育大學教育經營與管理學系，臺北。

簡玉琴（2002）。**桃園縣國民小學教師自我效能與教學效能關係之研究**（未出版之碩士論文）。國立臺北師範學院國民教育研究所，臺北。

謝文全（2003）。**教育行政學**。臺北：高等教育。

謝百亮（2006）。**後現代脈絡下國民中學校長課程領導與教師教學效能關係之研究**（未出版之博士論文）。國立台中教育大學國民教育研究所，台中。

顏任珮（2012）。**國中教師跨文化敏感度與多元文化素養之研究**（未出版之碩士論文）。中華大學科技管理學系，新竹。

譚光鼎、劉美慧、游美惠（2001）。**多元文化教育**。台北縣：國立空中大學。

譚光鼎、劉美慧、游美惠（2008）。**多元文化教育**。台北：高教出版社。

辭海編輯委員會（1985）。**辭海**：續編（第三版）。臺北市：臺灣中華書局。

嚴文華（2008）。**跨文化溝通心理學**。上海：上海利二會科學院出版社。

二、英文部分

Ashton, P. T. (1984). Teacher efficacy: A motivational paradigm for effective teacher education. *Journal of teacher education, 35*(5), 28-32.

Ashton, P. T., & Webb, R. B. (1986). *Making a difference: Teachers' sense of effi cacy and student achievement.* New York, NY: Longman.

Alsadat,M. & Khatami,M. (2015). Critical thinking & Intercultural Communication In Learning Environment. *Enjoy Teaching Journal 3*(4)1-12.

Angelina E.C. (2017) . Culturally Responsive Schooling for Indigenous Youth:A Review of the Literature . *American Educational Research Association, 78*(4), 941-993.

Berlo, D. K. (1960). *The process of communication: An introduction to the theory and practice.* New York: Holt, Rimehart & Winsten.

Barnard,C.I.(1968).*The functions of the executive.* Boston, MA: Harvard University Press.

Barfield, V. & Burlingame, M. (1974). The pupil control ideology teacher in selected schools. *The Journal of Experimental Education, 42*(4), 6-11 .

Baron R.A.(1983).*Behavior in organization: Understanding   and managing the human side of work.* Taipei: Mei-Ya Press.

Banks,J.A.,& Banks,C.A.M.(1993).*Multicultural education: Issues and perspectives.* Boston,MA: Allyn & Bacon.

Belay, J .(1993). The behavioral assessment scale for intercultural communication effectiveness · *International Journal of Intercultural Relations,12*(3) , 233-246 ·

Borich,G.D.(1994).*Observation skills for effective teaching.* N Y: Macmillan.

Bennett,C.I.(1995). *Comprehensive multicultural education:Theory and practice.*

Boston,MA: Allyn & Bacon.

Banks,C.A.M.& Banks,J.A.(1995).Equity pedagogy: An essential component of

multicultural education. *Theory into Practice, 34(3),* 152-158.

Banks,J.A.(1997).*Educating citizens in a multicultural society.* New York,NY:Teachers

College Press.

Byram,M.(1997).Definitions, objectives and assessment of sociocultural competence. In :

Sociocultural Competence in Language Learning and Teaching. Strasbourg: Council of

Eurrope.

Bagozzi, R. P. and Yi, Y. (1988). On the evaluation of structural equation models. *Journal of*

the Academy of Marketing Science, 16(1): 74–94.

Bennett, M. J. (1998). Intercultural communication: a current practice. In M. J. Bennett

(Eds.), *Basic concepts of intercultural communication* (pp.1-34). Yarmouth, Maine:

Intercultural Press.

Bennett,C.I.(2001).Genres of research in multicultural education. *Review of   Educational*

Research,71(2),171-217.

Baldwin, J. R. and Hecht, M. (2003). Unpacking group-based intolerance: a holographic

look at identity and intolerance. In L. A. Samovar and R. E. Porter (Eds.),

Intercultural communication: a reader (pp. 354-364). Wadsworth, CA: Thomson.

Buskist, W. (2002). Effective teaching: Perspectives and insights from division two's 2- and

4-year awardees. *Teaching of Psychology, 29*(3), 188-193.

Brock, C. H. (2004). *Multicultural and Multilingual Literacy and Language: Contexts*

andPractices. N Y: The Guilford Press.

Burdick-Will, J., & Gómez,C. (2006). Assimilation Versus Multiculturalism: Bilingual

Education and the Latino Challenge. *Journal of Latinos and Education, 5*(3), 209–231.

Banks,J.A.(2008).*An introduction to mutilcutural education(4 th ed.).*Boston, MA: Allyn &

Bacon.

Banks,J.A.(2010). Multicultural education: Characteristics and goals.

In J.A.Banks & C.A.M.Banks (Eds.),*Multicultural education: Issues and perspectives*

（7th ed.,pp.3-30）.

Hoboken, NJ: John Wiley & Sons.Giroux(1997). Pedagogy and the politics of

hope:theory ,culture, and schooling: a critical reader, Colorado, Westview Press.

Chen, G. M. (1991).A test of intercultural communication competence. *Intercultural*

*Communication Studies, 2,*62-83.

Courts, P. L. (1997). *Multicultural literacies: Dialect, discourse, and diversity.* N Y: Peter

Lang.

Capella-Santana, N. (2003). Voices of teacher candidates:Positive changes in multicultural

attitudes and knowledge. *The Journal of Education Research, 96*(3), 182-190

Craig, E. (2014)。Second Life to support Multicultural Literacy: Pre- and In-service

Teachers' Perceptions and Expectations，*TechTrends*，58（2），46-59。

Diamond＆Moore. (1995). *Multicultural literacy：Mirroring the reality of the classroom*. NY : Longman.

Dean,J.(1997).*Dealing with problems in intercultural communication：A study of negotiation of meaning in native-nonnative speaker interaction*,Netherlands   Tilburg University Press.

Dodd, C. H. (1998). *Dynamics of intercultural communication* (5th ed.). San Francisco, CA: McGraw-Hill.

Deal, S. R.（2005）. *Graduate students perceptions of teacher effectiveness*. St. Mary"s University of San Antonio, Texas.

Dong, Q., Day, K. D. & Collaço, C. M. (2008). Overcoming ethnocentrism through developing intercultural communication sensitivity and multiculturalism. *Human Communication, 11*(1), 27-38.

Freire,P.(1985).*The politics of education: Culture power and liberation*. South Hadley, MA: Bergin & Carvey.

Fisler, J. L., & Firestone, W. A.(2006). Teacher learning in a school-university partnership: Exploring the role of social trust and teaching efficacy beliefs. *Teachers College Record, 108*（6）, 1155-1185.

Fall,T. (2013). Intercultural Communication Apprehension and Emotional Intelligence in Higher Education: Preparing Business Students for Career Success. *Business*

Communication Quarterly, 76(4) 412 –426.

Gibson, S., & Dembo, M. H. (1984). Teacher efficacy: A construct validation.

  Journal of Educational Psychology, 76(4), 569-582.

Guskey, T. R. (1987). Context variables that affect measures of teacher efficacy. *The Journal*

  of Educational Research, 81(1), 41-47.

Gollnick,D.M.,& Chinn,P.C.(1990). *Multicultural education in a pluralistic*

  society. N Y : Merrill.

Guthrie, J. W., & Reed, R. J. (1991). *Education   administration   and   policy   and*

  effective leadership for American education. Boston, MA: Allyn & Bacon.

Giroux,H.A.（1992）. *Border crossing: Cultural workers and the politics of education.*New

  York: Routledge.

Gay, G.(1995).Curriculum theory and multicultural education. In J. A. Banks

  & C. A. M. Banks(Eds.),*Handbook of research on multicultural education*

  ,（pp. 25-43）.

Grant,C.A.& Sletter,C.E.,(1996). *Making choices for multicultural education:*

  Five approaches to race, class, and gender. N Y: Merrill.

Grant,C.A.&Ladson-Billings, G.(1997).*Dictionary of Multicultural*

  education .Phoenix,AZ: Oryx Press.

Gorham, E. (2001). *Multicultural teaching competence as perceived by elementary school*

  teachers. Virginia Polytechnic Institute and State University.

Graham, C., Cagiltay, K., Lim, B. R., Craner, J. & Duffy, T. M. (2001). Seven principles of effective teaching: A practical lens for evaluating online courses. *Technology Source*, Mar-Apr. Retrieved from http://technologysource.org/article/seven_principles_of_ effective_teaching/

Gudykunst, W. B. (2002). Intercultural communication. In W. B. Gudykunst, & B. Mody (Eds.), *Handbook of international and intercultural communication* 179-182. Thousand CA: Sage.

Gann, R. R., Dean P. B. & Ma´rquez c   J. (2005). Beyond English hegemony: language, migration and Appalachian schools. *Changing English, 12*(3), 431–441.

Gydykunst, W.B., Lee, C.M., Nishida, T., and Ogawa, N. (2005). Theorizing abobut intercultural communication: an introduction. In W. B. Gudykunst (Eds.),   *Theorizing about intercultural communication* 3-32. Thousands CA: Sage.

Gursoy, (2016 a). Teacher's Sense of Self-Efficacy and Attitudes Towards Multicultural Education Regarding and out-of Sshool Activity : *Romanian Journal of Experimental Applied Psychology 7*(3), 37-56.

Gursoy, (2016 b). Teacher's attitudes toward multicultural education according to some variables: *Romanian Journal of Experimental Applied Psychology 7*(2), 60-72.

Hall, Edward T.(1959). *The Silent Language*. Greenwich, Connecticut: Fawcett Publications.

Harris, P. and Moran, R. (2000).   *Managing   cultural differences*. Houston, TX: Gulf.

Hoy, W. K., & Miskel, C. G. (2001). *Educational administration: Theory, research, and practice* (6th ed.). NY, MA: McGraw-Hill.

Holcomb-McCoy,C.(2004).Assessing the multicultural competence of school counselors: *A checklist. Professional School Counseling, 7* (3), 178-183.

Hall, B. J. (2005). *Among cultures: the challenge of communication* (2nd ed.). Belmont, CA: Thomson Wadsworth.

Jandt, F. E. (2007). *An introduction to intercultural communication: identities in a global community* (5th ed.). Thousands Oaks : Sage.

Haworth, P. (2009). The Quest for a Mainstream EAL Pedagogy. *Teachers College Record, 111*(9), 2179-2208.

Kellermann, K. (1992). Communication: Inherently strategic and primarily automatic. *Communication Monographs*, 59, 288-300.

Kim, Y. (2001). *Becoming intercultural: An integrative theory of communication and crosscultural adaptation*. Thousand Oaks : Sage.

King,P.M.& Howard-Hamilton, M.(2003).An assessment of multicultural competence.*NASPA Journal,40*(2),119-133.

Kim, Y. (2005). Inquiry in intercultural and development communication. Journal of Communication, *The RAND Journal of Economics 55*, 554-577.

Kline. (2011). *Principals and practice of structural equation modeling* (3rd ed.). New York: The Guilfor Press.

Kratzke, C., & Bertolo, A. (2013). Enhancing students' cultural competence using cross-cultural experience learning. *Journal of Cultural Diversity, 20*(3), 107-111.

Inkeri,R.,Elina, K. & Arniika,K.(2016). Developing teachers' intercultural sensitivity: Case study on a pilot course in Finnish teacher education：*Teaching and Teacher Education*，*59*(2016)，446-456.

Lawrence, N. E. (2011). *The effects on cultural intelligence, self efficacy and cross cultural communication on cross cultural adaptation of international students in Taiwan* (Unpublished Master's thesis). National Taiwan Normal University, Taiwan, ROC.

Lieser, M. A., & Willoughby, B. (2013). Communication, compromise key to cross- cultural relationships. *Teaching Tolerance, 44*, 38-37.

McGuigan,M.(1994).When in Rome:A rationale and selection of resources in international business etiquette and intercultural communication. *Reference & User Services Quartely,41(3)*,220-227.

McLaren. P.(1995). "White Terror and Oppositional Agency：Towards a Critical Multiculturalism" in Sleeter, C. E. & McLaren, Peter L. ed. *Multicultural Education, Critical Pedagogy, and the Politics of Difference*. NY：Suny Press, p.55.

Maletzke, G. (1996), *Interkulturelle Kommunikation*. Wiesbaden: VS Verlag für Sozialwissenschaften.

Müller, R. (2001). Teacher Training with Emphasis on Immigrant Pedagogy. *European*

Education, 33(3), 54–67.

Manning, M.L.&; Baruth,L.G.(2004). *Multicultural Education of Children and Adolescents (3th ed.).* Boston, MA: Allyn and Bacon.

Malcolm, N. & John, P.(2013).The Ethics of Intercultural Communication. *Educational Philosophy and Theory, 45*（10）1005–1017.

Nieto,S.(2000).*Affirming diversity:The sociopolitical context of multicultural education.*N Y:Longman.

Nieto,S.& Bode,P.(2008).*Affirming diversity-the sociopolitical context of multicultural education (5th ed.).*Boston, MA:Allyn & Bacon.

Paul, W.l. (1990). On whether one can(not) not communicate: An examination via traditional communication postulates. *Western Journal of Speech Communication, 54,* 1-20.

Pope,R.L.,& Reynolds,A.L.(1997).Student affairs core competencies: Intergrating multicultural awareness, knowledge, and skill. *Journal of College Student Development, 38* (3), 266-277.

Payne, N. （2004）. *Ten tips for cross cultural.* Retrieved from http://www.culturosity. com/pdfs/TipsforCross-CulturalCommunication.pdf

Richman, B. M., & Farmer, R. N. (1975). *Management and organizations.* N Y: Random House Press.

Ruben, B. D. (1976) . Assessing communication competency for intercultural adaptation.*Group & Organization Studies,1*(3),34-54.

Robbins, S. P. (1991). *Organizational behavior: Concepts, controversies, and applications* (2nd ed.). Englewood Cliffs, NJ: Prentice Hall.

Risager , D. K. (2007). *Towards a critical multicultural literacy: Theory and practice for education for liberation.* N Y: Peter Lang.

Smith, H. R., Carroll, A., Watson, H., & Kefalas, A. (1980). *Management: Making organizations perform.* Macmillan Publishing Company.

Schramm, W., & Roberts, F. (1971). *The process and effects of mass communication.* Revised edition Illinois: The Board of Trustees, University of Illionis. Urbana, University of Illinois Press.

Simon, H. A. (1976). *Administrative behavior.* New York: The Free Press.

Spitzberg, B. H.,& Cupach, W. R. (1991). *Interpersonal communication competence.* Beverly Hills, CA: Sage.

Sleeter,C.E.& Grant,C.A.(1996).*Making choices for multicultural education: Five Approaches to race,class,and gender.*Englewood Cliffs, NJ: Prentice-Hall.

Samovar, L.A.(1996). *Intercultural Communication.* A Reader. Wadsworth, Belmont, CA.

Smith, R. W. (2000). The influence of teacher background on the inclusion of multicultural education：A case study of two contrasts. *The Urban Review, 32*(2), 155-176.

Spitzberg, B.H. (2000). A Model of Intercultural Communication Competence. In L.

Samovar & R.porter (Eds.), *Interpersonal communication* :A reader (9th

ed.).Belmont,CA:Wadsworth,375-387.

Sox, A. K. (2009). Latino Immigrant Students in Southern Schools: What We Know and

Still Need to Learn. *Theory Into Practice, 48*(4), 312-318.

Spinthourakis, J. A., Karatzia-Stavlioti, E. & Roussakis, Y. (2009).

Pre-service teacher intercultural sensitivity assessment as a basis for

addressing multiculturalism. *Intercultural Education, 20*(3), 267-276.

Tiedt,P.L.,& Tiedt,I.M(1990).*Multicultural Teaching : A Handbook of Acitivities, Information,*

and Resource.Boston,MA:Allyn & Bacon.

Ting-Toomey, S. (2005). The Matrix of Face: an updated face-negotiation theory. In W. B.

Gudykunst (Ed.), *Theorizing about intercultural communication* (pp. 71-92). Thousands

CA: Sage.

Well,D.K.(1998).*Towards a critical multicultural literacy: Theory and practice for education*

for liberation. N Y: Peter Lang.

Zimmerman, B. J.(1995). Self-efficacy and educational development. In A. Bandura（Eds.）,

Self-efficacy in changing societies 202-231. NY.: Cambridge University.

Zhao, H. Q., & Coombs, S. (2012). Intercultural teaching and learning strategies for

global citizens: A Chinese EFL perspective. *Teaching in Higher Education, 17*(3),

245-255.

三、網路部分

中華民國憲法增修條文(2005)。取自全國法規資料庫

 http://law.moj.gov.tw/LawClass/LawAll.aspx?PCode=A0000002

原住民族基本法（2005）。取自全國法規資料庫

 http://law.moj.gov.tw/Law/LawSearchResult.aspx?TPage=1&p=A&f=g&t=E1F1A

原住民族教育法(2013)。取自全國法規資料庫

 http://law.moj.gov.tw/LawClass/LawContent.aspx?PCODE=H0020037

師資培育法（2017）。取自全國法規資料庫

 http://law.moj.gov.tw/LawClass/LawContent.aspx?PCODE=H0050001

教育部(2000)。國民中小學九年一貫課程與教學網。取自 http://teach.eje.edu.tw/main.php

教育部（2011）。中小學國際教育白皮書。檢索日期：2016 年 11 月 10 日，取自

 http://ws.moe.edu.tw/001/Upload/3/RelFile/6315/6923/100.04。

教育部（2014）。十二年國民基本教育課程綱要。2017 年 1 月 20 日，擷取自

 http://www.edu.tw/News.aspx?n=0217161130F0B192&page=2&PageSize=20

教育部（2015）。新住民子女教育發展五年中程計畫。2016 年 11 月 28 日，擷取自

 http://www.edu.tw/Advanced_Search.aspx?q。

教育部（2016）。教育統計。2016 年 11 月 28 日，擷取自

 https://www.set.edu.tw/Stastic_WEB/sta2/default.asp。

教育部（2018）。教育統計。2018 年 2 月 8 日，擷取自

 https://www.set.edu.tw/Stastic_WEB/sta2/default.asp。

張一蕃（1998）。**資訊時代之國民素養與教育**。行政院經濟建設委員會委

託研究計畫。http://www.sinica.edu.tw/~cdp/project/01/4_3.htm

黃玫珍、黃雪貞(2014)。高職英文教師之跨文化溝通知能與文化教學認知。SPECTRUM:

NCUE Studies in Language, Literature, Translation, and Interpretation，7（11），

21-38。

附錄

附錄一 國民小學教師多元文化素養、跨文化溝通與教學效能調查問卷（專家效度問卷）

國民小學教師多元文化素養、跨文化溝通與教學效能調查問卷（專家效度）

敬愛的老師您好：

　　感謝您在百忙中撥空填寫這份問卷。本問卷的目的在瞭解國小教師
多元文化教育素養、跨文化溝通與教學效能的情形，問卷中的題目並無標準答案，
請您依照您個人的狀況填答。問卷所得資料僅供學術研究之用，絕對保密，請您放
心填答。

　　請您先填寫「基本資料」後，再逐題填答。您的意見非常寶貴，若是沒有
您的協助，本研究將難以完成，衷心感謝您。

敬祝　　　教 安

國立暨南國際大學　　教育政策與行政研究所

指導教授：蔡金田　　博士

研究生：許瑞芳　　敬上

中華民國 106 年 4 月

壹、基本資料

　　基本資料為教師個人及學校背景資料，主要在瞭解填答者屬性及其工作環境狀況。

一. 性別：□（1）男 □（2）女

□適用 7 □修正　□刪除

修正意見：＿＿＿＿＿＿＿＿＿＿＿＿＿＿＿＿＿＿＿＿＿＿＿＿＿＿＿＿

二. 年齡：□21-30 歲　□31-40 歲　□41-50 歲　□51 歲以上

□適用 3 □修正 4　□刪除

修正意見：20 歲以上未滿 30 歲＿＿＿＿＿＿＿＿＿＿＿＿＿＿＿＿＿

三. 最高學歷：　□師範或教育大學　□一般大學　□碩士以上

□適用 7 □修正　□刪除

修正意見：＿＿＿＿＿＿＿＿＿＿＿＿＿＿＿＿＿＿＿＿＿＿＿＿＿＿＿＿

四. 教學年資：□5 年以下　□6-15 年　□16-25 年　□26 年以上

□適用 2 □修正 5 □刪除

修正意見：未滿 10 年

五.在校擔任職務：□科任教師　□級任導師　□教師兼行政工作

□適用 7　□修正　□刪除

修正意見：

六.學校位置：□都市區　□一般鄉鎮區　□偏遠（含山區）

□適用 6　□修正 1　□刪除

修正意見：

七.學校規模：□　12 班以下　□13-48 班　□49 班以上

□適用 7　□修正　□刪除

修正意見：

八.學校區域：□北區　□中區　□南區　□東區

□適用 6　□修正 1　□刪除

修正意見：區域要標示縣市

貳、填答說明

一、本問卷共分三大部分，茲將各部分的重要名詞釋義如下:

(一) 多元文化素養:教師應堅持著公平公正的態度；知曉不同群體、學生的文化背景；理解多元文化教育的理論知識；具有文化敏感性，培養學生對不同文化產生積極地態度；消除偏見；具備處理多元文化問題的技能；反思自己的行為態度等。

(二) 跨文化溝通: 是一種建立在不同文化的個體之間的溝通方式，有一方待在自己原來文化環境中使用語言、非語言肢體動作和空間關係來交換、協商和另一個來自不同文化國家的人做溝通，而雙方溝通的問題在於雙方文化差異性的大小來決定。

(三) 教學效能：教師能於實際進行有效的教學活動中，擬定適當教學計畫、建立師生良好的互動、運用多元的教學評量、營造溫馨的學習氣氛，促使學生達成多元文化學習的目標，增進學生學習的成效。

二、本問卷共 112 個題目，請就您的知覺與感受，在適當的選項□內打 V。

參、問卷內容

一、多元文化素養部分

（一）多元文化認知

1.我能教導班上不同文化背景的學生彼此瞭解、尊重與包容。

□適用 6　□修正 1　□刪除

修正意見：教導班上不同文化背景的學生彼此瞭解、尊重與包容是老師的責任。

2.實施多元文化教育，可以讓班上所有學生都擁有公平學習的機會。

□適用 1　□修正 1　□刪除 5

修正意見：＿＿＿＿＿＿＿＿＿＿＿＿＿＿＿＿＿＿＿＿＿＿＿＿＿＿

3.提供不同文化背景的學生共同學習或相處的機會，可以減低學生的文化偏見。

□適用 2　□修正 4　□刪除 1

修正意見：提供不同文化背景的學生共同學習或相處的機會，增加學生的文化包容力。

4.我認為學校的佈置與活動應呈現不同族群文化的特色。

□適用 2　□修正 1　□刪除 4

修正意見：＿＿＿＿＿＿＿＿＿＿＿＿＿＿＿＿＿＿＿＿＿＿＿＿＿＿

5.在教學過程中，教師應該確保不同文化學生的學習權利。

□適用 2　□修正 2　□刪除 3

修正意見：＿＿＿＿＿＿＿＿＿＿＿＿＿＿＿＿＿＿＿＿＿＿＿＿＿＿

6.我認為參與不同族群文化的議題討論與研習是很重要的。

□適用 2　□修正 4　□刪除 1

修正意見：即使課程時間有限，教師還是應該將族群文化的議題融入課堂討論。

7.在多元文化的社會中，我認為文化間沒有高低之分，應和諧共存。

□適用 2　□修正 2　□刪除 3

修正意見：＿＿＿＿＿＿＿＿＿＿＿＿＿＿＿＿＿＿＿＿＿＿＿＿＿＿

8.我能瞭解保留多元文化價值的重要。

□適用 1　□修正 1　□刪除 5

修正意見：＿＿＿＿＿＿＿＿＿＿＿＿＿＿＿＿＿＿＿＿＿＿＿＿＿＿

9.教師應以客觀的立場去瞭解班上不同文化背景的學生。

□適用 2　□修正 4　□刪除 1

修正意見：即使課程時間有限，仍然會提供比較好且有效的訊息及資源給不同文化的學生。

10.教師應引導學生對不同文化持正面評價。

□適用 7　□修正　□刪除

修正意見：＿＿＿＿＿＿＿＿＿＿＿＿＿＿＿＿＿＿＿＿＿＿＿＿＿＿

11.教師應化解因為不同文化背景所產生的學生紛爭。

□適用 2　　□修正 1　　□刪除 4

修正意見：_____

（二）多元文化情意

12.我能察覺自身的言行與價值觀，對不同族群文化不會有偏見與刻板印象。

□適用 7　　□修正　　□刪除

修正意見：_____

13.新文化的加入能夠刺激原有文化的成長。

□適用 1　　□修正 1　　□刪除 5

修正意見：_____

14.對於來自不同族群文化背景的學生，我認為應給予適當且公平的對待。

□適用 2　　□修正 2　　□刪除 3

修正意見：

15.多數族群的學生均需要學習多元文化教育，不僅少數族群的學生需要學習。

□適用 1　　□修正 2　　□刪除 4

修正意見：

16.每個領域的教師都應該關心多元文化教育。

□適用 2　　□修正 4　　□刪除 1

修正意見：每個領域的教師都應該關心多元文化議題。

17.對於不同族群文化所造成的差異，我能以同理心看待並予以尊重。

□適用 7　　□修正　　□刪除

修正意見：

18.我能參與多元文化議題的討論並尊重別人的意見。

□適用 7　　□修正　　□刪除

修正意見：_____

19.我認為不同族群文化的生活型態都有其獨特性和美感。

□適用 1　　□修正 1　　□刪除 5

修正意見：_____

20.我能察覺多元文化知識的交流，能刺激各文化彼此的成長。

□適用 1　　□修正 4　　□刪除 2

修正意見：預料到自己的教學方法可能不見得適用於不同文化的學生。

21.我能察覺各種文化都能提供不同的經驗和貢獻。

□適用 7　　□修正　　□刪除

修正意見：＿＿＿＿＿＿＿＿＿＿＿＿＿＿＿＿＿＿＿＿＿＿＿＿

22.多元文化觀必須積極建立並向下紮根。

□適用 1　　□修正　　□刪除 6

修正意見：＿＿＿＿＿＿＿＿＿＿＿＿＿＿＿＿＿＿＿＿＿＿＿＿

（三）多元文化技能

23.我能掌握並回應不同文化背景學生的學習方法及學習需要。

□適用 7　　□修正　　□刪除

修正意見：＿＿＿＿＿＿＿＿＿＿＿＿＿＿＿＿＿＿＿＿＿＿＿＿

24.我能營造和諧尊重的教室環境，鼓勵不同族群文化的學生表達自己的意見。

□適用 7　　□修正　　□刪除

修正意見：＿＿＿＿＿＿＿＿＿＿＿＿＿＿＿＿＿＿＿＿＿＿＿＿

25.我能讓不同族群文化的學生對自己的文化引以為榮。

□適用 2　　□修正 1　　□刪除 4

修正意見：＿＿＿＿＿＿＿＿＿＿＿＿＿＿＿＿＿＿＿＿＿＿＿＿

26.我能對教學內容的解釋及舉例，能顧及文化差異及多元性。

□適用 7　　□修正　　□刪除

修正意見：＿＿＿＿＿＿＿＿＿＿＿＿＿＿＿＿＿＿＿＿＿＿＿＿

27.我具備因應不同族群文化學生的多元輔導能力。

□適用 2　　□修正 1　　□刪除 4

修正意見：＿＿＿＿＿＿＿＿＿＿＿＿＿＿＿＿＿＿＿＿＿＿＿＿

28.我能因應不同族群文化學生的學習表現調整教學標準及評量方式。

□適用 7　　□修正　　□刪除

修正意見：＿＿＿＿＿＿＿＿＿＿＿＿＿＿＿＿＿＿＿＿＿＿＿＿

29.我會在課堂中營造多元文化氛圍，分享自身的多元文化體驗經驗。

□適用　　□修正　　□刪除

修正意見：＿＿＿＿＿＿＿＿＿＿＿＿＿＿＿＿＿＿＿＿＿＿＿＿

30.我能定期評估學生的學習成效，以瞭解不同文化背景學生的學習狀況。

□適用　　□修正　　□刪除

修正意見：_____

31.我能利用網路搜尋國內外各種提及少數民族、多元文化的相關訊息。

□適用 1　　□修正 5　　□刪除 1

修正意見：我能辨識並挑戰同事在學校內所發生的種族歧視與差別待遇問題。

32.我能設計讓不同文化背景的學生共同參與之學習活動。

□適用 7　　□修正　　□刪除

修正意見：_____

33.我能平衡、適切的使用學生的文化經驗作為教學資源。

□適用 1　　□修正 5　　□刪除 1

修正意見：我會找出讓少數族群兒童融入教室的方法，而不去改變其文化。

二、跨文化溝通部分

（一）接收訊息

1.在跨文化情境中,我覺得我國的文化和其他國家的文化各有特色。

□適用 1　　□修正 1　　□刪除 5

修正意見：_____

2.在跨文化情境中,我知道根據不同情境選擇合適的溝通方式和態度。

□適用 7　　□修正　　□刪除

修正意見：_____

3.在與不同文化的學生溝通時,我能看出對方的行為是如何受其文化影響的。

□適用 7　　□修正　　□刪除

修正意見：_____

4.在與不同文化的學生溝通時,我會不帶文化偏見地積極傾聽。

□適用 6　　□修正 1　　□刪除

修正意見：_____

5.在與不同文化的學生溝通時,我欣學生賞談話內容與我之間的文化差異。

□適用 2　　□修正 5　　□刪除

修正意見：在與不同文化背景的學生溝通時,我能覺察出彼此之間的文化差異。

6.在跨文化情境中,我尊重來自不同文化學生的行為方式。

□適用 2　　□修正 1　　□刪除 4

修正意見：_____

7.在與不同文化的學生溝通時，對方能夠清楚理解我要表達的意思。

□適用 7　　□修正　　□刪除

修正意見：＿＿＿＿＿＿＿＿＿＿＿＿＿＿＿＿＿＿＿＿＿＿＿＿＿＿＿

8.在與不同文化的學生溝通時，我能提出問題以獲得需要的資訊。

□適用 1　　□修正 2　□刪除 4

修正意見：＿＿＿＿＿＿＿＿＿＿＿＿＿＿＿＿＿＿＿＿＿＿＿＿＿＿＿

9.在與學生溝通時，我會專注傾聽對方的意見，而非堅持自己的想法。

□適用 7　　□修正　　□刪除

修正意見：＿＿＿＿＿＿＿＿＿＿＿＿＿＿＿＿＿＿＿＿＿＿＿＿＿＿＿

10. 在與學生溝通時，我能瞭解個人生活背景與價值觀的不同，會對訊息的接收或過濾造成影響。

□適用 7　　□修正　　□刪除

修正意見：＿＿＿＿＿＿＿＿＿＿＿＿＿＿＿＿＿＿＿＿＿＿＿＿＿＿＿

（二）建構意義

11.在與學生溝通時，我能瞭解個人的想法和態度會影響訊息意義的理解。

□適用 7　　□修正　　□刪除

修正意見：＿＿＿＿＿＿＿＿＿＿＿＿＿＿＿＿＿＿＿＿＿＿＿＿＿＿＿

12.在與不同文化的學生溝通時，我非常注意觀察文化上的差異。

□適用 7　□修正　　□刪除

修正意見：＿＿＿＿＿＿＿＿＿＿＿＿＿＿＿＿＿＿＿＿＿＿＿＿＿＿＿

13.在與不同文化的學生溝通時，我能夠開放而坦誠地與學生溝通。

□適用 2　　□修正 1　□刪除 4

修正意見：＿＿＿＿＿＿＿＿＿＿＿＿＿＿＿＿＿＿＿＿＿＿＿＿＿＿＿

14.在與不同文化的溝學生通時，我會留心對方情緒變化。

□適用 2　　□修正　　□刪除 5

修正意見：＿＿＿＿＿＿＿＿＿＿＿＿＿＿＿＿＿＿＿＿＿＿＿＿＿＿＿

15.在與不同文化的學生進行面對面溝通時，我能猜測到對方希望我談什麼。

□適用 7　　□修正　　□刪除

修正意見：＿＿＿＿＿＿＿＿＿＿＿＿＿＿＿＿＿＿＿＿＿＿＿＿＿＿＿

16.我對來自不同文化的學生保持開放的態度。

□適用 1　　□修正 1　　□刪除 5

修正意見：_____

17.在與不同文化的學生溝通時，我知道何時該自己說，何時該聽對方說。

□適用 2　　□修正 5　□刪除

修正意見：在與不同文化背景的學生溝通時，我能擁有對不同族群與種族的理解。

18.在與文化截然不同的學生談話時，我能敏銳地察覺對方表達中的微妙含義。

□適用 7　　□修正　　□刪除

修正意見：_____

19.和來自不同文化的學生進行溝通時，我不會感到不愉快。

□適用　　□修正　　□刪除

修正意見：_____

20.在與不同文化的學生溝通時，我知道在什麼情況下可以分享自己的個人感受。

□適用 7　　□修正　　□刪除

修正意見：_____

21.在跨文化情境中,我尊重來自不同文化的學生的價值觀。

□適用 3　　□修正 4　　□刪除

修正意見：在跨文化情境中,我能理解來自不同文化的學生的價值觀。

（三）溝通技能

22.在與不同文化的學生溝通時，我知道何時該轉換話題、何時該結束談話。

□適用 7　　□修正　　□刪除

修正意見：_____

23.在與不同文化的學生溝通過程中,如果學生遇到困難,我能及時注意到。

□適用　　□修正　　□刪除

修正意見：_____

24.在與不同文化的學生進行討論時，我能清晰地表達自己同意或不同意觀點。

□適用 7　　□修正　　□刪除

修正意見：_____

25.在與不同文化的學生溝通時，我能準確地理解對方的感受。

□適用 7　　□修正　　□刪除

修正意見：_____

26.在與不同文化的學生溝通時，我能迅速找到與學生的共同語言。

□適用 7　　□修正　　□刪除

修正意見：＿＿＿＿＿＿＿＿＿＿＿＿＿＿＿＿＿＿＿＿＿＿＿＿

27.在與不同文化的學生溝通時，我儘量用對方接受的方式給予回饋。

□適用 1　□修正 1　　□刪除 5

修正意見：＿＿＿＿＿＿＿＿＿＿＿＿＿＿＿＿＿＿＿＿＿＿＿＿

28.我盡可能不帶偏見地與不同文化的學生溝通。

□適用 6　　□修正 1　　□刪除

修正意見：＿＿＿＿＿＿＿＿＿＿＿＿＿＿＿＿＿＿＿＿＿＿＿＿

29.我非常清楚要如何與來自不同文化的學生進行溝通。

□適用 1　　□修正　　□刪除 6

修正意見：＿＿＿＿＿＿＿＿＿＿＿＿＿＿＿＿＿＿＿＿＿＿＿＿

30.在與不同文化的溝學生通時,我能用對方接受的方式表達我的情緒。

□適用 2　　□修正　　□刪除 5

修正意見：＿＿＿＿＿＿＿＿＿＿＿＿＿＿＿＿＿＿＿＿＿＿＿＿

31.在與不同文化的溝學生通時,我能利用舉例、故事性描述等方式說明我的主題。

□適用 6　　□修正 1　　□刪除

修正意見：＿＿＿＿＿＿＿＿＿＿＿＿＿＿＿＿＿＿＿＿＿＿＿＿

32.在與不同文化的學生溝通時，我能夠根據對方的溝通方式來調整自己。

□適用 7　　□修正　　□刪除

修正意見：＿＿＿＿＿＿＿＿＿＿＿＿＿＿＿＿＿＿＿＿＿＿＿＿

三、教學效能部分

（一） 教學計畫

1.教學前我會依據課程計畫，將相關的教材教具準備齊全。

□適用 3　　□修正 4　□刪除

修正意見：教學前面對不同文化背景的學生我會依據課程計畫，將相關的教材教具準備齊全。

2.我會依據教學目標來設計教學活動，以有效掌握目標。

□適用 3　　□修正 4　　□刪除

修正意見：<u>我會針對不同文化背景的學生依據教學目標來設計教學活動，以有效掌握</u>
<u>目標。</u>

3.我會融入不同的文化資料來豐富教材內容。

□適用 7　　□修正　　□刪除

修正意見：_____

4.在教學前我會先安排好教學的時間及程序。

□適用 2　　□修正 1　　□刪除 4

修正意見：_____

5.我會先做好教學計劃並精熟教學內容後，再進行教學。

□適用 2　　□修正 5　　□刪除

修正意見：<u>我面對不同文化背景的學生會先做好教學計劃並精熟教學內容後，再進行</u>
<u>教學。</u>

6.我會依照班級學生不同文化背景，設計不同的教學方案。

□適用 1　　□修正　　□刪除 6

修正意見：_____

7.我會做好時間管理，使學習活動能根據個別學生學習特質加以調整時間。

□適用 2　　□修正　　□刪除 5

修正意見：_____

8.我會事先安排個人或學習小組的任務，以掌握教學流程及學習進度。

□適用 3　　□修正 4　　□刪除

修正意見：<u>我會事先安排不同文化背景的學生或學習小組的任務，以掌握教學流程及</u>
<u>學習進度。</u>

9.我會將學生過去的學習經驗與新的教材內容相結合。

□適用 3　　□修正 4　　□刪除

修正意見：<u>我會將不同文化背景的學生過去的學習經驗與新的教材內容相結合。</u>

10.我會準備替代方案讓不同學生在學習任務、學習活動、學習成果有選擇的機會。

□適用 2　　□修正 4　　□刪除 1

修正意見：<u>我會準備替代方案讓不同文化背景的學生在學習任務、學習活動、學習成</u>
<u>果有選擇的機會。</u>

（二）教學策略

11.我會要求學生積極認真的投入教學活動。

□適用 2　　□修正　　□刪除 5

修正意見：＿＿＿＿＿＿＿＿＿＿＿＿＿＿＿＿＿＿＿＿＿＿＿＿＿＿

12.我會運用開放性的問題，促使學生進行較深層或逆向的思考。

□適用 3　　□修正 4　　□刪除

修正意見：我會運用開放性的問題，促使不同文化背景的學生進行較深層或逆向的思考。

13.我會以多元、包容和鼓勵的方式來接受學生的問題與感受。

□適用 3　　□修正　　□刪除 4

修正意見：＿＿＿＿＿＿＿＿＿＿＿＿＿＿＿＿＿＿＿＿＿＿＿＿＿＿

14.我會以問題形式，由淺而深探詢學生是否真正瞭解教學內容。

□適用 3　　□修正 3　　□刪除 1

修正意見：我會以問題形式，由淺而深探詢不同文化背景的學生是否真正瞭解教學內容。

15.我會配合教學的需要，以分組活動的方式進行教學。

□適用 3　　□修正 4　　□刪除

修正意見：我會配合教學的需要，針對不同文化背景的學生以分組活動的方式進行教學。

16.我會改變教學活動的方式以維持學生的學習注意力。

□適用 3　　□修正 3　　□刪除 1

修正意見：我會改變教學活動的方式以維持不同文化背景的學生的學習注意力。

17.我會維持流暢且學生可適應的教學步驟。

□適用 2　　□修正 5　　□刪除

修正意見：我會維持流暢的教學步驟，讓不同文化背景的學生可以適應。

18.我會由簡而繁有系統的呈現教材內容。

□適用 2　　□修正　　□刪除 5

修正意見：＿＿＿＿＿＿＿＿＿＿＿＿＿＿＿＿＿＿＿＿＿＿＿＿＿＿

19.我會於學生產生困難時，表達善意和幫助。

□適用 1　　□修正 1　　□刪除 5

修正意見：＿＿＿＿＿＿＿＿＿＿＿＿＿＿＿＿＿＿＿＿＿＿＿＿＿＿

20.我會如期的批改與檢討學生的作業、試卷或報告。

□適用 2 　　□修正 　　□刪除 5

<u>修正意見：</u>　　　　　　　　　　　　　　　　　　　　　　　　　

21.我會與學生共同檢討評量結果，並更正其所犯的錯誤。

□適用 1 　　□修正 6 　　□刪除

<u>修正意見：我會與不同文化背景的學生共同檢討評量結果，並更正其所犯的錯誤。</u>

22.我會安慰並鼓勵在評量中受挫敗的學生。

□適用 1 　　□修正 1 　　□刪除 5

<u>修正意見：</u>　　　　　　　　　　　　　　　　　　　　　　　　　

23.我會依據評量的結果，調整教學的進度、難易度或方法。

□適用 2 　　□修正 5 　　□刪除

<u>修正意見：我會依據不同文化背景的學生評量的結果，調整教學的進度、難易度或方法。</u>

（三）師生互動

24.我會安排好每個不同活動的內容程序並加以統整。

□適用 1 　　□修正 　　□刪除 6

<u>修正意見：</u>　　　　　　　　　　　　　　　　　　　　　　　　　

25.我會迅速排除在課堂中所突發的問題。

□適用 2 　　□修正 4 　　□刪除 1

<u>修正意見：我會迅速排除不同文化背景的學生在課堂中所突發的問題。</u>

26.我會對不同學生的行為表現建立合宜的期望。

□適用 2 　　□修正 5 　　□刪除

<u>修正意見：我會對不同文化背景的學生的行為表現建立合宜的期望。</u>

27.我會發掘不同學生的優勢能力及興趣並鼓勵他們進一步學習或研究。

□適用 7 　　□修正 　　□刪除

<u>修正意見：</u>　　　　　　　　　　　　　　　　　　　　　　　　　

28.我會鼓勵不同學生欣賞和接納自己獨特的想法。

□適用 2 　　□修正 1 　　□刪除 4

<u>修正意見：</u>　　　　　　　　　　　　　　　　　　　　　　　　　

29.在進行教學時，我會給予學生明確的指示。

□適用 2 　　□修正 　　□刪除 5

修正意見：＿＿＿＿＿＿＿＿＿＿＿＿＿＿＿＿＿＿＿＿＿＿＿

30.我會給予學生足夠的時間進行發問和討論。

□適用 3　　□修正 4　　　□刪除

修正意見：我會給予不同文化背景的學生足夠的時間進行發問和討論。＿＿

31.我會對有特殊學習困難的學生，表達善意和幫助。

□適用 7　　□修正　　　□刪除

修正意見：＿＿＿＿＿＿＿＿＿＿＿＿＿＿＿＿＿＿＿＿＿＿＿

32.我能肯定學生所提的問題及意見，並給予適當的回饋。

□適用 7　　□修正　　　□刪除

修正意見：＿＿＿＿＿＿＿＿＿＿＿＿＿＿＿＿＿＿＿＿＿＿＿

33.我會以多元、包容和鼓勵的方式來接受學生的問題與感受。

□適用 3　　□修正 4　　　□刪除

修正意見：我會以多元、包容和鼓勵的方式來接受不同文化背景的學生的問題與感受。

34.我會以民主的方式，給予學生自我表達與下決定的機會。

□適用 3　　□修正　　　□刪除 4

修正意見：＿＿＿＿＿＿＿＿＿＿＿＿＿＿＿＿＿＿＿＿＿＿＿

35.我會公平的對待班上的每一個學生。

□適用 2　　□修正　　　□刪除 5

修正意見：＿＿＿＿＿＿＿＿＿＿＿＿＿＿＿＿＿＿＿＿＿＿＿

（四）學習氣氛

36.我會與學生保持良好的溝通及互動關係。

□適用 3　　□修正 4　　　□刪除

修正意見：我會與不同文化背景的學生保持良好的溝通及互動關係。＿＿

37. 我會有效規劃教室的情境布置，增進學習氣氛

□適用 7　　□修正　　　□刪除

修正意見：＿＿＿＿＿＿＿＿＿＿＿＿＿＿＿＿＿＿＿＿＿＿＿

38.我會提醒學生相互尊重不同文化，共同維護融洽的學習環境。

□適用 7　　□修正　　　□刪除

修正意見：＿＿＿＿＿＿＿＿＿＿＿＿＿＿＿＿＿＿＿＿＿＿＿

39.我會處理學生不尊重其他文化的發言。

□適用 2   □修正   □刪除 5

修正意見：＿＿＿＿＿＿＿＿＿＿＿＿＿＿＿＿＿＿＿＿＿＿＿＿＿＿＿＿＿＿

40.我會提供實例讓學生瞭解文化偏見如何影響人們的行為。

□適用 6   □修正   □刪除 1

修正意見：＿＿＿＿＿＿＿＿＿＿＿＿＿＿＿＿＿＿＿＿＿＿＿＿＿＿＿＿＿＿

41.我會營造教室裡和諧愉快的學習氣氛。

□適用 7   □修正   □刪除

修正意見：＿＿＿＿＿＿＿＿＿＿＿＿＿＿＿＿＿＿＿＿＿＿＿＿＿＿＿＿＿＿

42.我會與學生分享彼此的經驗，促進師生情感交流。

□適用 3   □修正 4   □刪除

修正意見：我會與不同文化背景的學生分享彼此的經驗，促進師生情感交流。

43.我會和學生合作共同安排良好的班級佈置及環境。

□適用 3   □修正   □刪除 4

修正意見：＿＿＿＿＿＿＿＿＿＿＿＿＿＿＿＿＿＿＿＿＿＿＿＿＿＿＿＿＿＿

44.我會避免以諷刺或否定的言辭來批評學生。

□適用 2   □修正 5   □刪除

修正意見：我會避免以諷刺或否定的言辭來批評不同文化背景的學生。

45.我會創造一個融洽的學習氣氛，讓學生們的學習需求都能得到滿足。

□適用 1   □修正 1   □刪除 5

修正意見：＿＿＿＿＿＿＿＿＿＿＿＿＿＿＿＿＿＿＿＿＿＿＿＿＿＿＿＿＿＿

~~問卷到此結束，謝謝您的協助~~

附錄二 國民小學教師多元文化素養、跨文化溝通與教學效能調查問卷（預試問卷）

國民小學教師多元文化素養、跨文化溝通與教學效能調查問卷（預試問卷）

敬愛的老師您好：

　　感謝您在百忙中撥空填寫這份問卷。本問卷的目的在瞭解國小教師多元文化教育素養、跨文化溝通與教學效能的情形，問卷中的題目並無標準答案，請您依照您個人的狀況填答。問卷所得資料僅供學術研究之用，絕對保密，請您放心填答。

　　請您先填寫「基本資料」後，再逐題填答。您的意見非常寶貴，若是沒有您的協助，本研究將難以完成，衷心感謝您。

　　　敬祝　　　教 安

　　　　　　　　　　　國立暨南國際大學　教育政策與行政學系（所）
　　　　　　　　　　　　　　　指導教授：蔡金田　　博士
　　　　　　　　　　　　　　　博士候選人：許瑞芳　敬上
　　　　　　　　　　　　　　　　　　中華民國 106 年 6 月

壹、基本資料　※請您依實際情況，在適當的□打 V

一.性別：□男　　　　□女

二.年齡：□　20 以上未滿 30 歲　□30 以上未滿 40 歲　□40 以上未滿 50 歲　□50 歲以上

三.最高學歷：　□師專、師範或教育大學　□一般大學　□碩士以上（含 40 學分班）

四.教學年資：□未滿 10 年　□10 年以上未滿 15 年　□15 年以上未滿 20 年　□20 年以上

五.在校擔任職務：□科任教師　□級任導師　□教師兼行政工作

六.學校位置：□都市區（含院、省、縣轄市）　□一般鄉鎮　□偏遠（含山區）

七.學校規模：□　12 班以下　□13-48 班　□49 班以上

八.學校區域：□北部（臺北市、新北市、基隆市、桃園市、新竹縣、新竹市）　□中部（苗栗縣、臺中市、南投縣、彰化縣、雲林縣）　□南部（嘉義縣、嘉義市、臺南市、高雄市、屏東縣、澎湖縣）　□東部（宜蘭縣、花蓮縣、臺東縣）

貳、填答說明

一、本問卷共分三大部分:

(一) 多元文化素養(二) 跨文化溝通(三) 教學效能

二、本問卷共 70 個題目,請就您的知覺與感受,在適當的選項□內打 V,計分方式是根據受試者對每一題的同意程度,由「非常不同意」、「不同意」、「普通」、「同意」、「非常同意」,五個等級填答反應,分別給予一分、二分、三分、四分、五分。

參、問卷內容

一、　　多元文化素養

　　教師應堅持著公平公正的態度;知曉不同群體、學生的文化背景;理解多元文化教育的理論知識;具有文化敏感性,培養學生對不同文化產生積極地態度;消除偏見;具備處理多元文化問題的技能;反思自己的行為態度等。

	非常不同意	不同意	普通	同意	非常同意
（一）多元文化認知					
1.教導班上不同文化背景的學生彼此瞭解、尊重與包容是老師的責任。	□	□	□	□	□
2.在教學過程中,教師應該確保不同文化學生的學習權利。	□	□	□	□	□
3.提供不同文化背景的學生共同學習或相處的機會,增加學生的文化包容力。	□	□	□	□	□
4.即使課程時間有限,教師還是應該將族群文化的議題融入課堂討論。	□	□	□	□	□
5.教師應以客觀的立場去瞭解班上不同文化背景的學生。	□	□	□	□	□
6.即使課程時間有限,仍然會提供比較好且有效的訊息及資源給不同文化的學生。	□	□	□	□	□
7.教師應引導學生對不同文化持正面評價。	□	□	□	□	□

（二）多元文化情意					
8.我能察覺自身的言行與價值觀，不會因族群文化的不同而有偏見與刻板印象。	□	□	□	□	□
9.對於不同族群文化所造成的差異，我能以同理心看待並予以尊重。	□	□	□	□	□
10.我能參與多元文化議題的討論並尊重別人的意見。	□	□	□	□	□
11.多數族群與少數族群的學生均需要學習多元文化議題。	□	□	□	□	□
12.每個領域的教師都應該關心多元文化議題。	□	□	□	□	□
13.我能察覺各種文化都能提供不同的經驗和貢獻。	□	□	□	□	□
14.預料到自己的教學方法可能不見得適用於不同文化的學生。	□	□	□	□	□
（三）多元文化技能					
15.我能掌握並回應不同文化背景學生的學習方法及學習需要。	□	□	□	□	□
16.我能營造和諧尊重的教室環境，鼓勵不同族群文化的學生表達自己的意見。	□	□	□	□	□
17 我對教學內容的解釋及舉例，能顧及文化差異及多元性。	□	□	□	□	□
18.我能因應不同族群文化學生的學習表現調整教學標準及評量方式。	□	□	□	□	□
19.我能設計讓不同文化背景的學生共同參與之學習活動。	□	□	□	□	□
20.我能辨識並挑戰同事在學校內所發生的種族歧視與差別待遇問題。	□	□	□	□	□
21.我會找出讓少數族群兒童融入教室的方法，而不去改變其文化。	□	□	□	□	□

二、　　　跨文化溝通

　　是一種建立在不同文化的個體之間的溝通方式，有一方待在自己原來文化環境中使用語言、非語言肢體動作和空間關係來交換、協商和另一個來自不同文化國家的人做溝通，而雙方溝通的問題在於雙方文化差異性的大小來決定。

	非常不同意	不同意	普通	同意	非常同意
（一）接收訊息					
1.在與學生溝通時，我會專注傾聽對方的意見，而非堅持自己的想法。	□	□	□	□	□
2.在跨文化情境中,我知道根據不同情境選擇合適的溝通方式和態度。	□	□	□	□	□
3.在與不同文化背景的學生溝通時,我能看出對方的行為是有其文化背景因素。	□	□	□	□	□
4.在與不同文化背景的學生溝通時,我會不帶文化偏見。	□	□	□	□	□
5.在與不同文化背景的學生溝通時,我能覺察出彼此之間的文化差異。	□	□	□	□	□
6.在與不同文化背景的學生溝通時,對方能夠清楚理解我要表達的意思。	□	□	□	□	□
7.在與學生溝通時,我能瞭解個人生活背景與價值觀的不同,會對訊息的接收或過濾造成影響。	□	□	□	□	□
（二）理解意義					
8.在與學生溝通時,我能瞭解個人的想法和態度會影響訊息意義的理解。	□	□	□	□	□
9.在與不同文化背景的學生溝通時,我非常注意觀察文化上的差異。	□	□	□	□	□
10.在與不同文化背景的學生進行面對面溝通時,我	□	□	□	□	□

能猜測到對方希望我談什麼。					
11.在與文化截然不同的學生談話時，我能敏銳地察覺對方表達中的微妙含義。	□	□	□	□	□
12.在與不同文化背景的學生溝通時，我能擁有對不同族群與種族的理解。	□	□	□	□	□
13.在跨文化情境中,我能理解來自不同文化的學生的價值觀。	□	□	□	□	□
14.在與不同文化背景的學生溝通時，我知道在什麼情況下可以分享自己的個人感受。	□	□	□	□	□
（三）溝通技能					
15.在與不同文化背景的學生溝通時，我知道何時該轉換話題、何時該結束談話。	□	□	□	□	□
16.在與不同文化背景的學生進行討論時，我能清晰地表達自己同意或不同意觀點。	□	□	□	□	□
17.在與不同文化背景的學生溝通時，我能準確地理解對方的感受。	□	□	□	□	□
18.在與不同文化的學生溝通時，我能迅速找到與學生的共同語言。	□	□	□	□	□
19.在與不同文化背景的學生溝通時，我能夠根據對方的溝通方式來調整自己。	□	□	□	□	□
20.在與不同文化背景的學生溝通時,我能利用舉例、故事性描述等方式說明我的主題。	□	□	□	□	□
21.我盡可能不帶偏見地與不同文化背景的學生溝通。	□	□	□	□	□

三、　　　教學效能

　　教師面對不同文化背景的學生，**能**於實際進行有效的教學活動中，擬定適當教學計畫、建立師生良好的互動、運用多元的教學評量、營造溫馨的學習氣氛，促使學生達成多元文化學習的目標，增進學生學習的成效。

	非常不同意	不同意	普通	同意	非常同意
（一）　教學計畫					
1.教學前面對不同文化背景的學生我會依據課程計畫，將相關的教材教具準備齊全。	□	□	□	□	□
2.我會針對不同文化背景的學生依據教學目標來設計教學活動，以有效掌握目標。	□	□	□	□	□
3.我會融入不同的文化資料來豐富教材內容。	□	□	□	□	□
4.我會事先安排不同文化背景的學生或學習小組的任務，以掌握教學流程及學習進度。	□	□	□	□	□
5.我面對不同文化背景的學生會先做好教學計劃並精熟教學內容後，再進行教學。	□	□	□	□	□
6.我會將不同文化背景的學生過去的學習經驗與新的教材內容相結合。	□	□	□	□	□
7.我會準備替代方案讓不同文化背景的學生在學習任務、學習活動、學習成果有選擇的機會。	□	□	□	□	□
（二）教學策略					
8.我會以問題形式，由淺而深探詢不同文化背景的學生是否真正瞭解教學內容。	□	□	□	□	□
9.我會運用開放性的問題，促使不同文化背景的學生進行較深層或逆向的思考。	□	□	□	□	□
10.我會配合教學的需要，針對不同文化背景的學生以分組活動的方式進行教學。	□	□	□	□	□

11.我會改變教學活動的方式以維持不同文化背景的學生的學習注意力。	□	□	□	□	□
12.我會維持流暢的教學步驟,讓不同文化背景的學生可以適應。	□	□	□	□	□
13.我會依據不同文化背景的學生評量的結果,調整教學的進度、難易度或方法。	□	□	□	□	□
14.我會與不同文化背景的學生共同檢討評量結果,並更正其所犯的錯誤。	□	□	□	□	□
(三)師生互動					
15.我會給予不同文化背景的學生足夠的時間進行發問和討論。	□	□	□	□	□
16.我會迅速排除不同文化背景的學生在課堂中所突發的問題。	□	□	□	□	□
17.我會對不同文化背景的學生的行為表現建立合宜的期望。	□	□	□	□	□
18.我會發掘不同文化背景的學生的優勢能力及興趣並鼓勵他們進一步學習或研究。	□	□	□	□	□
19.我會對有特殊學習困難的不同文化背景的學生,表達善意和幫助。	□	□	□	□	□
20.我會以多元、包容和鼓勵的方式來接受不同文化背景的學生的問題與感受。	□	□	□	□	□
21.我能肯定不同文化背景的學生所提的問題及意見,並給予適當的回饋。	□	□	□	□	□
(四)學習氣氛					
22.我會與不同文化背景的學生保持良好的溝通及互動關係。	□	□	□	□	□
23.我會有效規劃教室的情境布置,增進學習氣氛。	□	□	□	□	□
24.我會提醒學生相互尊重不同文化,共同維護融洽的學習環境。	□	□	□	□	□
25.我會營造教室裡和諧愉快的學習氣氛。	□	□	□	□	□

26.我會與不同文化背景的學生分享彼此的經驗，促進師生情感交流。	□	□	□	□	□
27.我會避免以諷刺或否定的言辭來批評不同文化背景的學生。	□	□	□	□	□
28.我會提供實例讓學生瞭解文化偏見如何影響人們的行為。	□	□	□	□	□

本問卷到此結束，非常感謝您的填答，謝謝您！

附錄三 國民小學教師多元文化素養、跨文化溝通與教學效能調查問卷（正式問卷）

國民小學教師多元文化素養、跨文化溝通與教學效能調查問卷（正式問卷）

敬愛的老師您好：

　　感謝您在百忙中撥空填寫這份問卷。本問卷的目的在瞭解國小教師多元文化教育素養、跨文化溝通與教學效能的情形，問卷中的題目並無標準答案，請您依照您個人的狀況填答。問卷所得資料僅供學術研究之用，絕對保密，請您放心填答。

　　請您先填寫「基本資料」後，再逐題填答。您的意見非常寶貴，若是沒有您的協助，本研究將難以完成，衷心感謝您。

　　　　敬祝　　　教　安

　　　　　　　　　　國立暨南國際大學　教育政策與行政學系（所）

　　　　　　　　　　　　　　　　　　　　指導教授：蔡金田　　博士

　　　　　　　　　　　　　　　　　　　　博士候選人：許瑞芳　　　敬上

　　　　　　　　　　　　　　　　　　　　中華民國 106 年 9 月

壹、基本資料　※請您依實際情況，在適當的□打 V

一.性別：□男　　　　　□女

二.年齡：□20 以上未滿 30 歲　□30 以上未滿 40 歲　□40 以上未滿 50 歲　□50 歲以上

三.最高學歷：□師專、師範或教育大學　□一般大學　□碩士以上（含 40 學分班）

四.教學年資：□未滿 10 年　□10 年以上未滿 15 年　□15 年以上未滿 20 年　□20 年以上

五.在校擔任職務：□科任教師　□級任導師　□教師兼行政工作

六.學校位置：□都市區（含院、省、縣轄市）　□一般鄉鎮　□偏遠（含山區）

七.學校規模：□12 班以下　□13-48 班　□49 班以上

八.學校區域：□北部（臺北市、新北市、基隆市、桃園市、新竹縣、新竹市）　□中部（苗栗縣、臺中市、南投縣、彰化縣、雲林縣）　□南部（嘉義縣、嘉義市、臺南市、高雄市、屏東縣、澎湖縣）　□東部（宜蘭縣、花蓮縣、臺東縣）

貳、填答說明

一、本問卷共分三大部分:

(一) 多元文化素養(二) 跨文化溝通(三) 教學效能

二、本問卷共 56 個題目,請就您的知覺與感受,在適當的選項□內打 V,計分方式是根據受試者對每一題的同意程度,由「非常不同意」、「不同意」、「普通」、「同意」、「非常同意」,五個等級填答反應,分別給予一分、二分、三分、四分、五分。

參、問卷內容

四、　　　多元文化素養

　　教師應堅持著公平公正的態度;知曉不同群體、學生的文化背景;理解多元文化教育的理論知識;具有文化敏感性,培養學生對不同文化產生積極地態度;消除偏見;具備處理多元文化問題的技能;反思自己的行為態度等。

	非常不同意	不同意	普通	同意	非常同意
（一）多元文化認知					
1 教導班上不同文化背景的學生彼此瞭解、尊重與包容是老師的責任。	□	□	□	□	□
2 在教學過程中,教師應該確保不同文化學生的學習權利。	□	□	□	□	□
3 提供不同文化背景的學生共同學習或相處的機會,增加學生的文化包容力。	□	□	□	□	□
4 即使課程時間有限,教師還是應該將族群文化的議題融入課堂討論。	□	□	□	□	□
5 教師應以客觀的立場去瞭解班上不同文化背景的學生。	□	□	□	□	□
6 即使課程時間有限,仍然會提供比較好且有效的訊息及資源給不同文化的學生。	□	□	□	□	□
7 教師應引導學生對不同文化持正面評價。	□	□	□	□	□

（二）多元文化情意					
8 我能察覺自身的言行與價值觀，不會因族群文化的不同而有偏見與刻板印象。	□	□	□	□	□
9 對於不同族群文化所造成的差異，我能以同理心看待並予以尊重。	□	□	□	□	□
10 我能參與多元文化議題的討論並尊重別人的意見。	□	□	□	□	□
11 每個領域的教師都應該關心多元文化議題。	□	□	□	□	□
12 預料到自己的教學方法可能不見得適用於不同文化的學生。	□	□	□	□	□
（三）多元文化技能					
13 我能掌握並回應不同文化背景學生的學習方法及學習需要。	□	□	□	□	□
14 我對教學內容的解釋及舉例，能顧及文化差異及多元性。	□	□	□	□	□
15 我能因應不同族群文化學生的學習表現調整教學標準及評量方式。	□	□	□	□	□
16 我能設計讓不同文化背景的學生共同參與之學習活動。	□	□	□	□	□
17 我能辨識並挑戰同事在學校內所發生的種族歧視與差別待遇問題。	□	□	□	□	□
18 我會找出讓少數族群兒童融入教室的方法，而不去改變其文化。	□	□	□	□	□

五、　　　跨文化溝通

　　是一種建立在不同文化的個體之間的溝通方式，有一方待在自己原來文化環境中使用語言、非語言肢體動作和空間關係來交換、協商和另一個來自不同文化國家的人做溝通，而雙方溝通的問題在於雙方文化差異性的大小來決定。

	非常不同意	不同意	普通	同意	非常同意
（一）接收訊息 1 在與學生溝通時，我會專注傾聽對方的意見，而非堅持自己的想法。	□	□	□	□	□
2 在跨文化情境中，我知道根據不同情境選擇合適的溝通方式和態度。	□	□	□	□	□
3 在與不同文化背景的學生溝通時，我能看出對方的行為是有其文化背景因素。	□	□	□	□	□
4 在與不同文化背景的學生溝通時，我會不帶文化偏見。	□	□	□	□	□
5 在與不同文化背景的學生溝通時，對方能夠清楚理解我要表達的意思。	□	□	□	□	□
（二）理解意義 6 在與不同文化背景的學生溝通時，如果學生遇到理解上的困難，我能即時覺察出來。	□	□	□	□	□
7 在與學生溝通時，我能瞭解個人生活背景與價值觀的不同，會對訊息的接收或過濾造成影響。	□	□	□	□	□
8 在與學生溝通時，我能瞭解個人的想法和態度會影響訊息意義的理解。	□	□	□	□	□
9 在與不同文化背景的學生溝通時，我非常注意觀察文化上的差異。	□	□	□	□	□
10 在與文化截然不同的學生談話時，我能敏銳地察覺對方表達中的微妙含義。	□	□	□	□	□

（三）溝通技能					
11 在與不同文化背景的學生進行面對面溝通時，我能猜測到對方希望我談什麼。	□	□	□	□	□
12 在與不同文化背景的學生溝通時，我知道在什麼情況下可以分享自己的個人感受。	□	□	□	□	□
13 在與不同文化背景的學生溝通時，我知道何時該轉換話題、何時該結束談話。	□	□	□	□	□
14 在與不同文化背景的學生溝通時，我能準確地理解對方的感受。	□	□	□	□	□
15 在與不同文化的學生溝通時，我能迅速找到與學生的共同語言。	□	□	□	□	□
16 在與不同文化背景的學生溝通時，我能夠根據對方的溝通方式來調整自己。	□	□	□	□	□

六、　教學效能

　　教師面對不同文化背景的學生，**能**於實際進行有效的教學活動中，擬定適當教學計畫、建立師生良好的互動、運用多元的教學評量、營造溫馨的學習氣氛，促使學生達成多元文化學習的目標，增進學生學習的成效。

	非常不同意	不同意	普通	同意	非常同意
（二）　教學計畫					
1 教學前面對不同文化背景的學生我會依據課程計畫，將相關的教材教具準備齊全。	□	□	□	□	□
2 我會針對不同文化背景的學生依據教學目標來設計教學活動，以有效掌握目標。	□	□	□	□	□
3 我會融入不同的文化資料來豐富教材內容。	□	□	□	□	□

4 我會事先安排不同文化背景的學生或學習小組的 　任務，以掌握教學流程及學習進度。	☐	☐	☐	☐	☐
5 我面對不同文化背景的學生會先做好教學計劃並 　精熟教學內容後，再進行教學。	☐	☐	☐	☐	☐
6 我會準備替代方案讓不同文化背景的學生在學習 　任務、學習活動、學習成果有選擇的機會。	☐	☐	☐	☐	☐
（二）教學策略 7 我會以問題形式，由淺而深探詢不同文化背景的學 　生是否真正瞭解教學內容。	☐	☐	☐	☐	☐
8 我會運用開放性的問題，促使不同文化背景的學生 進行較深層或逆向的思考。	☐	☐	☐	☐	☐
9 我會配合教學的需要，針對不同文化背景的學生以 　分組活動的方式進行教學。	☐	☐	☐	☐	☐
10 我會改變教學活動的方式以維持不同文化背景的 　　學生的學習注意力。	☐	☐	☐	☐	☐
11 我會依據不同文化背景的學生評量的結果，調整 　　教學的進度、難易度或方法。	☐	☐	☐	☐	☐
（三）師生互動 12 我會給予不同文化背景的學生足夠的時間進行發 　　問和討論。	☐	☐	☐	☐	☐
13 我會迅速排除不同文化背景的學生在課堂中所突 　　發的問題。	☐	☐	☐	☐	☐
14 我會對不同文化背景的學生的行為表現建立合宜 　　的期望。	☐	☐	☐	☐	☐
15 我會發掘不同文化背景的學生的優勢能力及興趣 　　並鼓勵他們進一步學習或研究。	☐	☐	☐	☐	☐
16 我能肯定不同文化背景的學生所提的問題及意 　　見，並給予適當的回饋。	☐	☐	☐	☐	☐
（四）學習氣氛 17 我會對有特殊學習困難的不同文化背景的學生，	☐	☐	☐	☐	☐

表達善意和幫助。					
18 我會以多元、包容和鼓勵的方式來接受不同文化背景的學生的問題與感受。	□	□	□	□	□
19 我會提醒學生相互尊重不同文化,共同維護融洽的學習環境。	□	□	□	□	□
20 我會營造教室裡和諧愉快的學習氣氛。	□	□	□	□	□
21 我會避免以諷刺或否定的言辭來批評不同文化背景的學生。	□	□	□	□	□
22 我會提供實例讓學生瞭解文化偏見如何影響人們的行為。	□	□	□	□	□

本問卷到此結束,非常感謝您的填答,謝謝您!

國家圖書館出版品預行編目(CIP) 資料

臺灣國民小學多元文化教育理念與分析 / 蔡金田, 許
瑞芳著.-- 初版.-- 臺北市：元華文創, 2019.04
　面；　公分

　ISBN 978-957-711-063-3 (平裝)

　1.初等教育 2.多元文化教育 3.臺灣

523.933　　　　　　　　　　　　　　　108002980

臺灣國民小學多元文化教育理念與分析

蔡金田　許瑞芳　著

發 行 人：賴洋助
出 版 者：元華文創股份有限公司
公司地址：新竹縣竹北市台元一街 8 號 5 樓之 7
聯絡地址：100 臺北市中正區重慶南路二段 51 號 5 樓
電　　話：(02) 2351-1607
傳　　真：(02) 2351-1549
網　　址：www.eculture.com.tw
E - m a i l：service@eculture.com.tw
出版年月：2019 年 04 月 初版
定　　價：新臺幣 550 元

ISBN：978-957-711-063-3 (平裝)

總 經 銷：易可數位行銷股份有限公司
地　　址：231 新北市新店區寶橋路 235 巷 6 弄 3 號 5 樓
電　　話：(02) 8911-0825　　傳　　真：(02) 8911-0801